怎样教外国人汉语

李珠 姜丽萍 著

北京语言大学出版社
BEIJING LANGUAGE AND CULTURE UNIVERSITY PRESS

图书在版编目（CIP）数据

怎样教外国人汉语 / 李珠，姜丽萍著. -- 北京：
北京语言大学出版社，2008.11（2023.12重印）
ISBN 978-7-5619-2245-3

Ⅰ. ①怎… Ⅱ. ①李… ②姜… Ⅲ. ①汉语－对外汉
语教学－教学研究 Ⅳ. ①H195

中国版本图书馆CIP数据核字（2008）第183415号

书　　名：怎样教外国人汉语
责任印制：邝　天

出版发行：北京语言大学出版社
社　　址：北京市海淀区学院路15号　　**邮政编码：**100083
网　　址：www.blcup.com
电　　话：发行部　82303648 / 3591 / 3650
编辑部　82300090
读者服务部　82303653
网上订购电话　82303908
客户服务信箱　service@blcup.com
印　　刷：北京鑫丰华彩印有限公司
经　　销：全国新华书店

版　　次：2008 年 12 月第 1 版　　2023 年 12 月第 14 次印刷
开　　本：710 毫米 × 1000 毫米　1 / 16　　**印张：**18.5
字　　数：303 千字
书　　号：ISBN 978-7-5619-2245-3 / H · 08234
定　　价：55.00 元

导 读

李珠老师上世纪60年代初进入对外汉语教学领域，四十多年来一直从事对外汉语教学第一线的教学、研究、管理工作，近十年来主要负责北京语言大学汉语进修学院的青年教师上岗培训工作，使北语优秀教学传统得以薪传，这也给她提供了梳理自己和同行几十年教学实践的机会。姜丽萍老师出身教育学，上世纪90年代走上对外汉语教学的第一线。她热爱汉语教学，善于从教育学的视角审视汉语教学，勤于尝试把教育学的理论和方法运用于汉语教学，在课堂教学、教材编写和教学研究方面别具风格，成就颇丰。两位老师都有丰富的教学经历，且长于理论联系实际，而她们不同的专业背景恰恰形成了“互补”的优势，成就了这本讨论对外汉语课堂教学著述的鲜明特色：

一、尝试用教育学的理论和方法解释、解决对外汉语教学中的问题。这是本书的基本特色。例如第四章对教学中师生关系、知识和技能的关系的讨论，第五章对教学目标分类和阐述方法的讨论、对教学对象分析框架的描述，第六章关于课堂教学语言、课堂气氛、课堂应变等的讨论，等等。这种分析、讨论持之有故，使语言教学的教学研究得到了教育学的支撑，让相关问题的考查建立在成熟的理论和分析框架上，克服了以往经验型归纳和论述的不足。

二、对汉语课堂教学中一些关键问题做了理论联系实际的阐释。例如第三章对汉语课堂教学的各项原则（实践性、交际性、针对性、趣味性），都从教学理念、基本依据和教学要求（即在课堂教学中如何体现）三个方面给以详细的阐述，说明了道理，也说明了在课堂教学中怎么做。再如，作者认为实践性原则在课堂教学中的体现是“精讲多练，以练为主”，进而对“精讲多练”详细地进行了理论和操作上的说明；在第九章中又专门用诸多实例，说明如何在句型教学中贯彻“精讲多练”的思想。这种理论和实践相结合的讨论，使对外汉语课堂教学的这些基本指导思想更容易理解、把握和运用。

三、提供了丰富的、可供效法的课堂教学思路和范例。本书后两部分对综合课和听说读写技能培养提供了大量的教学思路和操作实例，其中又以综合课教学作为重点，所介绍的课堂教学方法在国内外有广泛的适用性。在综合课教学的讨论中，作者对汉语教学实践和研究中的薄弱环节——词汇教学进行了比较系统的论述，如归纳出翻译词教学的五条对策（教学方法）、近义词辨析的六条对策、帮助学生积累词汇的五种方法等。对语法教学，作者也提供了多种思路，如梳理出七种语法点（或句型）的引入方法、四种表述语法规则的方法等。课文教学是综合课教学的主体内容，但是学界对此还缺少讨论。本书为读者提供了多种选择，包括串讲、综合听读、认读领先、背诵法、情境线索、组织加工等方法。看到作者从教学实践中归纳、提炼出来的这些思路和方法，使人有茅塞顿开、如获至宝的感受，应当有助于迅速打开新教师的教学思路。这也许是李老师在薪火传承过程中的独家收获吧。

就笔者体会，现阶段对外汉语教学研究真正达到理论联系实际的目标还不是那么容易，这需要有丰富的教学实践和体验，也需要有良好的综合理论素养和研究、表达能力。李、姜两位老师具备这种条件，且优势互补，使本书在理论高度和应用价值的结合上有了新的突破。

本书付梓之际，李珠、姜丽萍两位老师嘱写几句话。李老师是我敬重的师长，作为后学，不敢担当又盛情难却，着实领会了“恭敬不如从命”的尴尬。大作拜读之后，写下几点读书体会，名以“导读”，希望给年轻读者提供一点理解的线索，更表达对两位老师的祝贺和敬意。

崔永华

2008年11月

目　录

教学理论篇

综合课教学篇

技能课教学篇

教学理论篇

第一章　教外国人汉语不同于教中国人母语

近年来，随着“汉语热”的升温，越来越多的人开始从事对外汉语教学工作。在这支队伍中，有专业的研究生、本科生，也有非专业人士。对于本专业的学生来说，他们并不缺少相关的学科理论，只是缺少必要的实践，和如何将理论转化为实践的过程。对于非专业人士来说，他们既缺少对外汉语教学的理论，也缺少必要的实践，还有一部分非专业人士虽然正在从事教学工作，但是对这门学科并没有一个明确的认识，只是把自己学习汉语和外语的经验搬到汉语教学课堂上来，有些“摸着石头过河”的感觉。

其实，教外国人汉语既不同于教中国人语文，也不同于教中国人英语，它是把汉语作为第二语言或外语的教学，有自己特殊的性质和要求，不能一概而论。作为一名对外汉语教师，首先要明确自己教什么以及教什么人。

第一节　教中国人学汉语是教母语、教语文

对于什么是母语，目前学界的认识还没有统一。《现代汉语词典》（2005，第5版）认为母语是“一个人最初学会的一种语言，在一般情况下是本民族的标准语或某一种方言”。一般情况下，母语是人们最先习得的一种语言，即第一语言。但对于一些移居国外的人来说，他们的子女出生后接触和获得的语言可能是居住国的语言而不是母语。比如中国人移居美国并获得美国国籍，他们的子女出

生后先习得英语，英语是他的第一语言，但是英语不是他的母语，因此我们不能把母语和第一语言完全等同起来。从这个意义上说，我们更倾向于母语是本民族的语言，一般来说是第一语言。因此上面的例子可以解释为，虽然中国人移民美国后在美国出生的子女习得的第一语言是英语，而且他们具有美国国籍，但是他们的民族是汉族，因此他们的母语应是汉语，而不是英语，英语是他们的第一语言和本国语，而不是他们的母语。

中国是中国人生活和居住的地方，在这里出生的人习得的语言一般是汉语，汉语既是他们的第一语言，也是他们的母语。因此教中国人学习汉语是教母语，操母语者学习母语有其固有的母语能力特点，盛炎（1990）归纳为以下几点：

1. 下意识地理解与应用母语规则。

2. 不自觉地掌握母语形式所表达的认知、情感和社会文化意义。

3. 在实际交际中，直觉地理解语言形式所表达的社会功能，而且理解语言形式服从功能。

4. 上述能力分表达和接收两种表现形式，听、读是接收，说、写是表达。听、说是在实际生活中获得的，而阅读和写作是通过正式训练获得的。

5. 能够创造性地使用母语，可以说出或听懂从来没有接触过的话语。

从以上归纳我们认为，母语是习得的，是在自然环境下“无意识”地学会的，通常是第一语言。孩子到了上学年龄去学校学习，他们已经充分掌握了母语的听说能力，在学校学习的内容主要是语文，即母语的语言和文字，以及语言和文学。因此教中国人汉语是教母语，教母语的语言文字和语言文学，也就是我们平常所说的教语文。

我们进一步归纳为：教中国人汉语是教母语，母语是中国人的第一语言。母语是在自然环境下习得的，到了上学年龄去学校学习，学生已经具备了基本的听说能力，即具备了一定的交际能力，到学校学习是在此基础上进一步培养他们的表达能力和读写能力，统称为学习语文。语文课主要是培养学生热爱祖国的语言文化，提高其文学修养、思想品德和情感价值观等。

第二节　教外国人汉语是把汉语作为第二语言（外语）进行教学

前文提到，教中国人汉语是教语文，那么教外国人汉语是教什么呢？外国人学习汉语是学习母语以外的一种语言，有人说是第二语言，有人说是外语。

那么，什么是第二语言呢？首先第二语言是跟第一语言相对的。一般认为，第一语言是孩子出生后最早习得的语言。而第二语言是在获得第一语言之后学习和使用的另一种语言（吕必松 1996，刘珣 2000）。有的人还学习和使用第三语言、第四语言，等等，但是由于学习和习得这些语言的规律与第二语言有很多共同之处，所以一般不再细分而统称为第二语言。其次第二语言是指在目的语环境中学习和使用的第一语言以外的语言（吕必松 1996），比如外国人在中国学习和使用汉语，汉语就是他们的第二语言。因此我们说对外国人的汉语教学是第二语言教学。

什么是外语呢？外语是指别的国家的语言（包括文字）。如果从这个定义来看，很难区分第二语言和外语。西方学者主要从语言学习环境的角度区分了这两个概念。即在非目的语环境中学习第一语言以外的语言，就是外语，比如中国人在中国学习英语、日语等，英语、日语就是他们的外语。同样外国人在本国学习汉语，汉语也是他们的外语，如果从这个角度来看，对外国人的汉语教学也是外语教学。

从上面的分析中我们不难看出，对外国人的汉语教学是作为第二语言（外语）进行的，因此对外国人的汉语教学就要遵循第二语言（外语）教学的基本原则和规律。

首先，第二语言教学是一种语言教学，语言教学的根本任务是教好语言。那么，怎样才能教好语言呢？吕叔湘先生（1963）曾经说过："学习语言不是学一套知识，而是学一种技能。"这句话如果从教的角度来阐释，可以说教语言也不是教一套知识，而是教一种技能。以技能为主的语言课在课堂上就不能以讲授为主，而应该以练为主，这也就是我们平常说的“精讲多练”，这是语言教学的一条基本原则。

其次，第二语言教学也是一种外语教学，外语教学就要考虑外语的应用环境问题。第二语言教学的根本目的是培养学生将课上所学的知识用于新的情境的应用能力，也就是迁移能力。因此第二语言教学离不开情境的创设，无论是课上情境还是课下情境都需要教师精心设计。

第三，第二语言教学的最终目的是培养学生运用目的语进行交际的能力，因此在第二语言教学的课堂上，教师应尽量运用目的语。如果是在目的语国家进行教学，比如在中国，学生来自不同的国家，班上没有统一的媒介语，老师也仅能说一种或两种外语，如果用一种外语教学，其他国家的学生就会听不懂，因此用目的语教学比较好；如果在国外，虽然学生有统一的媒介语，但是因为是第二语言教学，如果在课上过多地使用媒介语，学生就会缺少接触目的语的机会和次数，不利于掌握目的语。因此，我们主张第二语言教学尽量使用目的语，即用目的语来教目的语。

第三节　教外国人汉语不同于教中国人母语

外国人学汉语，因其不具备汉语基本的语言能力，教学要从最基本的发音、说话和汉字教起，因此教外国人汉语不同于教中国人语文。

一、教学对象不同

对外汉语的教学对象是外国人或生活在海外的第一语言非汉语的华裔人士，他们没有汉语基础，或汉语的听、说、读、写能力发展不平衡，需要系统地、从零起点来学习汉语，学生的年龄从幼儿到老年不等；对中国人的语文教学，教学对象是操母语的中国人，他们在学习语文之前已经具备了基本的汉语听、说能力，教学起步较高，年龄主要是中小学生（6岁到18岁）。

二、教学（学习）环境不同

教外国人汉语有两种环境：一种是在目的语环境中教汉语，即外国人在中国学习汉语，这种环境有利于学生尽快学以致用，另外大多数成人学生抱着速成的目的来学习，适合强化教学，教学效果显著。教师在教学中应尽量把课上和课下结合起来，充分利用课下良好的语言环境，使学生尽快掌握汉语。还有一种情况是学生在本国学习汉语。这种教学缺少汉语学习的应用环境，另外课时也相对少些，教师要想办法创造学习汉语的环境。比如，引导学生多听、多看电台和电视台的汉语节目；参加一些汉语聚会，如汉语角；留心身边的汉语教学课程和学习伙伴；交一个讲汉语的朋友；每周去吃一顿中餐；在教室放一些中文读物或杂志；租一部汉语电影光盘；用汉语写日记或写信等。总之有许多机会可以使学生在教师营造的语言氛围中学习汉语，使学生有身临其境之感。

中国人学习汉语是在自然的语言环境中习得的，这种环境是天然的，家庭、父母、学校、社会都是学生学习和应用的语言环境，这是第二语言学习者所缺少的。

三、教学方式和方法不同

教外国人汉语因为学生不具备汉语基本的听、说、读、写能力，因此应从最基本的发音、说话、写字入手，教学方法也不能以讲授为主，而应以练为主，在教的过程中还要注意手段的运用，主要是一些直观手段，像图片、卡片、身体语言、简易画、多媒体辅助手段等。

教中国人语文主要从培养一个人的语文素养出发，注重语言的积累、语感的培养、思维的发展，以及识字写字能力、阅读能力、写作能力、口语交际能力等，因此教学不仅是语言技能的教学，更多的是对语篇的分析、综合运用语文知识能力的教学。

四、文化背景不同

外国学生学习汉语以前有自己固有的文化背景和知识背景，学习一种新的语言——汉语，还要学习和理解汉语的文化现象和特点。有些是学生能够理解和接受的，有些是不能马上理解和接受的，甚至还会与固有的文化背景产生冲突，从而造成某些心理障碍，带来理解和表达的困难。

中国人学习语文是在母语氛围中进行的，他们的语言和文化是同时习得的。因此他们在用母语交际时很少出现文化误解和交际障碍，对相关的文化知识和内容比较容易理解和接受。

第四节　教外国人汉语的性质和特点

一、教外国人汉语的性质

教外国人汉语，学界一般称为对外汉语教学。对外汉语教学是一种把汉语作为第二语言（外语）的教学，一方面要遵循第二语言教学的特点和规律，同时还要遵循汉语本身的特点和规律。

教外国人汉语要教什么呢？陆俭明先生（2007）认为，教外国人汉语不但要研究汉语本身的语音、词汇、语法及汉语的书写符号——汉字，研究它们的概念、相互关系及其历史演变等，同时更为重要的是，还要研究如何把这些知识变为利于学习和教学的汉语知识体系，即要区分“汉语本体研究”和“汉语教学的本体研究”。

为了有效地对外国人进行汉语教学，我们更应该重视汉语教学的研究，而不应该把对中国人的汉语本体知识内容拿到对外国人的汉语课堂上来。教外国人汉语应更重视汉语的应用研究。比如，在对外国人的汉语教学中，更重视汉语的词语或句法格式的用法研究，而汉语的本体研究不太注重这些方面；对外国人的汉语教学研究要考虑把汉语知识分层次、分阶段地教给学生，不能一股脑儿地教给学生，而汉语的本体研究则可以将某一知识和用法放到一个平面来研究和教学。汉字是一种表意文字，对于习惯于以拼音文字为母语的学习者来说，学习汉字的读、写尤为困难，教师要根据汉字本身的特点以及学生的需求进行教学，要按照汉字的规律进行教学，要引导学生学写汉字，而不是按照拼音文字的习惯来学习汉字，等等。

总之，对外汉语教学是把汉语作为教学内容，因此教学既要研究汉语本体的规律，还要研究汉语教学的规律，而后者更是教学要研究和遵循的，这也是对外汉语教学不同于母语教学的本质所在。

二、教外国人汉语的特点

通过以上对外国人汉语教学的性质和特点的分析，我们认为对外国人的汉语教学应体现下面一些特点：

（一）以培养学生汉语的语言能力和语言交际能力为教学的根本目的

汉语对学生来说是一种新的语言，学生要想掌握这种语言，首先要掌握构成这种语言的语言知识和能力，即汉语的语言要素和语用规则。语言要素包括语音、词汇、语法、汉字等，语用规则是指语言使用的环境等。语言能力是综合运用听、说、读、写等技能于实际应用的能力。对外汉语教学的教学目的决定了教学内容应以知识的运用为主，而不是以知识的系统讲授为主。

（二）以技能训练为中心，将语言知识转化为语言技能

成人学习语言可以凭借意志力在较短的时间内掌握较复杂的语言结构，但是这种学来的语言知识，还不是语言技能，中间还需要一个自动化过程。而自动化的达成需要大量有效的练习和操练，因此对外汉语教学离不开操练、离不开实践、离不开大量练习。所以，传统的外语教学法，比如相对直接法、听说法、视听法、全身反应法等，仍然是教学中的一些主要方法。

（三）汉字是教学的重点和难点

对于习惯于拼音文字的非汉字文化圈学生来说，汉字不能表音给他们的汉语学习带来了一定的困难。据《现代汉语通用字表》（1988）统计，现代通用汉字共有 7000 个，常用汉字大约 3500 个。《现代汉语频率词典》（1996）统计表明，约 2500 个最常用汉字的覆盖率可以达到 99%以上。也就是说，只要掌握了 2500 个左右最常用的汉字，阅读现代汉语文本就基本上没有文字障碍了。如何教学生学会这 2500 个左右常用汉字是汉语教学的一项主要内容，也是对外汉语教学进一步向纵深发展的关键，因此研究汉字教学规律，引导学生学写汉字是对外汉语教学的一大特点。

（四）与文化因素紧密结合

语言是文化的载体，每一个民族的语言都带有该民族特有的文化印记，因而不同民族之间的文化差异也表现在语言和交际之中。这就决定了人们在学习第二语言的过程中，必然会遇到一些不熟悉或难以理解的文化现象，这类文化现象就成为理解和使用目的语的文化障碍。比如，成语“胸有成竹”，有的学生望文生义，理解为“肚子里长竹子”。要消除这种文化障碍，在对外汉语教学中就必须同时进行相关文化因素的教学，因为语言的理解和使用都离不开一定的文化因素。

（五）课堂教学要创设情境

语言课不同于知识课，语言的获得主要通过实践和应用，但是课堂的教学时间有限、场景有限，教师要在有限的时间里尽量让学生多说、多练，以学生为中心，因此课堂教学要情境化，教师要创设情境，使学生在模拟情境中、在接近真实情境中、在完全真实情境中习得语言。因此在课堂上创设各种情境，是汉语教学的主要特点。

（六）听、说、读、写全面要求

汉语各语言要素之间是相互联系的。每个汉语学习者都希望说一口流利的汉语，写一手漂亮的汉字，但有些学习者因汉字“难学”，而只学拼音或口语。实践证明这种学习在学习初期也许效果比较显著，但是学了一段时间后，就会出现交际困难，因为汉语的同音多义字较多，如果不用汉字加以区别，“向前看”和“向钱看”，“药材好”和“药才好”就很难分清。另外，学习汉语不学习汉字到了一定水平还会影响进一步提高。因此，加强汉语听、说、读、写综合能力的培养也是汉语教学的总目标，在教学中应全面要求，但是方法要讲究。当然，对于不同需求的外国人在听、说、读、写四会中可以有所侧重。

第二章　培养外国学习者用汉语进行交际的能力

第一节　对外汉语教学目标

一、教学目标

说到教学目标人们常常把教学目的（objective）与目标（goal、aim、intention）混淆起来，其实它们之间是有本质区别的。目的是宏观的、长远的，具有指令性和相对稳定性；目标是具体的、短期的，具有一定的灵活性。所以，国家、社会、地方、学校、学科等通常探讨的是教学目的，而课程、课堂教学等通常探讨的是目标。

教学目标是教学活动主体在教学中所要达到的预期结果和标准。表现为对学生学习成果和终结行为的具体描述，或对学生在教学活动结束时其知识、技能等方面变化的说明，它是教学目的、要求在每一教学阶段的具体化。具体说来，教学目标是可观察、可明确说明、可测量、可评价的。

学科目的是学科的终级目标。一般来说陈述较为宽泛，是学科不同课程目标的整合。它是学科的“培养目标”。

课程目标的陈述稍具体些，它是学科教学目的在某一课程的具体化。它是根据某一具体学习领域和学生的发展状况，用行为目标的形式把宽泛的目的分解得更加具体，通常用来作为课程标准。它在界定某一门课程的教学目标时，我们称做“课程目标”。

课堂教学目标是一种具体的、操作性的目标，通常指一节课的教学目标。它往往与具体的情景联系在一起，要引导教学的开展和结束，是教学有效进行的依据。

以上三者用图表示如下：

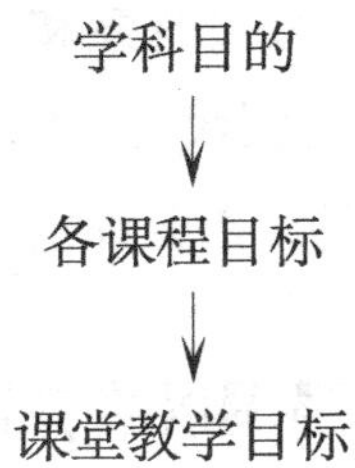

二、对外汉语教学目标

“对外汉语教学”作为一个专门的学科而加以建设和研究是从 1978 年开始的。1978 年 3 月召开的北京地区语言学科规划座谈会上，第一次提出了把对外国人的汉语教学作为一个专门的学科来建设的问题。会上指出（《中国语文》1990）：“要把对外国人的汉语教学作为一个专门的学科来研究，应成立专门的研究机构，培养专门的人才。”进入 20 世纪 80 年代，开始从教学、科研、教师队伍建设等方面全面进行学科建设，使学科有了长足的发展，对外汉语教学作为一门学科已经深入人心。

对外汉语教学既然作为一门学科，就要有自己的培养目标。纵观对外汉语教学的历史发展，教学目标也是在不断发展和完善的。

（一）20 世纪五六十年代以培养汉语知识和技能为教学目的

新中国的对外汉语教学开始于 1950 年。当第一批东欧留学生走进清华大学中国语文专修班的时候，意味着对外汉语教学事业开始起步了。当时由于受苏联的影响，也由于经验和认识不足，教学上主要沿袭教中国学生汉语语言学或语文的方法，重视汉语知识（主要是词汇和语法知识）的教学，强调语言理论和语言分析。“教师有一种偏见，总觉得语言知识才是教学的重点。有时学生说对了，还一定让学生进行语法分析，不这样做，心里总觉得不踏实，认为这种对是‘瞎蒙的'"（张亚军 1990）。纵观上个世纪 50 年代，虽然强调语言知识教学，但是在教学中并不是一成不变，而是不断总结经验，进行积极探索。

到了 60 年代，经过 50 年代十年的探索和发展，确定了教学的目的是培养学生掌握运用汉语的能力，而不是讲授汉语言知识，进一步明确了以培养听、说、读、写四种语言技能为教学的目的。因此确定了学以致用、实践性等教学原则。

（二）20 世纪 70 年代进一步强调以培养语言技能为目的，并提出了培养交际能力的主张

20 世纪 70 年代是一个承上启下的年代。"所谓承上，是指在教学和教材编写方面，坚持以培养听、说、读、写语言技能为教学目的，并在课堂教学中强化了技能训练，把技能操练提高到一个新的水平"（程棠 2008）。这一时期教学的指导原则虽然仍然是实践性原则，但是"对实践性原则有了新的认识"，它"不但包括教学方法，而且包括教学内容和教学组织形式；不但体现在教学过程中，而且体现在教材中。也就是说，它贯穿在整个教学体系中"（吕必松 1990）。

这一阶段在教学上强调句型教学，通过"替换练习"等形式加强对学生的听、说训练；语音教学打破了原来大量语音系统内部各个要素的教学，而是通过"语流"教语音，使学生真正适应各音节在词语、句子、短文中的发音，利于学生语感的养成和表达的流利性；淡化了语言知识教学，语音、语法等语言项目在有些教材中以注释的形式出现，目的是学生理解了、懂了就可以，而不需要系统的语言知识的讲解和练习。

在课程设置上出现了分技能设课，主要是为了突出语言技能的训练。因此 70 年代不论从教学方法、教学过程还是在教材编写、课程设置等方面都进一步强调了语言技能教学，坚定了对外汉语教学是教语言，而不是教语言知识本身。

在强调技能训练的同时，"已经酝酿着教学思路的改变和理论上的突破"，即提出了以培养交际能力为对外汉语教学的目标。1974 年，吕必松先生在《汉语作为外语教学的实践性原则》的学术报告中指出："人们学习语言的目的，是为了在社会中进行交际，所以课堂实践归根到底是为社会实践服务的。课堂实践不为社会实践服务就是无的放矢；而课堂实践只有以社会实践为基础，与社会实

践相结合，才能更好地为社会实践服务。”这里，虽然没有明确提出语言教学的目的是培养“交际能力”，但是已经为“交际能力”理论的提出奠定了基础。1977年，吕必松先生在《谈谈基础汉语教学中的几个关系》中终于明确提出：“所谓实践性原则，简单地说来，就是根据辩证唯物论的认识论的原理组织和引导学生通过大量的、自觉的语言实践来掌握汉语，以培养他们用汉语进行交际的能力。” 这一目的的提出预示着对外汉语教学将从语言技能训练转移到交际能力培养的轨道上来，并为20世纪80年代确立以培养交际能力为目标的对外汉语教学打下了基础。

（三）20世纪80年代确定以培养交际能力为目的

前文提到，在学科开始时教学十分重视语言形式、规则和结构的研究，教材编写也以语法为纲或以句型为中心，而作为交际工具的语言的社会功能则被忽视了。虽然“70年代后半期，在学者的学术研究中，提出了培养交际能力的教学目的，但尚未引起普遍关注”（程棠2008）。进入80年代，功能法开始引入对外汉语教学界。所谓功能法，其主要特点是把培养学生的交际能力作为教学的目的和手段，以功能、意念项目为纲编排教学内容，功能、意念项目的选择从学生的实际需要出发。这一点首先反映在教材编写上。1981年出版的《实用汉语课本》，编者在“前言”中明确指出：“这套教材的主要目的是培养学生在实际生活中运用汉语进行交际的能力。”

1986年，吕必松先生在《试论对外汉语教学的总体设计》一文中进一步明确指出“语言教学的目的是培养学生运用所学语言进行交际的能力”。1988年由国家汉办审订出版的《汉语水平等级标准和等级大纲》（简称《标准和大纲》）正式提出“对外汉语教学的目的是培养学生用汉语进行交际的能力”。自此“培养交际能力”作为对外汉语教学的总目标被真正确立。

虽然教学目标已经确立，但是在理论上的研究还不够深入，在教学上如何实施也没有进行有效的探讨，正如程棠（2008）所指出的，虽然早在80年代，培养学生交际能力已经成为对外汉语教学的目标，但是对交际能力的认识至今仍存在争议。这些都需要教学理论家和广大教师进行进一步的研究和探讨。

第二节　交际能力

进入20世纪90年代，第二语言教学“以培养学生运用目的语进行交际的能力”作为教学目标已经成为人们的共识。吕必松先生（1996）曾经指出“第二语言教学的基本目的是培养学生目的语的语言能力和语言交际能力”。但“交际能力”是什么，语言学界、语言教学界对此目前并没有明确、统一的认识，理论上的众说纷纭，也使得这一目标在教学实践中很难操作。我们认为，只有正确理解和把握这一概念，并将其变成可操作性概念，才能真正实现我们设定的教学目标。我们拟在对外汉语教学框架内理清“交际能力”概念，并试图在使其变成可操作性概念的同时探讨其目标实现的可能性和可行性。

一、对交际能力的认识

（一）语言学界对交际能力的认识

“交际能力”一词最早是由海姆斯（Hymes 1972）提出来的，是与乔姆斯基的“语言能力”（linguistic competence）相对而言的。海姆斯认为乔姆斯基的“语言能力”只涉及抽象的语法，范围太窄，交际能力应该包括四个方面的内容：①可能性（possibility），②可行性（feasibility），③合适性（appropriateness），④表现性（performance）。从海姆斯对交际能力的认识来看，其交际能力包括了乔姆斯基的语言能力，但与乔姆斯基不同的是，海姆斯的语言能力是由语言知识和使用语言知识的技能、技巧两部分构成，而后者即语言的使用能力更是海姆斯所关心的。

“交际能力”概念提出后，许多语言学家也阐述了自己的看法。其中影响最大的是卡纳尔和斯温（Canale & Swain 1980、1983）。他们认为交际能力应该包括四个方面的能力：一是语法能力（grammatical competence），二是社交能力

(sociolinguistic competence)，三是语言策略能力（strategic competence)，四是话语能力（discourse competence)。其中语法能力不但包括语言知识，而且还包括语言规则的知识。从卡纳尔和斯温对交际能力的认识来看，其语法能力更具有实践意义。而卡纳尔和斯温的交际能力则既包括了语言能力，也包括了语言的使用能力。

(二) 语言教学界对“交际能力”的认识

语言的根本属性在于其交际性，交际本身是一个运用的过程，是一个动态的过程。人们应该在动态的交际中教学语言（于根元 1999)。

在交际中教学语言，在使用中教学语言，已经在我国外语教学界得到了广泛的重视和认同。自 20 世纪 80 年代初以来，各类《大学英语教学大纲》都强调英语教学的目的是培养学生“用外语进行交际的能力”。像李筱菊（1985）在教学中把“交际能力”概括为三个方面：有所知、有所会、有所能。“知”即知识，包括三方面的知识：一是语言形式的知识，二是语言功能的知识，三是语篇的知识；“会”即语言技能，包括听、说、读、写四种技能；“能”即能力。李先生认为一个人只有具备了“知”、“会”、“能”才能真正达到交际能力。

与此相应，对外汉语教学领域也在吸收交际能力理论的同时，结合本学科特点，试图将其更好地体现在教学中。像吕必松先生（1996）就认为，对外汉语交际能力主要由五个方面的因素构成，即语言要素、语用规则、有关的文化知识、言语技能和言语交际技能；范开泰先生（1992）也明确提出了“汉语交际能力”包括三个方面的内容：①汉语语言系统能力；②汉语得体表达能力；③汉语文化适应能力。

二、对外汉语教学中的交际能力

(一) 交际能力的构成

在对外汉语教学中，交际能力是由哪些要素构成的呢？首先，我们认为语言能力是交际能力的基础，是进行语言交际的前提和条件。因此在交际能力的构成要素中语言能力应处于基础的领先地位；其次，语用能力也是交际能力不可或缺的组成部分。正如海姆斯（1972）所言，一个人获得交际能力，那就是说他不但获得了关于语言规则的知识，而且具有在社会交往中恰当使用语言的能力。另外，语用能力的训练也应该调动语言策略能力的参与，因此，策略能力也应该包含在语用能力范围内。最后，我们认为交际能力的培养不是简单的语言能力加上语用能力，而是在自然语言环境中自如、得体地表达自己的思想和观点，抒发自己情感的一种综合能力的体现，因此，在教学中也要训练学生的语言综合能力。

综上所述，我们认为在对外汉语教学中的交际能力应该由语言能力、语用能力、综合能力组成。

1. 语言能力

这里所说的“能力”包括知识和技能两部分。“知识”即认知心理学中的“陈述性知识”，它是一种静态知识。在对外汉语教学中主要指汉语的语音、词汇、语法等语言知识以及相关的语用规则知识和文化背景知识，这些知识主要通过教师的课堂讲授和练习获得，属于理解和记忆性的知识。“技能”即认知心理学中的“程序性知识”，它是一种动态的知识。在对外汉语教学中主要指听、说、读、写等言语技能知识。认知心理学认为学生掌握了一定的语言知识并不表示学生能自动地产出，应该将语言知识迅速转化为言语技能，也就是将陈述性知识转化为程序性知识，并且使程序性知识达到自动化，以便在需要时能快速、准确地提取。程序性知识主要通过训练和实践获得。

2. 语用能力

这里所说的语用能力包括卡纳尔等人的社交能力、话语能力和策略能力。我们知道有了语言能力并不等于具备了交际能力，有人可能学了大量合乎语法的句型和可以填充这些句型的词汇，但并不知道在实际交际中如何使用它们。因此在教学中要训练学生的语用能力。社交能力主要训练学生在各种不同的交际场景下，根据话题、说话人的身份、交际目的等恰当地表达和理解话语的能力。课堂教学中社交能力的训练主要是在模拟情境中，让学生把已经掌握的自动化的语言技能得体地表达出来。话语能力是指在超句平面上组织各种句子形成话语和语段所需要的知识和技能。课堂教学中话语能力的训练主要是根据情境和话题训练学生成段表达的能力。策略能力主要是训练学生运用各种言语和非言语手段来应付各种交际场合的能力。语用能力主要通过在模拟情境和接近真实情境的训练中获得。

3. 综合能力

语言能力、语用能力可以在课堂教学中经过讲授和训练获得，但教学中的情境只能是模拟情境或接近真实情境，它不是真实的社会交际情境。学生走出课堂能否创造性地表达出具有个性化的得体语言，光有课堂训练是不够的，还要培养学生在真实语言环境中综合运用各种语言能力和手段创造性地完成交际任务的能力。综合能力的训练主要在真实情境中进行。在训练过程中，学生既要用课堂上学的语言知识和技能，又要根据具体情境、交际对象、交际目的，创造性地延伸课堂上学的知识和技能，并根据自己的风格产出具有个性化的语言。

（二）交际能力的层级

交际能力是动态的、具有层级性。但是，在教学中交际能力的层级应该怎样划分呢？多年来，我国外语教学界一直遵循“先准确、后流畅”的教学原则（吴景荣 1962；孙骊 1985）。我们认为在对外汉语教学中，也应该把语言的准确性作为言语训练的第一个层级，语言的流利性作为言语训练的第二个层级，这也符合语言学习从知识入手，由知识转化为能力的过程。但是在实际的语言使用中，光准确和流利是不够的，交际还要得体、恰当，因此，在教学中还要训练学生根据不同的语境恰当表达自己思想的能力，因此，语言的得体性是言语训练的第三个层级。虽然从准确性、流利性到得体性，学生越来越接近真实的交际，但是由于受课堂教学时空限制，学生学的是相同的句式和词语，在交际中难免单一和雷同，体现不出语言的丰富性和个性化。例如，我们在教学中过分强调正反疑问句，结果在学生中经常听到“你去不去图书馆？你喜欢不喜欢她？现在去食堂来得及来不及”等句式，很少有变化，更体现不出每个学生的个性化语言。因此，我们要打破课堂教学的时空限制，训练学生到真实的社会交际情境中发挥自己的创造性，说出符合自己个性的语言来，只有达到个性化和创造性，才能真正形成交际能力。因此，语言的创造性是言语训练的第四个层级。

从上面的分析来看，交际能力从横向上看是由多种能力要素构成的，从纵向上看它是具有层级性的。那么，在教学中怎样把它们结合起来呢？

首先从语言能力入手。语言能力包括语言知识和言语技能两个方面。语言知识是指能正确理解和表达话语所需要的语音、词法、句法、词汇等语言知识系统，它能保证言语输出的正确性。言语技能是指运用语言知识于实际操作的自动化的程序性知识体系，它能保证言语输出的流利性。

其次从语用能力入手。语用能力包括社交能力、话语能力和策略能力，它是指在人际交往中恰当理解和使用话语的能力，它能保证言语输出的得体性。

最后从综合能力入手。综合能力即综合运用言语知识和能力，在交际环境中创造性地完成交际任务的能力，它能保证言语输出的个性化和创造性。

现在我们将交际能力在教学中的实现顺序用图表示如下：

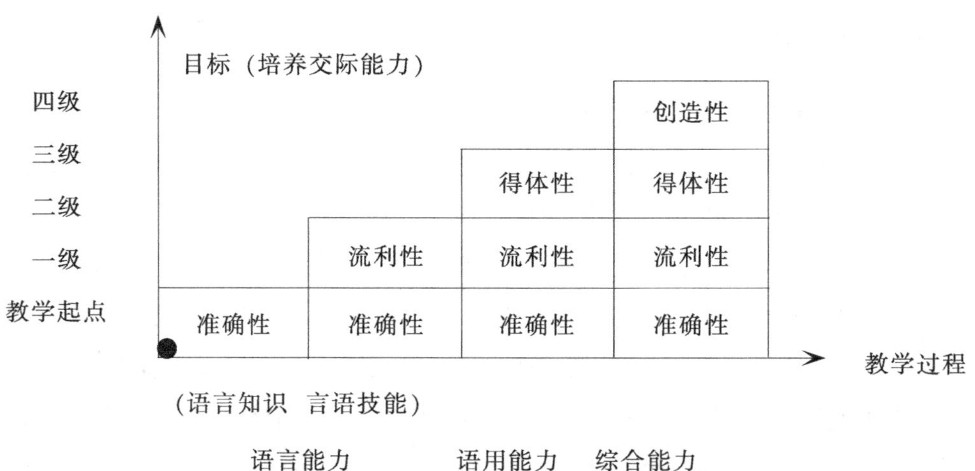

从图中我们可以看出，交际能力的提高是与教学过程中各种“能力”的掌握同步进行的。所以这种训练步骤符合从简单到复杂、从易到难、从固定到活用、从限定到自由的教学规律，在教学中能一步一个台阶，最后全面实现教学目标。

三、交际能力在对外汉语课堂教学中的实施

（一）交际能力在教学中实施的误区

1. 教学目的等同于教学目标。

我们经常会听到教师在设计课堂教学时会说，这节课的“目的”是培养学生的语言交际能力，在教案中我们也会看到“提高学生的交际能力”等描述。其实，这些教师混淆了教学目的和目标的概念，把教学目的等同于教学目标。

前文我们提到，教学目的是教学的一种方向目标，具有终极意义，它是对教学的总要求，具有主观性和指令性。而教学目标是具体的、短期的，它是用“学生学会了什么”来表示的，是可观察、可测量、可评价的。“培养学生运用汉语进行交际的能力” 如果从学科的角度来看，这是一个指令性的终级目标，它贯穿于每一课的课堂教学，贯穿于教学的每一个环节，比如，讲“A 是 B”句型时，与其说“这是书，那是报”，不如练习说“这是王先生，那是李小姐”，要突出交际化。经过长期积累就可以达到培养交际能力的目标。

2. 语言能力等同于语言交际能力。

无论是乔姆斯基还是海姆斯等，他们提出的语言能力主要是指语法能力。1965 年，乔姆斯基首次在语言学研究中对“能力”和“表现”进行了区分，他认为“能力”指说话人—听话人的内在语言知识（或称内化了的语法），与语言的“使用（表现）”无关。而海姆斯的语言能力则包括“内化语法”和使用语言知识的技能和技巧。从海姆斯的论述中我们不难看出，语言能力既包括知识，也包括技能，是知识和技能的综合体现。

受海姆斯的影响，有些人认为只要具备了语言能力，就可以进行交际了，把语言能力等同于语言交际能力。其实海姆斯的“语言能力”只是“交际能力”的一个组成部分。说一个人获得交际能力，那就是说他不但获得了语言知识和技能的语言能力，而且具有在社会中恰当使用语言的能力。拿汉语来说，一个人具备了汉语语音、语法、词汇、汉字等知识和听、说、读、写等技能，并不代表他就能用汉语进行交际。语言交际能力的核心是运用汉语的得体性和创造性，语言能

力不能解决得体性和创造性。比如，一个外国人问一位老人“您几岁了”，老人听了会很生气，这句话语法完全正确，但不得体，应问“老人家您多大年纪了”或“您高寿啦”。因此，不能用语言能力来代替语言交际能力。

在教学中我们要正确处理语言能力和交际能力的关系。语言能力是基础，交际能力是目的，语言能力服务于交际能力。语言交际能力的核心是运用汉语的得体性，教师要创设情境，使学生参与到教学活动来，在模拟情境、真实情境中习得语言、运用语言。

（二）交际能力在对外汉语教学中的实施步骤

1. 帮助学生建立合理的汉语知识体系，保证言语输出的准确性

学习一门新的语言一般从这门语言的知识入手。汉语对于基础阶段的外国留学生来说是一门新的语言，汉语知识在他们的大脑中还是一块白板，如何帮助学生建立合理的、条理清楚的汉语知识体系是教师有效教学的第一步。前文我们提到汉语的语言知识属陈述性知识，认知心理学认为陈述性知识的获得一般经历三个环节：（1）联结；（2）精加工；（3）组织。因为经过加工的陈述性知识（汉语语言知识）能帮助学生建立一个稳健、高质量的知识结构，便于学生理解和记忆。

2. 学生尽快把陈述性知识转化为程序性知识，并使之达到自动化，保证言语输出的流利性

认知心理学认为，程序性知识的获得要经历三个阶段：（1）规则学习；（2）变式练习；（3）自动化阶段。

3. 教学过程情境化，保证言语输出的得体性

言语技能达到自动化以后一方面保证了言语输出的快速、准确，但是也可能导致学生在交际中不分场合过度使用某些句式，而使交际变得僵硬、教条，因此，当学生的言语技能达到自动化以后，就必须转入得体性的训练。为了使学生输出的语言更加真实、自然、得体，教师应为学生设计多种情境，让学生在情境中体会到语言的合适、恰当、得体。

4. 课后作业任务化，保证言语输出的创造性

这种能力的训练应该在课外进行。但是这并不是放任自流，而是根据所学的内容有目的、有计划地进行，是一个逐步完善的过程。它布置于课堂，实践于课外，归纳于课堂。

第三章　对外汉语课堂教学的教学原则

第一节　教学原则概述

一、教学原则定义

教学原则是人们根据一定的教学目的，遵循教学规律，在总结教学经验的基础上制定的指导教学工作的规范性准则。它包含以下几方面的含义：首先，教学原则从属于一定的教学目的，是为教学目的服务的。由于各学科的教学目的不同，所制定的教学原则就有所不同。其次，教学原则的确定有赖于人们对教学过程规律的认识。由于教育家的教学思想和对教学规律的认识不同，所制定的教学原则的数目、内容和体系也就不同。第三，教学原则对教学内容、教学方法、教学过程、教学手段、教学组织等起指导作用。第四，教学原则是人们在教学实践中总结出来的，今后，随着教学实践的进一步丰富和发展，将会提出一些新的教学原则。

基于以上分析，我们认为：

1. 教学原则是有效进行教学必须遵循的基本要求和准则。它既指导教师的教，也指导学生的学，它贯彻于教学过程的各个方面和始终。

2. 各学科的教学目的不同，所制定和侧重的教学原则就应有所不同，不能把某一领域或学科的教学原则作为普遍性原则“放之四海而皆准”，每门学科都有自己应遵循的教学原则。

3. 教学原则体现了制定者的教学思想、教学理念以及对教学过程的认识程度。例如，捷克教育家夸美纽斯依据感觉论的认识论和当时发展起来的一些自然科学知识，在他的《大教学论》中提出了37条教学原则；德国教育家第斯多惠从学生、教材、教学条件和教师等方面提出他的教学原则；苏联教育心理学家赞科夫从教学促进学生一般发展着眼，提出了高难度、高速度、理论知识起指导作用、使学生了解学习过程、使全班学生包括差生都得到发展的五大原则；美国布鲁纳依据认知派的结构主义心理学提出了动机原则、结构原则、程序原则、反馈原则等。

4. 教学原则是在不断发展和完善的，我们这里所说的教学原则是指学科教学原则。

二、制定教学原则的依据

（一）依据学科教学目标

学科教学目标是学科发展的出发点和归宿，有了这个目标，各级、各类学校和各门课程的教学、教学评估、学生学习结果的检验就有了统一的要求和标准。它决定着学科教学的内容、方法、过程、手段，也决定着学科的教学原则。

对外汉语教学的学科目标是“培养学生运用汉语进行交际的能力”。依据这一目标来制定教学原则，将会体现对外汉语教学的学科特殊性，即与其他学科不同的“个性”，因此，对外汉语教学的教学原则不可能与其他学科的教学原则完全相同。

（二）依据学科教学性质和特点

对外汉语教学是一种语言教学，它是一种把汉语作为第二语言（外语）的教学，因此，它既要符合语言教学规律，也要符合第二语言和外语教学的规律，还要遵循汉语本身的规律，因此对外汉语教学学科有其自身的特点和规律，比如它的实践性、工具性、社会性等特点。制定教学原则要从这些特点出发。

(三) 依据学习者的学习心理

学生的学习心理特点对整个教学都有重要意义。确定教学目的、教学要求、教学内容、选择教学方法等，都要考虑到学生的学习心理，制定教学原则也要以它为依据。对外汉语教学的教学对象——学习者是外国人，他们学习汉语的目的和动机各不相同，但是他们都想在尽可能短的时间内学好汉语，并能够理解和运用。学习者的这种心理特点就决定了我们的教学不能以讲授为主，而应以技能训练和培养交际能力为主，注重学生综合语言能力的发展。教学原则的制定要考虑学生的心理需求。

(四) 依据学科内部各种因素的相互关系

分析学科内部各要素之间的矛盾关系是制定教学原则的关键。从对外汉语教学的内容来看，有汉语言文化等知识方面的内容，有听、说、读、写等技能方面的内容，还有情感、学习策略等方面的内容；从教学途径来看，有课内和课外教学之分；从听、说、读、写本身来看，有内容和形式两个方面。这些方面的因素都统一在对外汉语教学中，要求制定出处理这些关系的原则，这就是对外汉语教学的教学原则。

(五) 依据教育理论和教育技术的发展

随着社会科学技术的发展，教育理论和技术也在不断发展，并形成一些新观点、新理念、新思维。对外汉语教学实践一方面为教育理论的研究提供鲜活生动的内容，另一方面，这些教育理论新成果和教育技术，反过来指导对外汉语教学实践的发展。不仅如此，依据已经出现的教育教学理论和教育技术制定的教学原则，是更具有建设性的探讨。

三、对外汉语教学的教学原则

教学原则是学科建设和发展的一项基础工程，而学科建设的深入研究和发展，又直接影响人们对教学原则的确立。

对外汉语教学在50多年的发展过程中，有许多专家学者对教学原则进行了阐释。

吕必松（1993）认为，教学原则是指从宏观上指导整个教学过程和全部教学活动的总和。他认为在教学中要处理好以下各种关系：教与学的关系；教学内容与教学方法的关系；教学内容中语言与文化、语言与文学的关系；各项语言要素之间的关系；语言要素教学中形式结构与语义结构的关系以及结构与功能、语用的关系；语言要素的教学与言语技能和言语交际技能训练之间的关系；各项言语技能训练之间的关系；言语技能训练与言语交际技能训练之间的关系；理论讲解与言语操练的关系；目的语与媒介语的关系，等等。吕先生认为，处理这些关系的原则就是从宏观上指导整个教学过程和全部教学活动的总原则，因此，属于教学原则范畴。

吕必松虽然没有指出教学中应该有哪些具体的教学原则，但是他从具体教学内容和过程入手，为我们确定了教学中要处理的一些关系，而处理这些关系的原则就是我们教学中要遵循的基本准则。这些关系的确立为后续教学原则的研究确定了研究的内容和范畴。

赵贤州、陆有仪（1996）从课堂教学的角度阐释了教学原则，并在具体原则的基础上提出了相应的教学方法。他们提出了9条教学原则，即（1）短期强化的原则；（2）针对性原则；（3）实践性原则；（4）交际性原则；（5）综合性原则；（6）结构、功能与文化相融合的原则；（7）循序渐进原则；（8）趣味性原则；（9）有限度地使用学生的母语或媒介语的原则。

这些原则的提出为对外汉语课堂教学提出了有据可依的准则和要求，也是比较早地提出了具体的教学原则，有一定的开创性和建设性，并在实践中有一定的指导性。但是个别原则的确立今天看来并不具备一定的普遍性，比如“短期强化的原则”等。

刘珣（2000，2005）从学科建设的角度，总结归纳出10条教学原则：（1）培养运用汉语进行交际的能力；（2）以学生为中心，教师为主导；（3）结构、功能、文化相结合；（4）强化汉语学习环境，扩大学生对汉语的接触面；（5）精讲多练，以言语技能和交际技能训练为核心；（6）以句子和话语为重点，语音、语法、词汇、汉字综合教学；（7）听、说、读、写全面要求，分阶段侧重；（8）利用但控制使用母语和媒介语；（9）循序渐进，螺旋式提高，加强重现率；（10）充分利用现代化教学技术手段。刘珣先生认为，这10条原则提出了解决语言教学中各种矛盾的原则，也从不同侧面勾画出了教学法体系的轮廓。

周健等（2004）认为，汉语教学的原则是汉语在实践中必须遵循的基本要求和准则，它反映汉语教学过程中的基本规律，是处理语言教学中各种矛盾的依据。他们在总结前人研究的基础上，提出了4条原则，即：（1）强化动机、因材施教的原则；（2）以学为主，精讲多练的原则；（3）交际性原则；（4）趣味性原则。

我们认为，以上专家学者从各自的角度阐释了对外汉语教学的教学原则。但是由于每个人的教学理念、教学实践以及教学经验不同，确定的原则也不尽相同。前面我们已经说到，对外汉语教学的学科性质和教学目标大家已经达成共识，那么，教学原则的确立就要以此为依据，从教学实际出发，提出真正有效的指导教学的教学原则。

四、对外汉语课堂教学的教学原则

对外汉语教学原则的确定既要吸收前人的研究成果，还要吸收新的教学理论，以及先进的教学经验，更重要的是能有效地指导课堂教学，因此我们把它限定为对外汉语课堂教学的教学原则。我们根据自己多年的教学经验和理论探讨，认为对外汉语课堂教学应遵循实践性原则、交际性原则、针对性原则、趣味性原则。下面分别论述。

第二节 实践性原则

实践性原则是对外汉语教学中一条具有普遍指导意义的原则。赵贤州、刘珣、周健等都提到了或部分提到了这一原则。

一、教学理念

对外汉语教学是一门实践性很强的学科，学生学习汉语的目的不是为了掌握多少汉语知识，而是为了把这些知识很好地运用于实际交际，培养实际运用汉语的能力。语言的运用离不开实践，只有开展多种实践活动，使学生参与进来，才能使学生掌握汉语，因此实践性原则是对外汉语课堂教学的一条基本原则。

二、基本依据

（一）人们学习和掌握语言，不是主要靠理论，而是主要靠实践

语言是在实践中产生和发展的，也只有靠实践才能掌握。在对外汉语教学领域，始终存在着强调系统的理论知识是学好汉语的关键，因此在教学中把语言知识、语言分析、语言讲解、语言知识练习放在首位，学生不是把主要精力放在语言实践上，而是死记硬背语言知识的条条框框。这样做不但不利于初学者理解和掌握，而且增加了他们的学习负担，更重要的是学生心里有话说不出来。

听说法强调，学习一种语言是学习一套新的语言习惯，而语言习惯的养成必须靠大量操练和练习。也有人说，语言是练会的，不是学会的。因此我们认为，人们学习和掌握语言，不是主要靠理论，而是主要靠实践。当然，我们并不否认语言理论在语言教学中的指导作用，强调实践性，是要把实践放在首位，理论要为实践服务。我们所讲的实践是有规律的实践，是在理论指导下的实践，是有计

划的实践，是学生能真正参与的实践。

（二）实践是检验学生汉语交际能力的标准

汉语学得好不好，效果怎么样，不是主要看学生的考试成绩，而是看他在实践中运用的效果怎么样。在实践中能不能用、会不会用，能不能创造性地运用，这些只有靠实践去检验。毛泽东曾经说过“实践是检验真理的唯一标准”。学生语言能力的培养、发展、形成、检验离不开语言实践。

根据实践的观点，我们在教学中必须正确组织和指导学生的语言实践，包括课堂实践和社会实践。人们学习语言的目的，是为了在社会中进行交际，所以，课堂教学必须以社会实践为基础，为社会实践服务。

三、教学要求

（一）课上

贯彻实践性原则必须处理好理论讲解和实际操练的关系，体现在课堂教学中就是“精讲多练，以练为主”。

1. 精讲

什么是精讲？精讲就是少而精。汉语知识（如语音、词汇、语法）的讲解注意深入浅出，以让学生搞懂为主，不要定义性的讲解，也不要过多的语法术语，更不要面面俱到。考虑到学生的阶段性特点，语言要通俗易懂，不说学生听不懂的话，注意形象直观、简单明了，注重启发式。要防止两种倾向，一是大讲特讲，二是不讲。

2. 多练

“多练”就是学生操练的时间要大大多于教师“讲”的时间。讲练比例最好控制在 3:7 左右。我们这里所说的多练，不是练得越多越好，而是在单位时间里有效地练习，是在理解基础上的练习。练习中要注意学生的开口率。在练习中加强理解，在练习中加强记忆。

“多练”在教学中是比较容易贯彻的，但是怎么练才能有效，还是值得研究的，经过多年的教学实践，我们认为，在操练的方式上要注意以下几点：

（1）从易到难，从简单到复杂

操练不能一蹴而就，而要循序渐进，从简单到复杂，从易到难。拿课文的句型来说，学生要想一下子就说出完整的句子是很难的，我们必须对句子进行分解，直至分解到学生能理解的单位——一个词，然后从此入手进行扩展，一步一步达到理解和掌握句子。

（2）从“死”到“活”

“死”即所谓机械性操练，“活”即灵活运用。活用是最终目的，但是活用的前提是“背”，是大量的操练。俗话说“熟能生巧”，由死到活，由死记到活用，由模仿到创造，这是学习语言的一条有效之路。

（3）突出重点、难点

课堂操练的时间有限，不能平均使用力量，要有所侧重，要突出重点和难点。比如一课中同时出现两种句型，一个是“是字句”（我是中国人，他不是日本人），一个是“在”与地点名词结合作状语（他在图书馆学习）。如果是针对欧美学生，第二个句型是重点和难点，因此要反复练习。

（4）讲求实效

操练要注意实效，避免花架子，要以练会为目标。课堂上的“练”应该是经过设计的练，是一种有目的、有组织的练，要注重练的数量和质量。练的结果是达到自动化。

（5）控制课堂节奏，有张有弛

精讲多练不是练得越多越好，要把“讲”和“练”有机地结合起来。可以是“讲”的基础上的“练”，也可以是“练”的基础上的归纳，另外，练的方式要多样，有张有弛，减轻学生的紧张心理。

（二）课下

除了课堂实践以外，还有必要让学生参与大量课外实践，把课上和课下结合起来。比如，布置一些课下任务，让学生去完成。开设汉语角、节目表演、文化讲座等。另外还可以组织学生参观、旅游、看电影、看表演等，让学生接触社会，在社会实践中学习和运用语言。

第三节 交际性原则

一、教学理念

学生学习汉语的目的是当他们走出课堂时，能运用课堂所学的知识和技能进行交际。因此课堂教学不应停留在讲解和操练的层面上，必须给学生提供情境让学生用，在用的过程中培养学生的交际能力。

二、基本依据

（一）培养交际能力是第二语言教学的目的

这是总则，它体现了第二语言教学的根本任务。上个世纪 70 年代，海姆斯提出了“交际能力”的概念，现在已经被越来越多的人所接受，只是人们在理解和实施的过程中还不尽相同。汉语作为第二语言教学，目的是培养学生运用汉语进行交际的能力，因此应该把培养交际能力作为课堂教学的一条基本准则。

（二）语言的社会功能是作为交际工具为社会上各种交际活动服务的

以往我们在教学中重视语言形式、语言理论、语言规律而忽视语言内容和语言功能，结果培养的学生也许语言的表达很流利、很正确，但是不一定合适、得体，因此强调语言的表情达意，强调语言的社会功能，强调教学过程交际化则成为语言教学的基本理念。

三、教学要求

根据交际性原则，我们在教学中应该把语言作为交际工具来掌握，而不是作为一种知识体系来了解。因此我们在教学过程的各个环节都要以组织学生进行交际为准则，让学生学会在真实或接近真实的语境中正确运用所学的语言知识和技能，做到课堂教学交际化。

为了提高交际性练习的质量，我们在课堂上训练学生的语言交际能力主要采用以下三种形式：

（一）模拟情境

最常见的是围绕课文或所学的内容进行模拟情境练习。模拟情境不同于语言知识和技能的学习，它是在掌握课文的一些基本知识和技能以后根据教师布置的情境而进行的“表演”，这种练习有助于学生把所学的内容以脱离书本的形式进行背诵，实际上学生是在角色的假想状态下进行练习，既培养了学生的综合能力，又培养了学生的角色体验能力和情境适应能力。比如，学完买水果，教师把讲台布置成水果摊，拿出事先准备好的水果（主要是课文中涉及的）或水果图片，让学生两三人一组来表演买水果。

这种模拟情境练习多半是限定的和双方共知的，目的是让学生初步体验到“交际”的过程。

（二）创设接近真实的情境

培养交际能力很重要的一个原则是强调语言的真实，但是在课堂上我们很难做到完全真实，教师可以创设一些接近真实的情境，让学生在一种“身临其境”的状态下进行交际练习。

这种练习是半限定性的，即交际双方是有信息差的。这种练习可以挖掘学生的已有资源，并在新的情境中创造性地生成新的句子。比如，学完了中国人的姓和名以后，教师给出一些中国人的姓名，让学生猜猜他们是男的还是女的、为什么，最后再让学生给自己起一个汉语名字，等等。

（三）利用真实情境

真实语境很难在教室里创设，因此我们主张走出去，充分利用社会的真实语境。例如：学了“买苹果”，学生达到自动化并在课堂上进行模拟训练以后，教师可布置一个课后任务，让每个学生去买一件他/她需要的生活用品（吃的、用的），第二天向班级同学汇报。

总之，交际性原则要求教师在课上尽量创设贴近学生生活的实际情境，让学生有话可说，说的内容与社会实际的交际非常接近；另外教师要活学活用课本，不必拘泥于课本。

第四节　针对性原则

一、教学理念

所谓针对性原则，就是从学生的实际出发，有的放矢地进行教学的原则。也就是说，教学内容、教学进度、教学方法、教学重点难点等都要根据学生的具体情况区别对待，以适应学生的需求。

二、基本依据

（一）因材施教是根本

因材施教是指教师从学生的实际出发，有的放矢地进行有针对性的教学，使每个学生都能得到最佳发展。我国古代孔子善于根据学生的不同特点，有针对性地进行教育。宋代朱熹把孔子这一经验概括为“孔子施教，各因其材”。每个学生都是不同的个体，他们国别不同，兴趣、爱好各异，文化、习俗不同，教师要针对学生的这些特点进行有区别的教学。

（二）现代教育技术手段的发展是保障

随着信息化时代的到来，教育技术手段已经被越来越多地运用到教育、教学领域，对教学产生了积极而深远的影响。尤其是计算机、互联网、远程教育等技术的发展，针对不同学生进行个别化教学，这将大大提高教学效率。

三、教学要求

（一）根据学生的特点进行有针对性的教学

深入细致地研究和了解学生的各种情况是进行有针对性教学的前提。

1. 年龄特征

学生是幼儿、中小学生还是成人，教学对象不同，采取的教学方法和技巧就会不同。我们的教学对象主要是成年人，因此教师要了解成年人学习的一些特点和规律，针对他们的情况进行教学。如果是儿童则要多采取游戏的方法。

2. 国别特征

我们的学生遍布世界各地，他们的语言不同，文化背景不同，有的国家的学生还属于"非汉字文化圈"（"非汉字文化圈"与"汉字文化圈"相对应。一般来说，"汉字文化圈"是指历史上使用过汉字、本国语言大量借用古汉语词汇的国家，位于东亚地区，主要为中国、日本、朝鲜、韩国、越南等区域，除此以外，我们称为"非汉字文化圈"）的学生，基于学生之间的这些不同，教师就不能用一个模式、一种方法来教学。

3. 身份特征

来中国的留学生有的是公费生，有的是自费生，还有公司派来的。一般来说，公费生学习比较刻苦、努力，学习的自觉性较强，在学习方法上比较依赖于教师和书本。自费生情况比较复杂：如果是靠自己打工、工作挣钱来学习，他们比较珍惜学习的机会，学习的自觉性较强；如果是年龄小一点儿的高中毕业生，他们有的是听从父母意愿来学习的，没有很强的目的性，学习的自觉性就差一些。而公司派来的学生，他们有一种使命感，学习非常努力，自觉性也强，学习效率也比较高。教师要针对本班学生的情况，看看哪种学生占的比例大一些，相应地采取一些必要的方法。

4. 需求特征

不同的学生对汉语听、说、读、写、译的需求程度是不同的，教师了解情况后要加以引导和帮助，使每个学生的听、说、读、写言语技能都有所发展的同时，满足他们不同的需求。

总之，教师要了解学生的基本情况，有针对性地进行教学。比如，如果班级的学生以非汉字文化圈的学生为主，教师就要有针对性地加大汉语认读和写的教学，不能以“听说领先，读写跟上”的路子教学，而应该采取“以认读为主，带动听说”的模式；同样，如果班上以公费生和亚洲学生为主，学生比较重视书本知识，教师除了加强这方面的教学外，更重要的是多设计一些活动，使这些学生积极参与进来，做到学以致用。

（二）采取有效措施，因材施教

现行的班级授课制使教学只能面向中等学生或中等偏上学生，这就使尖子生的发展受到限制，后进生跟不上。苏联教育家赞科夫的五大教学原则中有一条就是“使全班学生包括差生都得到发展”。为了使每一类学生都得到充分发展，教师要采取一些必要的措施，比如，利用现代教育技术手段辅助教学；每个星期一次测验（可以不给分数）及时得到反馈，发现问题及时补救；个别辅导；让好学生跳级，等等。

（三）不同的教学内容要有不同的侧重点

教师可以通过汉外对比，找到学生的难点，进行有针对性的教学。比如，语音训练的重点应该放在声调和一些声母上，并且针对不同学生的具体发音困难采取相应的教学手段。不同国家的学生，由于受母语的影响，在发音上的困难表现有别。比如，日本学生发韵母 u 和 e 比较难，对此，教师要重点训练。再比如，欧美学生常常说"我吃饭在食堂"，这是由于英语语法中地点状语是放在动词谓语前的。由于受母语负迁移的影响，一些欧美学生常常出现上面的偏误，教师要有针对性地进行预防和讲解。总之，从语言对比的角度来把握教学内容的重点和难点，会增加教学的有效性。

第五节　趣味性原则

一、教学理念

对外汉语教学首先是一种语言教学，语言教学就离不开大量的技能训练，比如，模仿、替换练习、背诵、朗读等，时间长了有些学生会感到单调、乏味，激不起学习的积极性。俗话说"兴趣是最好的老师"，成功的教学不是强制学生学习，而是能激发起学生持久的兴趣。汉语入门阶段的教学，应该把培养学生学习汉语的兴趣放在首位。学生能否对学习产生兴趣，主要取决于下列因素：一是事物本身的特性。比如，我们的教材，内容是否有趣，语言是否生动、幽默，练习形式是否多样，是否图文并茂，等等。二是学生已有的知识经验。比如，所学的内容能否满足学生获得新知识的愿望和需要，等等。三是学生对事物的愉快情感体验。学生在学习过程中是否是愉快的、是否得到别人的肯定、是否得到情感的共鸣，这些都会影响学生的学习积极性。因此，在教学中我们应该始终把趣味性放在重要位置。

二、基本依据

（一）兴趣是激发学生学习的最基本动力

在学生学习的内在动机中，兴趣是一种最现实、最活跃的心理成分。它是一种带有情绪色彩的认识倾向，它以探索某种事物的需要为基础，是推动人们去认识事物、探求真理的一种重要动力，可以说兴趣是学习自觉性的起点，没有兴趣，学习无异于一种苦役。兴趣可以吸引学生对学习对象的注意，保持课堂教学的良好状态，增进师生之间的情感交流，提高课堂教学的质量和学生的学习效果，可以说，兴趣是激发和推动学生学习的最基本动力。

（二）兴趣的产生和发展主要靠激发和培养

许多学习兴趣不是天生就有的，能否产生学习兴趣，主要取决于外部条件的创造，比如，施教者的激发和培养。学生学习汉语的兴趣不是天生的，而是培养出来的。基于这样的认识，我们在教学中要创造各种条件和环境，培养学生的学习兴趣。

三、教学要求

（一）从学生的需要出发，设计教学

尽可能全面了解学生的学习动机、爱好、学习方式、心理状态等，根据学生的需要设计教学，尤其在国外教学，要了解当地教学的一些特点，尽可能结合当地的一些特点进行汉语教学。比如，在美国普通中学，汉语课每周 4 学时，学生喜欢活动，教师在设计课时，不要像国内每周 16 课时那样，课上以跟着老师走为主，课下以强化为目的，大量让学生预习、做作业。应该从学生的兴趣和当地的特点出发，课上尽量设计一些活动让学生参与，通过教学活动吸引学生，使学生有进一步学好汉语的愿望；课下以安排学生动手做作业为主，比如，做一个家庭成员树，第二天向全班同学介绍家庭成员，等等。

（二）采取多种教学形式，活跃课堂气氛

语言教学如果经常进行记忆、背诵、模仿、机械练习，学生就容易疲劳，感到单调、沉闷。教师可以根据课型的特点、班级的条件和学生的情况采取多种教学方式。比如，可以采取游戏、竞赛、绕口令、歌谣、唱歌等形式，还可以借助图片、卡片、音乐、动画、多媒体等教具，活跃课堂气氛，提高教学效率。

（三）开展生动有趣的课外活动，增加说汉语的机会

课外活动组织得好，能激发学生的学习热情，产生学习动力。比如，可以组织学生看电影、教唱中国歌、下象棋、学做中国饭、参观、访问、参加汉语节目表演等，既可丰富学生的课余生活，又可以学到课上学不到的东西，在轻松愉快的气氛中掌握语言知识，提高运用汉语的能力。

第四章　教外国人汉语要处理的几种关系

目前课堂教学中存在的问题是多方面的，比如教学环节不合理的问题，课型特点不突出的问题，学生开口率不高的问题，课堂气氛沉闷的问题等。但稍加分析，我们就会发现，其中最关键最核心的问题是如何正确处理课堂教学的几种关系。这些关系处理得好，其他矛盾都会迎刃而解。

第一节　教师与学生的关系

教师和学生是教学中的两个主体，他们之间的关系是教学过程诸多关系中最基本的关系，它对教学目标的实现影响极大，是教与学得以顺利完成的保证。

教师与学生的关系涉及的主要问题是：以教师为中心还是以学生为中心。传统上我们走过“以教师为中心”的路子，课堂上教师讲，学生听，教师主动，学生被动。注重知识的传授，轻视能力的培养。我们赞同“以教师为主导，以学生为主体”的提法。

一、教师的主导作用

教师的主导作用体现在“导”上。他是：

（一）教学目标的制定者

一堂课达到什么样的目标，教师要根据教学内容、学生的实际水平、教学环境和设备以及教学计划的安排来确定。教师确定的目标既要考虑学年、学期的教学计划，还要考虑本班的实际情况，在整体计划的前提下，灵活设计每课的课时计划和要达到的目标。

（二）教学过程的组织者

教学过程采取哪种方式较好，教师起着主要作用。在教学过程中，教师的主导作用和学生的主体作用不是一成不变的，随着学生水平的提高，学生的主体作用应越来越大。教学方式可以分为以下几种：

1. 教一点、学一点、练一点

零起点学生由于目的语水平的限制，开始时完全跟着教师走，教师教一点，学生跟着学一点，练一点，然后再教一点，学生再学一点、练一点。教学过程就是即教即学即练的过程。

2. 以练为主

随着学生汉语水平的提高，教师讲得要精、要少，学生练得要有效、要多。但是怎么讲、怎么练、比重如何，关键还在于教师的设计和组织。

3. 设计多种活动

语言教学的原则之一是学以致用。课上“用”的一个有效方式就是设计一些活动让学生参与，运用所学的知识和技能，在活动中提高综合运用语言的能力。

教学中这几种方式不是绝对的递进关系和独立分开的教学方式，而是相互重合的，只是以哪种方式为主的问题。但是无论哪种方式，只有教师组织得好，才能使教学过程顺利进行，才能提高学生的能力。

（三）教学方法的运用者和创造者

教师在课堂上采取什么样的方法和手段，决定着教学的效果和课堂教学的成败。一般教师在教学方法上经历了这样几个过程：

一是吸取前人的经验。教学具有很大的传承性，尤其是前人和一些先进教师的丰富经验是教师教学首先要继承和发扬的。

二是结合自己的理论和实际，吸取前人教学的合理因素，整合教学方法。

三是创造性地运用前人的研究成果，形成自己独特的教学模式和风格。

（四）学生学习活动的指导者

教师在教学上有一个很重要的作用是引导学生学习。在对外汉语教学领域，尤其是针对成人的汉语教学，许多教师忽视对学生学习活动和方法的指导，认为他们都有学习第二语言的经验，无须教师指导。但是汉语是一种不同于拼音文字、有自己独特语音、汉字、语法系统的语言，如果按照学拼音文字的方法学习汉语，往往事倍功半。教师要引导学生按照汉语自身的规律来学习，因此，教师的“导”很关键。

二、学生的主体作用

学习，是学生的学习，教师不能包办代替。在教学中，教师要始终把学生放在首位，要调动学生的积极性、主动性，要挖掘学生的潜力。教师要认识到：

（一）学生是教学过程的主要参与者

教师组织任何教学活动，都是为了让学生参与，为了使学生掌握汉语知识、获得言语技能，离开了学生，就不可能组织教学活动，教学活动也就不复存在了。

（二）学生学习具有自觉性和能动性

每个学生都有学好汉语的心向，在这种心向的驱使下，学生会自觉努力地学习。另外学生的学习潜能是很大的，教师的作用不是牵着学生的鼻子走，而是从学生的特点出发，创造各种条件诱发学生的内在动机和学习欲望，使学生创造性地获取知识和能力。

（三）学生的主体作用要体现在“主”上

学生是学习的主人、课堂的主人、时间的主人。

三、教师和学生的关系

（一）合作关系

教师和学生是教学活动的共同参与者，离开了任何一方，教学活动都不能开展，即所谓“教是为学而教，学乃从师而学”。教师和学生是教学过程中两个相对独立又密切联系的组成部分，两者的关系如何直接影响着教学的进程和效果。我们赞同“以教师为主导，学生为主体”的观点，在具体教学中，主张主导和主体的密切合作关系。所谓合作关系，是指师生间是平等的、民主的；课堂气氛是宽松的；信息、资源是共享的；人格是互重的。教师为学生着想，熟悉学生、理解学生，学生也熟悉老师、理解教师，师生在理解的基础上建立起合作关系，保证教学目标的实现。

（二）良好的人际关系

教师与学生的关系又不仅仅是教与学的关系，也包含着一般的人际关系。教师和学生如果没有良好的沟通与理解就不可能有良好的课堂教学的合作关系。有了良好的人际关系，学生在心理上就容易接近并认同老师的方法，教师想教给学生的知识和技能，就很容易被学生吸收和接纳。语言教学离不开语言的交流与沟通，教师应重视与学生之间的人际关系。但是，作为一名教师，与学生之间的关系应该保持适当的“度”，这个“度”是指在与学生交往的过程中，要保持一个教师的人格尊严，不能为了形成良好的人际关系而放弃原则，放弃对学生的要求，甚至取悦于学生。如果一个教师忽视了这个“度”，也根本不可能与学生建立友好、健康的人际关系，只会增加学生的反感，降低老师的威信。教师应选择得体的话语与得体的行为，艺术地处理好与学生之间既亲近又保持适度距离的人际关系。

（三）教学相长的关系

在教学活动中，课堂不是教师个人表演的舞台，学生也不是消极被动的受教育者。孔子早就指出“教学相长”，教学过程应是学生和教师共同成长的过程，教学过程是教与学相互影响、相互促进的过程。教学本身是双向活动，教师在引导学生探求知识的过程中起着推动作用，没有教师的引导，学生知识的获得就不可能高效；但教师也不能唯我独尊，搞一言堂，在教学中要尊重学生的思维方式、文化背景知识，从学生那汲取养分，更进一步地提高教学质量。

第二节　课内与课外的关系

语言是人类所特有的用来表达意思、交流思想的工具，是一种特殊的社会现象。语言的这一特点决定了它具有工具性和社会性。汉语是学生进行社会交际的工具，要掌握这个工具，必须在社会交际的实践中学习和运用。课内学习和课外学习是对外汉语教学的两个方面。“课内”是指对外汉语的课堂教学活动；“课外”是指课堂教学活动之外的汉语学习活动。课内外汉语学习各有其作用，只有密切结合，才能取得更好的效果。

对外汉语教学的课外有两种情况：一种是目的语环境，即在中国学习汉语；一种是非目的语环境，即在海外学习汉语。前者的课外可以直接在课堂之外进行，后者的课外需要创造。但是无论是哪种情况，我们都主张把课上延伸到课下，把课内和课外有机结合起来。那么，怎样结合呢？

一、课内

课内即课堂教学，是对外汉语教学的主要形式，在课内，通过教师的指导和帮助，学生获取汉语的语言知识、文化知识和听、说、读、写等言语技能，以及学习策略等知识和技能；课内也是培养学生汉语交际能力的主要场所，学生汉语学得怎么样关键在课内。但对外汉语教学的课内不同于一般知识课，它的目的是学以致用，即课上学了，课下就能用，因此，课内要增加语言实践的机会和次数，要提高每一分钟的教学效率。

（一）利用教科书所提供的语言材料

教材的内容是学生学以致用的基础，教师要充分利用教材所提供的语言材料，从基础知识入手，训练学生熟练掌握词汇、语法、课文等内容，为交际作准备。

（二）利用课文内容创设情境

课内情境的创设离不开课文内容的依托，因此，教师要利用课文的主题和情境，模拟情境，让学生表演，为学生提供使用汉语进行交流的机会。比如，根据课文内容把教室布置成商店、银行、餐馆等。

（三）开展贴近学生生活实际的教学活动

设计教学活动首先要考虑贴近学生的生活实际，吸引和组织学生参与。只有贴近生活的、真实的、有意义的活动才能整合多重的内容和技能。这将有助于学生用真实的方式来应用所学的知识，同时也有助于学生认识他们所学知识的作用和意义。

二、课外

课内教学由于内容和时空的限制，学生所获取的知识和技能是统一的、固定的。比如，如果我们在课上学的是问路，学生获得的知识是：图书馆在运动场的东边，九号楼在八号楼的旁边；技能方面，学生能说出图书馆和九楼的位置以及表示存在的句式，这些内容已经固化在学生的记忆里。但是，在现实生活中，这两个地方的位置不一定跟书上的位置一致，另外学生可能还要问别的地方的位置，这些都是课内不能很好解决的，只有到真实的社会生活中才能真正学以致用。而且课堂之外有着比课内多得多的时间，广阔得多的活动空间，它能扩大和加深课内所学的知识，满足和发展学生的求知欲，使得学生的才能得到充分发展。因此，课内外结合是对外汉语教学要坚持的路子。

（一）目的语环境

在目的语环境中，教师可设立一些真实的交际任务，把课内的虚拟情境放到课外的真实体验中，比如，学了买水果的内容，教师可以布置一个课下任务，让学生去买一种自己喜欢的水果，第二天向全班同学汇报，让学生真正体验交际所带来的成功感。

（二）非目的语环境

在非目的语环境，教师不可能每天布置课下任务让学生去做，但是可以做一个学期计划，根据教学内容的安排，创造一些课下的目的语环境，定期让学生去体验、去接触、去交流。比如，一学期举办一次汉语节目表演，一个月进行一次文化讲座或者电影欣赏，一个星期一次汉语角、书法班、太极拳班等，让学生体会到汉语的交际氛围。如果是华裔家庭，还可以安排父母跟孩子一起完成的作业等等。

总之，学校、家庭、社会是一个大系统，对于语言学习来说，应该利用系统中每一个要素，让每一个要素都发挥应有的作用，让学习者真正体会到学了就能用，用了又促进学，最终掌握第二语言。

三、课内与课外的关系

（一）课内掌握，课外延伸

课内教学是学校最主要的教学活动，因为课内教学比课外活动更具有目的性，课内的学习效率比课外活动的学习效率高。但是课堂教学的时间是有限的，而学生在课内学的东西最终要经过实践的检验，那么，怎样弥补这两方面的不足呢，只有把课内和课外结合起来。具体说来，在课内学的知识和内容，要在课外的社会生活中进行运用，因此教师在课内根据所学内容布置课外任务，就不失为一种好的方法，即课内掌握，课外延伸。

（二）课内了解，课外补充

随着汉语水平的提高，学生希望更多地了解中国的社会、历史、文化等，而课上所学习和介绍的内容有限，不可能面面俱到和深入讲解，因此教师要引导学生利用课外的时间和资源进一步加深和补充学习。可以采取课上初步了解相关话题和内容，课外通过阅读、网络、参观、调查等方式，对感兴趣的内容进一步深入研究。

（三）课内巧找疑难点，课外狠抓落实点

学生在课上学习的过程中有些问题不可能都能消化和理解，教师要引导学生善于确定自己的疑难问题。比如，没有理解老师讲的内容，但是班上大多数同学都懂了，他只好先放一放，有时会积攒几个问题，教师除了在课下给予单独讲解外，还要引导他课下自学，自己寻找问题答案，自己加强练习等。

第三节　知识与技能的关系

在对外汉语教学中，知识主要指汉语言文化知识，语言知识包括汉语知识体系中语音、词汇、语法、文字等知识，文化包括中国文化习俗、民族心理、中国文学等知识；技能是指运用语言进行听、说、读、写的交际能力。知识和技能是对外汉语教学内容的两个主要方面，这两者关系处理得怎样，直接关系到教学效果。

一、知识与技能关系的偏差

（一）教学中过分强调知识的讲解

在对外汉语教学的发展过程中，许多教师在进行教学时，始终以语言知识传授为中心，教学中强调语言知识的系统性，方法上重在解释、分析、讲解、演绎。学生学习和背诵了一大堆规则、公式，可是在交际中还是不会用，或用得不合适。比如，“动词（V）＋了”，有的教材是这样解释的：（1）动词后边加上动态助词“了”表示动作的完成；（2）要是带宾语时，宾语前面要有数量词或其他词语作定语；（3）如果宾语前没有数量词或其他定语，句末要有语气助词“了”才能成句。句子的功能是传达某种信息，以期引起注意；（4）如果宾语前既没有数量词或其他定语，句末也没有语气助词“了”，必须再带一个动词成分，表示第二个动作紧跟第一个动作后发生；（5）正反疑问句形式是“……了没有”或“V＋没（有）＋V”，否定式是在动词前面加“没有”，动词后不再用“了”。这只是解释了一个“了”，汉语中还有语气助词“了”，和表示变化的“了”，如果把这些规则加起来，怎么也得有十来条。当然这些解释非常清楚，有助于教师理清这一语法点。但是，如果以传授知识为主，这些规则一条不落地讲给学生，让学生记住，这种教学确实能保证知识传授的系统性和科学性，但是学生又能记住多少呢，尤其是初级汉语教学，学生的汉语水平还达不到理解这些术语的程度，如果一条一条地讲解势必增加学生的负担，使学生觉得汉语难学。

语言教学的知识讲解不在于把知识讲全、讲透，不是从教师的角度出发，按照教师的计划讲解，而应该从学生接受的角度出发来讲解，以学生理解了、懂了为目标，而不是以教师完成教学任务或让学生能分析、说出道理为主。其实，以知识为中心，从教师和学生的关系来说，就是以教师为中心，教师唱独角戏，一个人包揽整个教学活动，这样做，不可能取得好的教学效果。

（二）教学中过分强调技能的训练

语言教学中的知识传授是必要的，但是知识讲得再多，也只是输入的过程，学生也只是被动地吸收，这些不能代替学生的表达和输出，只有当知识转化为能力的时候，学生才能真正地运用。学生目的语能力的形成是以言语技能训练为前提的，因此许多教师认为在课堂上进行大量听、说、读、写的技能训练，学生就可以进行交际了，过分看重技能的训练。

我们知道，技能训练离不开大量的操练和训练，而这种练习做多了，必然会使教学机械、单调、沉闷，学生的积极性和创造性不高。比如，教学中常用的训练形式：

辨音辨调：jìjié——jùjué

多音节连读：跟你一起

绕口令：十四是十四，四十是四十

词语扩展：去——去食堂——去食堂吃饭——她去食堂吃饭——她晚上五点去食堂吃饭

朗读：词组、句子、课文等

替换：他在中国工作了一年。农村　住　两个星期

模仿造句：这两个包大小一样。 这两张＿＿＿＿＿＿。

用所给的词语复述课文

按照例句做练习

教学上我们提倡“举一反三”、“精讲多练”，但是这里的“三”和“多”都是有条件的，不是重复得越多越好，也不是练得越多越好，因为大量的以操练为主的机械性练习，不但不利于学生语言交际能力的培养，反而会打击学生的积极性。

二、知识和技能的关系

过分强调知识的教学是不完全的，因为它没有转化为能力，让学生吸收。同样，过分强调技能训练的教学也是不完全的，因为它没有把交际能力的核心——得体性，作为教学的重点，过分强调机械训练、句型操练，不利于学生在新的语境中的运用。真正的教学应该是既要传授知识，也要训练技能，并且要把两者有机地结合起来。

认知心理学从信息加工角度把知识分为两大类：陈述性知识和程序性知识。前者是关于“是什么”的知识，后者是关于“怎么样”的知识。如果从知识和能力的角度，前者是知识，后者是能力。认知心理学从知识获得的角度认为：程序性知识的获得要以陈述性知识为前提，即必须在知道“是什么”以后，才能进行“怎么样”的操作步骤，即能力要以知识为前提。

对外汉语教学的直接目的是培养学生的语言能力和语言交际能力。按照吕必松先生（2007）的分类，语言能力的构成因素属于知识范畴；语言交际能力的构成要素除了语言能力的构成要素以外，还包括言语技能和言语交际技能。吕先生认为，言语技能和言语交际技能属于技能范畴。语言能力和语言交际能力的构成因素表明，言语技能和言语交际技能都是知识和技能的结合。那么，在对外汉语教学中知识和技能是一个什么关系呢？

（一）知识是基础

如果掌握不好汉语的语音、语法、词汇、文字等知识，是谈不上技能训练的，就好像一个飞行员不懂飞机构造和飞行知识是难以飞上天的。知识是技能训练的基础和前提。

（二）技能训练是核心

对外汉语教学要引导学生扎扎实实地“练”，要打好基础。技能训练要贯穿于教学的全过程，渗透于教学的各个环节，由对内容的理解而转化为知识，由知识的训练而转化为技能。学生学习汉语的积极性唯有在训练中才能调动起来，唯有在训练中才能达到最高点，训练是将知识转化为能力的推进器，是课堂教学的核心。

（三）知识和技能是形成语言交际能力的前提

一般教学论认为，“知识”涉及的是关于“是什么”的问题（但也包括动作技能的“知”），“技能”涉及的是具体身心动作的“能”（技能），“能力”涉及的是完成活动层次水平上的一般性的“能”（能力）。尽管知识和技能之间存在着明显的区别，但相对于活动层面的能力来说，人们通常把知识和技能相提并论，因而常常划分为“知识”和“能力”。知识和能力是互为前提、相辅相成的。“知”是“能”的基础，没有恰当的相关知识，就不可能形成一定的活动能力。教学过程中要在解决好“知”的问题的前提下解决“能”的问题，“知”是中介、是手段，相对而言“能”则成为目的。

在语言教学中，知识可以传授，技能需要训练，只有把两者有机地结合起来，才能有效地培养学生的交际能力。交际能力的培养要以知识和技能的形成为前提。

（四）能力的培养应该在活动中进行

语言能力更需要在现实的活动、真实的交往和广泛的认知基础上形成。因此，活动、尤其是情境性活动是学习者获得真正发展的途径。

第四节　汉语教学与文化的关系

语言，不仅是文化的一部分，同时也是文化的载体，及其赖以发展的基础。而在语言教学中，文化又是教学内容不可或缺的组成部分，因为语言理解和语言使用都离不开一定的文化因素。因此，在对外汉语教学中如何处理语言和文化的关系问题就成了教学必须面对和要解决的问题。

一、汉语教学中的文化内容

我们知道文化的内涵是极为广阔的，定义也有几百种。但是我们从语言教学的角度划分，赞同张占一（1984）划分的“知识文化”和“交际文化”。所谓“知识文化”是指两种不同文化背景的人进行交际时，对某词、某句的理解和使用不产生直接影响的文化背景知识；所谓“交际文化”是指两种不同文化背景熏陶下的人，在交际时，由于缺乏有关某词、某句的文化背景知识而发生误解，这种直接影响交际的文化知识就属于“交际文化”。具体地讲，知识文化主要指经济、政治、地理学、历史学、文艺学等；而交际文化主要指暗含在语言内的文化因素。如果对知识文化不太了解尚可交际，但若缺乏相关的交际文化，则会直接影响交际的顺利进行。

在对外汉语教学中，我们既要讲交际文化，也要讲知识文化。而依据文化分类来看，交际文化和语言联系更加紧密。因此，我们认为交际文化在汉语教学的开始阶段就要导入，而知识文化则随着语言教授的深入逐渐导入。比如，中国人在接受他人礼物时，通常会说几句客套话之后再委婉收下，这让外国人感到迷惑，到底中国人是想要还是不想要呢？这就是由交际文化的差异引起的误解。因此汉语教师在教授语言知识、技能的同时，一定要有相关的交际文化导入，用以辅助交际的顺利完成。应该明确地给学生讲授：中国人接礼时应辞让三分，这是汉民族礼让的表现。

那么，何种文化在何时讲授，究竟哪些文化最有可能直接影响语言的学习和使用呢？陈光磊（1992）曾归纳为：

1. 习俗文化，即贯穿在日常生活和交际活动中由风俗习惯而形成的，如称呼、招呼、问候、询问、道歉、告别、打电话等。

2. 思维文化，即由思维方式形成的。比如，中国人的思维方式由大到小，欧美人由小到大等。

3. 心态文化，即民族心理和社会意识所渗透于文化的，如价值观、道德伦理观念、含蓄委婉、谦卑辞让等。

4. 历史文化典故，即由文化的历史发展和遗产的积累形成的。

5. 汉字文化，这是中国文字的特点带来的。

6. 体态文化，即伴随语言的体态文化。如，用手指着太阳穴旁转圈，中国人表示动脑筋，而美国人表示发疯；握手，在中国没什么讲究，但俄罗斯则不允许隔门或跨门槛握手，认为这样是不吉利的。

上述内容都是语言教学要讲授的文化内容，因为这些文化内容要么是中国所特有的文化现象，要么是容易引起误解的、具有文化差异的内容，如果不讲就影响交际。

有人将语言教学、交际文化、知识文化三者的关系比喻为一座宝塔的塔座、塔梯和塔尖。我们认为文化在不同的语言教学阶段是处于不同的位置的，初级阶段教授语言的同时应伴随着交际文化的讲授，而中高级则要适当地增加和突出知识文化的内容。具体地说，在初级阶段汉语语言教学和交际文化教学要并列推进，而在中高级阶段则是知识文化随着汉语语言教学的深入而呈递进式导入。

二、汉语教学中文化内容的讲授方法

（一）直接阐释法

对语言教材中涉及的文化背景内容随文加以注释，进行解说、讲解。

（二）交互融合法

语言材料的内容既是语言知识和语言技能的训练，同时又阐述某种特定文化的含义。

（三）交际实践法

利用课堂内设置的社会文化氛围，或者借助多媒体手段在课堂上提供相关的文化背景，让学生学习和操练在这种背景下的交际能力。或者到课堂外的社会文化实际中去实践。

（四）异同比较法

比较母语文化与目的语文化之间的异同，以了解不同语言的使用所受文化规约的异同。利用“同”扩大语言习得中的正迁移，指出“异”以防止负迁移。同时把文化差异说清楚了，有助于克服学习者的心理障碍。

（五）让中华才艺走进课堂

中国有着悠久的文化历史，积累了丰富的文学艺术表现形式，像剪纸、京剧、书法、民乐、饮食等。可以教学生编中国结、剪纸、练书法、唱京剧、练武术、练太极拳、唱民歌、学奏中国民间乐器，如古筝、二胡、扬琴，春节教学生包饺子，元宵节教学生包汤圆，端午节做香包、吃粽子，中秋节赏月、吃月饼等都可以增加对中国文化的了解，增进中外友谊，通过文化吸引学生学习。

教学准备篇

第五章　教案编写

教学是一种有目的、有计划、有组织的活动，因此在教学活动之前，教师要进行必要的准备，要备课，这样教师在教学时既可以减少不确定感，找到一种方向感、自信心和安全感，还可以减少教学的盲目性和随意性，使教学能顺利、有效地完成。下面从教学目标、教学重点和难点、教学对象、教学内容、方法等方面来谈谈教案的编写问题。

第一节　教学目标

教学目标是教案编写最先要考虑的要素。教学目标的编写直接反映出教师对教材的理解、对学生情况的判断以及对教学过程的构思。

教学目标是指教学活动预期所要达到的结果。也就是说，教师要明确，学生通过学习，在起点能力的基础上，获得什么样的终点能力，即学生经过学习会产生哪些行为变化。但是，许多教师在编写教学目标时，往往从自己的主观愿望出发，对教学意图做普遍性陈述，所以教学中不易把握尺度，也难以测定教学效果。

一、教学目标编写时存在的一些偏误

（一）教学目标和教学目的概念混淆

教学目的是教学的方向和目标，具有一定的指令性和相对的稳定性，它往往用比较概括的术语来表达。教学目的的实现必须转化为可操作的具体的教学目标。教学目标是对完成教学活动后，学生应达到的行为状态的详细具体的描述。可是，我们有些教师在写教案时，教学目的、教学目标信手拈来，没有考虑其中的不同。比如：

教例 1（写作课）

【教学目的】

教学目的就在于使学生尽快地、有效地提高议论文写作水平，让他们从用汉语进行思考，到用汉语书面语准确、快速地议论、说理，表达丰富的思想感情。通过写作实践和讲评，激发学生学习写作议论文的兴趣和真正学会写作议论文。

教例 2（听力课）

【教学目的】

(1) 听句子、对话选择正确答案，通过特定语境加深学生对综合课上所学的语法或句法结构的理解。

(2) 听短文回答问题、听短文做练习，培养学生在语流中捕捉要点和重要信息的能力。

上述示例中的教学目的是整个写作课、听力课的教学目的，不是具体哪一节课的教学目标，这种用某一课型的一般目的代替具体的课时目标必将导致课时目标的笼统化，并使课时目标如同虚设，难以发挥其在课堂教学中的应有作用。

（二）教学目标的陈述过于含混、抽象、笼统

有些教师常常以教师为本，用较抽象、笼统的话语来表达教学目标。比如：

教例

【教学目标】

掌握“错过”等重点词语，掌握篇章中的把字句和被子句的使用规律，掌握比拟与比喻两种修辞手法的联系和区别。

这种目标表述过于抽象、概括，教师在课堂上怎样操作，学生才算“掌握”，掌握到什么程度，等等。教学目标是对学习者通过教学活动后应该表现出来的可见行为的具体、明确的表述，强调其可观察性和测量性，相对来说明确、具体、利于测量和评价。

（三）把教学目标作为老师要做的事，没有陈述期望学生发生什么样的变化

教学目标不是教师在这堂课上打算做什么、怎么做，而是学生学习的预期结果是什么，学生经历一个学习过程后会做什么、知道怎么去做。

（四）对教学目标的编写缺少宏观的认识

每一个教学目标的编写都不是孤立的，都应该成为一系列教学目标群中的有机组成部分，应该与其他教学目标之间具有纵向垂直的分层关联和横向水平的关联。可是有的教师在编写教学目标时只从一本书、一篇课文和课后练习出发来设置教学目标，没有从宏观上把握所要讲的课，使教学目标的设置凌乱、重复，无系统性。

二、教学目标的分类

教学目标分类理论具有代表性的人物是美国的布鲁姆和加涅，他们都描述了制定教学目标的系统理论框架，对教学目标的编写有重要的指导作用。

（一）布鲁姆的目标分类理论

布鲁姆把教学目标按行为范畴分为三个领域：认知领域、情感领域、动作技

能领域。进而，布鲁姆等又将各领域的目标细分为亚领域，进一步划分出若干层次，并给每一层次目标下一个严格的定义和进行必要的解释。在认知领域，布鲁姆提出并系统详尽地划分了六个亚领域：知识、领会、运用、分析、综合、评价；在动作技能领域，提出了知觉、模仿、操作、准确、快速、自动化的分类；在情感领域提出了接受、反应、评价、组织、个性化的分类。

（二）加涅的目标分类理论

加涅根据学习发生的条件，将学习分为五种学习结果：言语信息、智力技能、认知策略、态度、动作技能。在加涅的学习分类中蕴含着一个重要的观点，即学习具有层次性，这种层次性最明显地体现在智力技能的学习中。加涅把智力技能细分为四个层次：辨别、概念、规则、高级规则。这些层次是相互关联的，高一级学习要以低一级学习为先决条件，但不能还原为低一级学习，它是与低一级学习性质不同的学习类型。

从布鲁姆、加涅等人的阐述中我们可以看出：第一，要对教学目标进行分类。他们两个分类系统都包括了认知、情感、动作技能三个方面，这体现了学生心理结构的全面发展。第二，教学目标的制定还要有层次性。按照加涅的观点，学习任何新能力，都不能一步达到，而是要把这种新能力进行分解，分解成一系列从属知识，要先学习新能力里面的从属能力。加涅把这种知识系列称为“学习层次”。

（三）对外汉语教学目标的分类和分层

1. 横向上教学目标的分类

根据布鲁姆等人的理论，结合对外汉语学科的特点，我们认为设置对外汉语教学目标时，应分为以下几种类型，而且每一类型还要有不同的层次。

（1）认知领域

包括语言知识、语用规则、文化历史知识等。对这些知识的掌握应分为：感知、理解、掌握、运用等几个层次。

（2）技能领域

主要是言语技能和言语交际技能。对这些技能的掌握应分为：模仿、练习、熟巧、自动化、创造等几个层次。

（3）情感领域

主要是对中国人文地理、风俗习惯、文化知识的学习。对这些知识的掌握应分为：注意、感动、接受、反应、价值等几个层次。

（4）学习策略

主要是学生在学习汉语时采取什么样的方法和策略。传统教学目标对于学习策略、学习习惯的培养涉及很少。我们认为学生掌握了方法才能更快地适应汉语的学习。这一目标的实现应分为：对比、背诵、概括、迁移、参与、合作等几个层次。

2. 纵向上教学目标的分层

教学目标不仅是一个由多种成分构成的整体概念，同时又是一个相对的概念。它是由若干大小不等、层次不同的教学目标构成的庞大体系。在这个系统内部，任何下一级教学目标的确定必须以其上位目标为依据，下位目标是为实现上位目标服务的。在这个体系中，处于最高层次的是学科教学总目标，最低层次的是课时教学目标，中间层次可根据不同的分类标准作出不同的层次划分。根据布鲁姆等人的教育目标分类理论，结合对外汉语教学的学科特点、课程结构和教学过程，我们将对外汉语教学的教学目标划分为五个层级。

（1）学科总目标

对外汉语教学学科总目标是指对外汉语教学过程所要达到的最终结果。一般来说，它只从整体上对教学内容、过程及其质量标准作出宏观的规定。对外汉语教学作为一门学科，它的学科总目标是培养学生用汉语进行交际的能力。作为一名教师，无论你承担哪一阶段的教学任务，都要明确你的最终目标是什么。一般来说学科总目标应由国家教育主管部门组成有关专家来制定。

（2）课程目标

总目标有了，但是通过哪些课程来完成这一总目标，每门课程又有自己的具体要求。例如，基础阶段综合课和听力课、阅读课的课程目标是不一样的。因此，教师还要明确你这门课的课程目标。一般来说课程目标由国家和各级学校的课程专家来制定。

（3）学段教学目标

有了课程目标，那么你这门课要用多长时间来完成，就涉及学段教学目标。在我们的教学中，一门课的教学时间一般为一年或半年，因此，学段教学目标指的是学年教学目标和学期教学目标。如果你这门课要用一年的时间来完成，那么你就要在学科总目标和课程目标的框架下，设计学年教学目标。比如这一学年学完后你的学生达到什么样的水平、具备什么样的能力。如果你这门课用半年来完成，那你就要针对学生的特点设计学期教学目标。当然对于学段教学目标来说，最后都要落实在学期目标上，因此，教师应该非常明确你这学期的学期目标是什么。学段目标一般由学院组织研究人员和有关专家来制定。

（4）单元教学目标

学期目标确定后就要考虑这学期的教学内容是由几个单元构成的，然后设计单元教学目标。在对外汉语学科领域，有的课程没有明确意义上的单元内容，尤其是基础阶段，但是我们可以把具有同类意义或功能的内容划为一个单元。可以是语音单元、句型单元、短文单元，也可以在这三个单元中再继续划分，比如句型单元中再划分成“是……的”句单元，“被”字句单元、“把”字句单元等等。单元目标一般由系主任、教研室主任和优秀教师来制定。

（5）课时教学目标

课时教学目标是单元教学目标的落实和具体化，它一般只规定一堂课（100分钟）应达到的结果，因此它应该具有内容的具体性、目标的可操作性、目标实现的及时性及目标设计的灵活性等特点。任何课时教学目标的确定都必须从整体着眼，从整个教学目标出发，在逐渐明确各级教学目标的基础上把握和设计课时教学目标，使教学目标之间相互衔接。课时教学目标一般由任课教师来制定。

三、教学目标的阐述

确定目标领域和层次，这只是目标编写的第一步。用有效的表述方法将设置的目标正确、明确地表述出来，目标编写才算完成。

（一）行为目标陈述法

行为目标是用预期学生学习之后将产生的行为变化来表述目标。一般认为，一个完整、具体、明确的教学目标应该包括四个部分：一是教学对象（Audience），即学习者；二是学生的行为（Behavior），即学生学习后能做什么；三是行为发生的条件或情境（Condition）；四是行为合格的标准（Degree）。这就是ABCD法。下面以《基础汉语40课》（上册）第十一课的会话“去商店买东西”为例编写教学目标。

1. 认知领域

（1）学生能用课文中学的颜色词说出自己喜欢什么颜色的衬衣和鞋子，至少说出两种颜色。

（2）学生能准确区别量词“件、双”的用法，并能组成别的数量词组。

（3）通过语法点的学习，学生能用“要”、“‘的’字就结构”、“还是”完成课后练习，正确率为90%以上。

（4）学生能用课文中学过的句型、词汇、语法去商店买一个自己需要的东西，如：本子、书、水果等，第二天向全班汇报买东西的经过。

2. 技能领域（技能训练目标是根据北京语言大学汉语学院1997年公布的要求提出的）：

（1）学生学完课文（全文约265个字）后能在3分半钟内朗读一遍，发音声调基本正确，语调比较自然。

（2）复习时听写3个句子，共45个字，要求学生以平均每分钟10个字的速度听写，错字不超过5个。

（3）复习时口头回答问题或复述课文，语音正确，语法基本正确，语速不低于每分钟90个字。

3. 情感领域

（1）学生有去商店买东西的愿望，并把自己学到的知识用于询问价格、尺寸、选择商品等。

（2）学生想学更多的购物习惯，比如讨价还价等。

4. 学习策略

(1) 三人一组，其中一人为教师，表演课文中买东西的过程。(参与)

(2) 学生两人一组练习如何买到合适的衬衣或鞋子。(合作)

(3) 学生互相评论哪一组买的衬衣或鞋子最好。(交流)

(二) 内部心理过程与外显行为相结合的目标陈述法

行为目标陈述法的优点是显而易见的，它避免了传统的目标陈述法的含混、概括和抽象，但是，只强调行为的结果而忽视内在心理过程的变化，可能导致人们只注意学习者的外在行为变化，忽视其内在的能力和情感变化。因此我们还需采取内外结合的陈述方法，即先用描述内部心理过程的术语来陈述一般教学目标，然后列举反映这一目标的例子以表述具体性目标，从而使内在心理变化可以观察和测量。例如，《汉语教程》第三册（上）第64课《幸福的感觉》其中的目标之一是：

【教学目标】学完课文之后，学生能理解幸福是什么。

【具体目标】(1) 能结合课文说出5条幸福并不是什么的例子。

(2) 能结合课文说出那位邻居的幸福是什么。

(3) 能说说你爷爷、你爸爸和你的幸福是什么。

这种目标表述既适合认知领域的目标陈述，也适合于情感领域的目标表述。例如，《汉语教程》第二册（下）第55课（一）《京剧我看得懂，但是听不懂》

【教学目标】学完课文之后，学生能喜欢京剧。

【具体目标】(1) 下课以后，学生有要买脸谱、京剧磁带等的愿望。

(2) 学生有要看一场京剧的愿望。

(3) 个别学生要学京剧。

第二节　教学重点、难点

通过教学目标的确定，我们知道在教学中要完成的任务有很多，包括认知的、技能的、情感的、策略的，如果一堂课面面俱到地通盘来讲解，平均使用力量，可能会导致什么都讲了，但是学生抓不住重点，有些问题没有理解透。还可能出现完不成教学任务的现象。这就要求教师在处理教材时，要能抓住重点和难点，有针对性地进行教学。

一、确定教学重点

重点是教学中最“基本”的东西，主要指常用的基本概念、基本原理、基本技能，它是学生学习其他知识的基础。教材的内容是由一个个知识点构成的，这些知识点所处的地位和重要性也是不相同的，教师要根据不同情况有所侧重，区别对待。也就是说要“备重点”。

备课备重点有两方面的含义：一是要紧紧抓住教材的重点内容。教材中各个知识点在整册书中所占的地位是不一样的：有的重要些，占的篇幅也多些；有的次要些，占的篇幅也少些。一般地说，对学习教材中其他内容起到举足轻重作用的知识点是教材的重点。比如，《汉语教程》第二册（上）共有语法点30多个，这里的语法知识基本都是重点，但也应有所侧重，像“了”、“就和才”、“再和又”、“虽然……但是……”、“结果补语”、“时量补语”、“比较句”、“简单趋向补语”、“动词+过”、“动量补语”、“是……的”、“一……就……”、“量词重叠”等都是教材的重点。二是要确定每堂课的重点，即教学重点。主要指那些在课堂教学中需要教师着重讲解，要求学生听课时（学习时）特别加以关注的知识点。一般来说，教材重点就是教学重点，但是教学重点除了教材重点以外，还包括那些虽不属于教材重点，但在上课时必须要重点讲解的内容。

二、确定教学难点

教学难点是学生已有知识基础与新授知识之间衔接不上的那些地方，也就是诸多任务中学生难以迅速、准确地理解、掌握、运用的知识和技能。一般来说，教学难点的确定要依据以下一些标准：一是两种语言比较，即汉语和学生的母语比较，那些不易理解和易混淆的地方，比如地点状语的位置（与英语比较）、u的发音（与日语比较）等。二是在一堂课中重点内容中确定难点，比如一课中的语法教学重点有（1）“连……也（都）……”表示强调；（2）二次否定表示肯定；（3）疑问代词的反问句。在这三者中（3）是重点，因为（2）在学生的母语中都有，而且解释与汉语的解释是一致的，（1）虽然学生的母语中没有，但是这个句型结构很有规律，学生容易理解，而（3）在语序上与疑问代词的疑问句一样，但是意思却完全不同，“谁知道他去哪儿了”既可以是疑问句，也可以是反问句，而反问句主要靠语感，这对学生来说很难。三是教师的教学经验。有经验的教师会从学生的生活实际、知识基础和理解能力去考虑，看看他们是否具备学习这部分内容所必备的基础，如不具备，那么这部分内容便成了难点。

教学中的重点和难点既有联系又有区别，一般来说是重点包括难点，难点的内容一定是重点，但是重点不一定是难点，教师要认真区别和对待。

第三节 教学对象

教师在备课时要针对学生的实际情况进行设计，要“备学生”，要了解学生。准确把握学生的情况，是教学取得成功的关键。学生是学习的主体，是教学的中心，教学过程是以教师的“教”和学生的“学”相互交流和配合向前发展的，“教”一旦失去了“学”的有效配合，教学质量很难得到提高。因此在备课时要考虑学生的实际情况，比如，他们的已有知识、能力水平、学习准备状态和身心发展特点等。

一、学生的已有知识

（一）了解学生的入门水平

开始教学之前，教师要精确地确定学生已经知道什么了，已经能够做什么了，它是教学的基石。比如，你的学生是不是零起点，如果不是零起点，他们的水平如何，是什么水平等等。

（二）学生已有知识

学生要用过去所学的知识来学习新的内容，要在先前理解的基础上建立新的知识。因此，对教师来说，确定学习者先前知识的范围和质量非常重要。

（三）学生的能力水平

确定学生的受教育程度和基本能力水平。例如，他们是大学生、高中生还是研究生？这类信息有助于了解他们曾有的学习体验以及他们对新的教学方法的适应能力。

二、了解外国学生的特点

（1）来国内各大学学习汉语的外国留学生基本都是成人，他们有着丰富的社会生活经验，往往比较自律，对学习有着明确的目标，并能保持持久的动机。

（2）他们的文化背景不同。外国学生远离家乡，由于文化背景和生活习惯的差异，在中国的学习和生活也表现出很大的不同，教师要对学习者的文化背景有所了解，教学中有的放矢。比如，穆斯林每年都有斋月，在这一个月的时间里，不管是哪个国家的穆斯林学生，太阳升起以后都不吃饭。教师了解这一情况以后，尽量不要提问他们“你吃早饭了吗”“你早饭吃什么”等问题；再比如，韩国学生非常尊敬教师和学长，如果班里有一位学长，他不说话，年轻的学生都不主动在他之前抢着说话，因为他们觉得这很不礼貌；还有，许多国家的学生一起吃饭喜欢“AA制”，如果我们的课文出现“我请客”，教师要讲明中国人的生活习惯。

（3）他们的学习方法不同。外国学生来中国以前，大部分都有学习第二语言的经验，他们往往会把这些经验带到汉语学习中。比如，有的学生喜欢用电脑学习，有的学生喜欢用卡片，有的学生依靠语伴，有的学生有辅导，等等。

备课“备学生”，着眼点应该放在全班大多数学生身上，应该统一要求。但是在强调统一要求的前提下，还要考虑“因材施教”，要考虑两端学生的情况，多准备一些问题，多设计一些活动，多布置一些任务，让不同的学生都有收获、有进步，感到愉快。

第四节　教学方法

教学方法是为完成教学任务而采取的办法，它包括教师教的方法和学生学的方法，是教师引导学生掌握知识、技能，获得身心发展而共同活动的方法。教学中采用何种方法，是单用一种方法，还是几种方法交替使用，教师在备课时需要精心准备。下面介绍几种在教学中常用的方法。

一、听说法

听说法（the audio-lingual method）是第二次世界大战后期到 20 世纪 50 年代初期在美国形成的教学方法。“二战”前，美国已经成为世界大国，与世界各国的交流日益增多，急需外语人才，迫切需要改革外语教学。“二战”爆发后，特别是珍珠港事件后，美国需要派遣大量军队出国作战，军队在被派出国前，必须对他们进行最基本的外语训练，主要是口语训练。当时根据布龙菲尔德的结构语言学观点制订了训练计划，对军队进行几十种外语的口语训练，并在短期内取得了一定的成效。

（一）听说法的教学理念

1. 听说领先

听说法认为语言是说的话，不是写下来的文字。强调学习语言要先听、说、后读、写，强调口语是第一位的，是一切语言活动的基础，外语教学要遵循听说领先原则。

2. 注重句型操练

听说法认为，语言是一系列行为习惯，主张用对话来呈现新的词汇和语法结构，用模仿和重复来学习对话，用对话中的句型来组织操练，要求在句型操练的基础上讲授语法知识，通过大量机械、重复的言语实践从正面强化学生的正确反应，以培养一套正确的语言习惯。整个教学以句型操练为主，要求学生对答如流，运用自如，提倡学生背诵对话和句型。

3. 排斥或限制使用母语

结构主义语言学认为，一种语言的词义很难用另一种语言的单词确切地表达出来。因此，听说法主张用直观手段，或借助情景、语境，直接用目的语理解和表达。

4. 通过两种语言的对比分析，确定教学的重点、难点

语言是不同的。各种语言有不同的语音、语法体系。主张在外语教学中对比、分析外语和母语结构上的异同，找出学习的难点，以便确定教学的重点。

（二）听说法的课堂操作

听说法的课堂教学程序一般是：

1. 对话模仿

（1）讲授新词与对话（课文）结合

（2）教师借助图片等开始一段对话（生词、语法包含在对话中）

（3）教师边表演对话边解释语言难点

（4）让学生听两遍课文录音

2. 熟悉课文

（1）教师与一个学生对话

（2）两人一组练习对话

（3）请几对学生表演对话

3. 句型操练

（1）教师简单讲解一下语法

（2）替换练习

常见替换练习举例：

替换词语

师：拼音、汉字我都会写。（带学生说一两次），然后教师指“他”。

生：拼音、汉字他都会写。

师：中文、英文。

生：中文、英文他都会说。

这种方法往往由教师提供一个取代词，让学生去熟悉那个句型。它鼓励不假思索便能说出句子，这种操练能多给学生练习同一句型的机会，直到他们马上有正确反应为止。

替换句型

师：（拿起一张图片）我要到商店去。让学生变成疑问句。

用“要不要”“吗”“哪儿”

生：你要不要到商店去？

生：你要到商店去吗？

生：你要去哪儿？

句型问答练习

师：我喝红茶，对不对？

生：不对，你没喝红茶，你喝汽水。

但是有时学生只回答“对”或“不对”，这时教师要训练学生说完整的句子。比如：

师：这封信是什么时候寄出去的？

生：这封信是昨天寄出去的。

昨天（×）

游戏

师：（用图片）我要到饭馆儿去，我想吃牛肉。（请一个学生把老师的话，告诉班上的同学）

生：老师要到饭馆儿去，他想吃牛肉。

（以上方法每堂课可选择运用）

4. 听一遍录音后，背诵课文

5. 活动

当句型操练达到一定程度，学生能背诵课文以后，教师要安排活动让学生运用所学的内容。学生在参与活动中尽量用上所学句型的肯定式、否定式、疑问式等形式。

二、视听法

视听法（the audio-visual method）是“二战”后的20世纪50年代，在欧洲大陆国家，主要是法国、南斯拉夫等国产生的，它是在听说法的基础上发展起来的。视听法是强调在一定的情景中把听觉感知（听录音）与视觉感知（图片影视）结合起来的教学方法。

（一）视听法的主要观点

1. 把视听放在语言教学的首位

视听法除了重视“听”外，还强调“看”，认为一边看一边听，可以使情景的意义和所听的外语之间建立起直接的联系，这样不仅可以避免母语的干扰，还可以引起学生的兴趣，使学生的注意力集中。通过情景和语音的配合，学生会感到学习外语的真实性，从而增加学习外语的动机。

2. 强调语言内容的连贯性

视听法通过一幅幅表示情景的图像，配上一组组说明情景意义的句子，再配上录音，使视听说有机地结合起来，组成一个整体。让学生通过情景理解语言，从语言的整体结构中掌握语音、语调、词汇和语法。教学的循序是：成段对话—句子—词语—语素。

3. 日常生活情景对话是教学的中心

视听法是以二三人之间进行的日常生活情景对话为中心进行教学的。音（真切的语言内容）像（生活情景）俱现，把实际生活情景搬迁到对话之中，让学生好像置身于现实的自然情景和言语交际的环境之中。这样，对话便成了培养学生运用外语进行交际活动的先决条件。情景对话是教学的出发点，因此教材的主要部分——课文，也用对话组成。语音、词汇、语法知识也是通过情景对话进行教学的。

4. 广泛运用录音机、幻灯、实物、图片、影像等设备

运用这些设备进行教学，直观、形象、生动，容易理解和记忆，容易引起学生的兴趣和注意力，课堂气氛活跃，也有利于加速直接用外语思维。

（二）视听法的教学过程

1. 整体感知

先让学生看幻灯或电影，配合录音展示课文内容，通过立体的方式感受语言材料的大意。

2. 理解课文

通过图像或录音，由教师讲解词、词组、句子，帮助学生理解课文。在理解的基础上，教师根据每张图像向学生提问，学生一边看图像，一边听，一边回答问题。

3. 练习

让学生模仿、重复、熟记课文中的句子，并达到自动化。为了进一步掌握所学的语言材料，可继续要求学生做各种练习，比如回答问题、替换练习、按图像对话、按关键词描述图像等。

4. 活用

利用图像和录音，叙述课文、自由对话、扮演角色等。

（三）视听法在对外汉语教学中的应用

《汉语教程》（第三册）有一篇课文是成语故事——“滥竽充数”，如果我们不用教具和现代化教学手段来讲，学生理解和叙述这个故事很难。首先，学生想象不出“竽”是一种什么乐器。其次，故事发生在古代，学生对中国古代演奏情景的想象也有限。如果我们采取视听手段，把“滥竽充数”故事的连环画从电脑中调出来，让学生看着一幅幅图画来叙述故事，学生会“真切”感受到什么是竽，什么是三百人一起吹竽的场面，什么是“抱着竽偷偷地溜走了”，教学中会起到事半功倍的作用。

三、认知法

认知法（the cognitive approach）又称认知—符号法（cognitive-codea approach），产生于20世纪60年代的美国，代表人物是美国的卡鲁尔（J. B. Carroll 1964）。乔姆斯基（N. Chomsky）的转化生成语法和布鲁纳（J. S. Bruner）的结构知识论对认知法都有较大的影响。认知法反对听说法的“结构模式”论和过分依赖机械性的重复操练，主张在外语教学中发挥学生的智力，注重对语言规则的理解和创造性的运用。它的教学目标是全面地掌握语言，不完全侧重听说。

（一）认知法的主要观点

1. 强调要充分发挥学习者的智力因素

认知法认为在外语学习中学习者的内在因素起决定作用，而内在因素能否发挥作用，很重要的前提是要创造一些外在条件促使内在因素发生变化，使知识“内化”。因此，认知法认为学习必须有意义，课文要有上下文情境。要利用视听手段使教学情境化、交际化。要创造外语情境，增加学生使用外语的机会。把培养语言能力放在教学目标的首位。所谓语言能力就是内化了的语言知识体系。它主张通过有意义、有组织的练习使学生获得正确使用语言的能力。而这种能力是内化了的语言知识体系。

2. 口语和书面语具有同等的重要性

认知法的教学目的和听说法一样，都是为了使学生的语言能力能接近以所学语言为本族语的水平。但是认知法所指的语言能力是转换生成语法理论所主张的内化语法规则的能力，它体现在听、说、读、写四种技能中，而听说法主要培养口语实践能力。

3. 强调在理解语言知识和规则的基础上进行操练

认知法反对机械模仿，注重培养学生的创造性思维。认知法认为学习外语首先要使学生理解所学的语言规则，要在理解语言规则的基础上进行操练，要让学生明确每堂课甚至每一个练习的教学目的，无论是学习语言知识还是技能训练都强调理解其中的内容。

4. 以学生为中心

教学应以学生的认知活动为主，而不应让教师主宰课堂。认知法要求教师的备课应建立在学生认知的基础上，根据学生认知过程进行教学设计。重视培养学生正确的学习动机、良好的学习习惯和学习毅力，重视开发学生的智力，激发学生的学习兴趣，充分调动学生学习的积极性和主动性。

5. 可利用母语进行教学，但反对滥用母语

认知法认为，在教学中可利用学生的母语解释一些抽象的语言现象，以便于理解。在初级阶段，学生的本族语使用得多一些，允许必要的适当的翻译。认知法主张利用母语，但是反对滥用，认为母语主要用于讲解语法，随着学生水平的提高，母语的作用越来越小。

6. 正确对待学生的错误

认知法认为学生出现错误不可避免，教师要正确对待，分析出现的各种错误，如果是影响交际的错误要加以纠正，但其他一般性错误不宜进行过多的纠正，更不要指责学生。过多的纠正或指责容易使学生感到无所适从产生怕出错的心理，甚至失去学习的信心。

（二）认知法的教学过程

1. 语言的理解

认知法强调在理解的基础上进行操练，因此不反对适当地运用学生的母语。

2. 培养语言能力

学习外语不但要理解所学语言的知识和规则，还要具有正确使用语言的能力。语言能力的培养是通过有意识、有组织的练习获得的。

3. 语言的运用

此阶段是培养学生运用所学语言材料进行听、说、读、写的能力，即培养学生脱离课文进行交际的能力。

四、功能法

功能法（functional approach）产生于20世纪70年代的欧洲。当时西欧十几个国家组成了一个国际组织叫欧洲共同体（欧共体）。由于欧共体成员国交往的语言不同，妨碍了它们之间的交流合作，因此，解决语言障碍问题成为各成员国的当务之急。当时盛行的教学法主要是注重语言结构的掌握，忽视交际能力的训练，因此，改革现有教学，建立一种新的教学法势在必行。英国语言学家威尔金斯（D. A. Wilkins）1976年出版的《意念大纲》为功能教学法的产生奠定了基础。

（一）功能法的教学理念

1. 培养学生的交际能力

第二语言教学的根本目标是帮助学习者获得并发展语言交际能力，言语交际成功与否，其判断标准不是表达方式上语法的准确性，而是交际意图的实现程度。让对方准确理解自己要表达的意思，比说出一串语法正确的句子更重要。因此不仅要求语言运用的正确性，还要求得体性。

2. 分析学生对外语的需求

为了达到使用语言进行交际的目的，功能法强调在进行教学活动前，必须先调查学生的需求。通过对学生不同需求的分析，了解学生需要掌握什么样的语言功能、什么样的文体和什么样的语言形式。在编写教材和日常教学中，以具体的交际项目如问候、邀请、做客、看病等为主要线索来安排教学内容，而不是以语言形式来安排内容，并根据学生将来的实际需要来确定教学目标的侧重点。将来用什么，现在就教什么。不用的不学，急用的先学。语言形式上的难易，则不考虑。

3. 教学过程交际化

功能法认为交际既是学习的目的也是手段，在教学中要使整个教学过程交际化，要让学生充分接触所学语言。这就要求教师在课堂上经常创造接近真实交际的情境，并多采用小组活动的形式进行教学，通过大量言语交际活动培养学生得体运用语言进行交际的能力，并把课堂交际活动与课外生活中的交际结合起来，让学生主动地、创造性地去学习和运用语言。

4. 对学生的语言错误采取宽容的态度

语言教学不仅强调它的正确性，更重要的是强调它的得体性和流畅性，交际的最终评判标准是意义的真实表达。因此对学生语言表达中的错误要采取宽容的态度。功能法认为一个人学习语言必须有一个由“中继语言”逐步过渡到完美语言的过程，随着学习的深入和水平的提高，学生的语言错误会自然消失。因此，不必有错必纠，对于交际过程中出现的不影响意义理解的错误，暂时不必纠正，以免挫伤学生的积极性，影响学生的表达。

5. 教师的作用

教师在功能法教学中的角色是多重的。首先，他是课堂活动的组织者。在这个角色中，他的主要作用是在课堂上营造积极的交际氛围，以促进交际活动的展开。其次，他是课堂活动的顾问。他要回答学生的问题，监控交际的过程。第三，他是学生的朋友、同学。他有时以平等的朋友和同学的身份参加到学生的交际活动中，成为他们中的一员。总之，在交际活动中，学生是活动的中心，教师是“辅助者”，他的主要作用是进行积极的策划，用多种方式去帮助和引导学生参与到教学活动中来，提高他们的交际能力。

6. 必要的交际策略训练

即为使交际顺利进行而采取的语言与非语言交际策略。比如，怎样开始会话、维持会话、要求重复、澄清事实、打断对方、结束会话等。

（二）功能法的教学过程

1. 激发动机和展示对话

首先将对话情景与学生的社会生活实际相联系，激发学生学习的热情和动机。然后展示对话材料，一般为一小段或几小段，常常通过图片、实物等在一定的情景中展示，展示过程中突出该语言材料的情景和功能，最后跟学生讨论对话中的功能和情景，比如，人物、角色、话题以及语言的特点。

2. 模拟范例练习

从对话中选取个别语法内容进行模拟练习，不断重复，并根据语言规则创造出大量的句子来。通常采用问答、对话的形式。这种操练，是由教师安排的有控制的模仿和操练，分为两个层次，一是根据对话和情景进行问答练习，二是围绕对话话题就学生的经历进行问答。

3. 学习语言表达法和结构

学习对话中的基本交际用语和表达该功能的句型。可以通过有控制的交际活动练习，归纳功能用语和句型的使用规则。

4. 自由表达

在上面三个步骤的基础上，让学生即席运用。方法是教师提供一定的交际情境，让学生运用学过的语言形式自由地表达自己的思想。通常采用游戏、谈话、讲故事、讨论、辩论、扮演角色、即兴表演等活动形式，目的是培养学生的实际交际能力。这种活动设计的目的是让学生在新的情境中重新组织学过的语言材料，以满足新的交际的需要，同时也培养了学生的综合能力和创造力。

五、暗示教学法

暗示教学法（suggestopedia）是由保加利亚心理医生洛扎诺夫（G. Lozanov）根据暗示学原理所创立的一种教学法体系。它首创于20世纪60年代，其后广泛流传于苏联及东欧各国。70年代经联合国教科文组织推荐，现已遍及美国、加拿大、法国、德国、日本等国。

暗示是一种普遍的心理活动。其原理是人或环境以不明显的方式向学习者发出信息并使其产生无意识的反应，也就是用间接的方法影响学习者的学习心理。现代心理学认为，人的心理活动可分为有意识和无意识两类，当这两种活动处在最和谐状态时，人的活动才能达到最佳效果。暗示教学法在重视学生的有意识心理活动的同时，主要研究人的无意识心理活动。无意识心理活动一般都是在精神放松、情绪安宁的状态中进行的。

洛扎诺夫认为，在知识和技能的教学过程中，暗示法起着巨大作用。他认为只要方法得当，暗示能够发挥和发展人的智慧潜力，尤其是记忆的潜力。如果我们把学生引入某种身临其境的“生活”环境中，焕发他们的动机和需要，启迪他们由衷地产生相应的情感、想象和思维，他们就会学得越多，同时也越有信心、越有动力。教师所设置的情境是有意识的，而学生对此是意识不到的。

（一）暗示法的主要观点

1. 利用音乐使身体和精神放松

音乐是暗示教学法的一大要素。课堂教学中教师要注意调整语调和节奏，并配有音乐，避免单调感。音乐能调节人的心率，使身体放松而意识集中。当人的心率和音乐的节拍一致时，记忆功能会大大提高。课堂教学中利用音乐可使学习者的精神状态要既放松又专注。

2. 强调教师的气质、态度和情感对学生心理的影响

教师的威信是重要的，在学生中威信高的教师，其言行举止会对学生产生很大的影响。由这样的教师提供的语言材料，学生一般都印象深、记得牢。教师要向学生证明按照教师的教学和思路去学习，就会取得好的学习效果。

3. 强调环境对学生的影响

影响教学质量的因素除了教师的“教”以外，还有教学环境。因此，教室的色彩、柔和的光线、舒适的桌椅、优美的音乐等都与教学本身同等重要。

4. 使学习者对自己的学习能力持肯定态度

老师要使学生慢慢提高对自己能力的评价，克服对学好语言缺乏自信的心理。适当地表扬和鼓励，避免施加过分的压力。

5. 轻松的学习情趣

利用音乐、小组讨论、小组活动和小组游戏等方式增加学生学习的趣味性，以提高学生学习的主动性。

（二）暗示法的教学原则

1. 愉快而不紧张原则

暗示教学法注重学生无意识心理活动的研究。“愉快而不紧张”的精神状态正是无意识心理活动的必要条件。所以没有“愉快而不紧张”的条件，就无法实施暗示教学法。有不少教师不重视学生的课堂活动，甚至把活动和轻松的学习气氛看做影响学习效果的一种消极因素。从生理学角度看，神经紧张，不但无益于记忆潜力的开发，而且是对记忆潜力的一种抑制。

2. 有意识和无意识统一的原则

传统的教学观念往往只重视学生的有意识心理活动，因此课堂教学中只考虑使学生集中思维和如何给学生加重机械记忆的训练，而不去考虑调节学生的感情因素，不去利用学生的无意识心理活动。有时，教师为了调动学生的学习积极性，往往劝学生不要畏难，只要努力就能学好功课。殊不知，教师这样做，可能已经在暗示学生，他的意志力薄弱，能力低下，可能会使他缺乏学好功课的自信心。所以，强调有意识和无意识的统一，就是把学生看成智能和情感都在活动的个体，促使学生调动自身的生理潜能和心理潜能。

3. 暗示手段相互作用的原则

（1）权威手段的运用

这里的权威是指为人所尊重并产生影响的人、结构或观念。运用这种权威的影响力，是使人乐于受教、增强学习能力的一种手段。

（2）可接受的动员

因为人都具有接受暗示的能力。比如，学生的可暗示性和教师的暗示主动性。教学中教师可利用教学资源和音乐的作用进行暗示教学。

（三）暗示法在对外汉语教学中的运用

1. 音乐在汉字教学中的作用

非汉字圈学生普遍对汉字学习有畏难情绪。教学中除了探求适合学生的汉字教学方法以外，如果在学写汉字的课堂配上音乐，会起到意想不到的效果。首先，汉字书写需要一定的速度和节奏，如果选配的音乐节奏能跟学生的心理节奏合拍，会提高学生的书写速度；其次，汉字书写与听说不同，它需要在放松的警觉状态下进行，放松则需要音乐，警觉则需要认真，两者相互作用，相得益彰；第三，音乐可以调节学生的心情，激发学生的情感，在和谐音乐的激发下，会减少学生的学习压力，增加学习汉字的乐趣。但是，教师在用音乐的时候要注意：

一是音乐的声音不能太大，课堂上学生关注的是汉字的书写，如果声音过大，会喧宾夺主；二是尽量不要有学生熟悉的歌词。

2. 暗示学生人人都能学好汉语

教师首先在学生中确立威信，然后通过自己的“权威”作用，使班上学生相信，只要按照老师的要求去做，就一定能学好汉语。前提是教师要及时从学生那儿得到反馈，发现学生的问题，对症下药，使后进生及时赶上来，让每一个学生都觉得自己在进步、汉语水平在提高，使学生相信，一定时间（一个月、一学期、一学年）以后，我一定会达到什么水平，等等。

3. 设置优美舒适的教学环境

良好的环境会在不知不觉中对学生产生一定的暗示作用。比如，在学习“我的房间”时，在 PPT 上把课文的房间呈现出来，然后把教室布置成客厅的形式，大家一边喝着茶或咖啡，一边伴随着舒缓的音乐，体味着房间的氛围。大家全身处于松弛、宁静和愉快的状态。在这样的环境中学习，学生不会紧张和疲劳，教学效果明显。

六、全身反应法

全身反应法（the total physical response method）20 世纪 60 年代产生于美国，盛行于 70 年代，此法的创始人是美国心理语言学教授詹姆斯·阿谢尔（James T. Asher）。他认为学习外语，应该与婴儿学习语言的环境相似，先以动作表示，到了认为自己有能力说时，自然就会把字词或话语说出来。阿谢尔就是根据儿童学习母语的各种表现而创立该法的。

（一）全身反应法的教学理念

1. 听力理解领先

阿谢尔认为（布莱尔 1987），“在语言教学的头几个星期甚至头几个月里，应该把培养听力理解能力作为教学的唯一目标”。该教学法强调，在第一语言的习得过程中，听力理解领先是显而易见的，儿童在能说出任何可懂的语言之前，就已经表现出能理解很多话了。尽管儿童习得母语与成年人学习第二语言的过程有重大差别，但是语言习得过程中听力理解领先的原则在这两种条件下都是成立的。因此，语言教学要先培养学生的听力理解能力，然后再要求学生用口语表达。

2. 学生通过身体动作反应来提高理解力

教师通过有计划的指令，并做出相应的动作，学生听到指令并理解后做出同样的身体动作反应，教师通过学生的动作反应判断他们的理解力和对语言的感知能力。

3. 主张以词语、句子作为教学的基本单位

全身反应法首先通过有意义的词作为教学的基本单位而发出指令，随着学生理解力的增强，不断地扩展，由词—词组—短语—句子—句群等。在词语的不断扩展和组合中提高学生的听力理解能力。

4. 教学应强调教学的意义而不是形式

（二）全身反应法的教学过程

1. 全身反应法的操作步骤

第一步：教师发出指令，教师做。

教师用指示性的短语引出动作。教师语言指令（或语言信息）要清楚，动作要准确，并且边说边做。学生静听、观看，理解其意，为反应作好准备。

第二步：教师发出指令，教师跟学生一起做。

教师说时，以手势示意学生跟教师一起做，一边做一边重述短句，好让学生多听。学生可以分成小组，由一个小组跟教师做动作，其他小组观看，或者全体学生一起跟教师做动作。

第三步：老师发出指令，学生做。

教师发出指令，教师不做，学生做。此时对学生听力是一种考验，学生对听到的语言材料不断地吸收、内化、形成语感，然后依令做出动作。

总之，全身反应法是一种以培养学生听力理解能力为主的教学法。主要靠师生做动作，用身体语言，如：手势、表情、模仿、图片等来完成。

2. 全身反应法的教学要求

（1）动作以不超过三个为宜，循序渐进。

教学从单词入手，不断扩展，扩展的容量可根据学生的情况逐渐增加，但是动作要有限制，最好不要超过三个。比如：

复习词语：教师通过简单的词语发出指令，起立、坐下、走、停等。

扩展词语：走到门前、停在门前、坐在椅子上、走向椅子等。

综合指令：起立，走；起立，走，走到门前；玛丽，起立，走到门前等。

老师可以介绍一连串三个动作的短语，比如“安娜，过来，坐下”、“请到黑板那儿去，拿起粉笔，写上你的名字”、“拿起电话、拨号码、跟对方说话”等等。

（2）上课时学生心情要愉快、轻松。

学生只有心情愉快，消除师生之间、生生之间的陌生感，才能配合老师或同学完成任务。

首先教师发出命令要得体，不要给学生造成权威、捉弄的感觉。虽然教师的指令是命令式的，但是要给人柔和、愉快的感觉。教师的善意、热情会从他的声音、姿势、面部表情上表现出来。教师是导演，是演员，是合作者，是伙伴。另外要了解各国的文化差异，有些指令和动作不要强求所有学生都做。这种方法比较适合基础班教学，开始时是全面性的动作反应，用动作来表示自己是否领会了说话者的意思。到了一定阶段，或 20 个小时，或 30 个小时后，学习者自己就会觉得有用口语表达的冲动，老师从此就给学生主动说话的机会。

七、任务型教学法

（一）任务型教学的含义

要正确理解什么是任务型语言教学，首先要弄清楚什么是“任务”。“任务”（task）《现代汉语词典》（商务印书馆 2005：1151）对“任务”的解释是：“指定担负的工作，指定担负的责任。”朗（Long. M. 1985：89）从非语言的角度把任务定义为：自己或他人从事的一种有偿或无偿的工作，如油漆栅栏、给小孩穿衣服、买东西等。也就是说，任务是人们在日常生活、工作中所做的各种各样的事情。

那么，在外语教学中，“任务”这一概念究竟指的是什么呢？J. Willis（1996）认为，任务是一项活动，在这项活动中：（1）语言的意义必须放在第一位；（2）学习者不可以照搬别人说过的内容，必须使用自己的语言；（3）任务活动必须与现实生活有某种联系；（4）任务的完成必须放在首位；（5）根据结果对任务的完成情况作出评价。

综合上述观点，我们认为：任务是学习者在理解、处理和使用语言的过程中完成的活动；任务要与真实生活情景在一定程度上相似，即有某个交际问题要解决，任务本身具有了真实言语交际的诸多特征，因而有利于培养学习者的交际能力；任务既让学生学到语言，又可以发展学生本身，因此任务自身具有教育价值。

（二）任务型教学的原则

任务型教学落实到课堂教学中，就是教师要根据教学目标、教学材料、学生水平等设计教学任务，但是在设计任务时，应遵循一定的教学原则。尽管目前人们对任务型语言教学的认识还有一些分歧，但是多数研究者认为，任务的设计要遵循以下一些原则。

1. 真实性原则

教师设计任务时要提供给学生明确、真实的语言信息，语言情景和语言形式要符合语言实际功能和语言规律，要使学生在一种自然、真实或模拟真实的情景中体会和学习语言。

2. 形式与功能相结合原则

教师设计任务时要注意语言形式和语言功能的结合。要让学生在掌握语言形式的同时学会自我培养掌握语言功能的能力；每一阶段任务的设计都应具有一定的导入性，使学生在学习语言形式的基础上，通过一系列任务的训练来理解语言形式的功能，并能运用在交际活动中。

3. 阶梯型任务链原则

这一原则涉及任务与任务之间的关系，以及任务在课堂上的实施步骤和程序，即怎样设计任务在实施的过程中才能达到教学上和逻辑上的连贯与流畅。任务型教学并非指一堂课中穿插了一两个活动，也并不指一系列活动在课堂上毫无关联的堆积。任务型教学是指通过一组或一系列任务的完成来达到教学目标。在任务型语言教学中，一堂课的若干任务或一个任务的若干子任务应是相互联系、具有统一的教学目的或目标指向，同时在内容上互相衔接。每一个任务都以前面的任务为基础或出发点，后面的任务依属前面的任务，这样，每一课或每一教学单元的任务系列构成一系列教学阶梯，使学习者一步一步地达到预期的教学目的。

4. "做中学"原则

"做中学"或"用语言做事"是任务型语言教学的核心。任务型语言教学主张引导学生通过完成具体任务活动来学习语言，让学生为了特定的学习目的去实施特定的语言行动，并通过完成特定的任务来获得和积累相应的学习经验，享受成功的喜悦，从而提高学生的学习兴趣和学习的积极性。

5. 趣味性原则

任务型教学的原则之一就是通过有趣的课堂交际活动有效地激发学习者的学习动机，使他们主动参与学习。因此，在任务的设计过程中，应以学习者的参与、体验、互动、交流、合作等方式调动他们的积极性和主动性，引起他们参与任务的兴趣。

6. 结果原则

完成任务必须要有一个明确的结果。所谓明确的结果，往往是一些看得见、摸得着的东西，比如：图画、表格、圈选的内容、列出的清单、做出的决定、陈述发生的过程、写下的文字、制作的物品，等等。

（三）任务型教学的教学过程

任务型教学的倡导者们提出了许多操作模式，其中有些模式已经在教学实践中得以广泛运用，我们重点介绍 Wills 模式。

Wills 任务型语言教学的操作模式有三个阶段，即前任务（pre-task）、任务环（task-cycle）和语言聚焦（language focus）。各个阶段由若干具体的步骤构成。

1. 前任务

教师向学生介绍主题和任务，帮助学生理解任务的指令，为后面的任务活动做好准备。

（1）介绍话题

教师向学生介绍任务的话题和任务目标，帮助学生熟悉主题、激发兴趣。

（2）激活语言

教师引导学生做一些简单的词汇学习活动或游戏，激活一些重要词汇和短语。

（3）准备活动

教师跟学生一起准备必要的语言表达法和一些内容材料。

2. 任务环（主要由三个部分组成）

（1）任务（task）

任务阶段是学生接触和使用语言的阶段，即用语言来做事的阶段。在这一阶段，学生以配对的形式或小组形式获取信息、表达意见。学生要根据自己的身份或在任务中所扮演的角色主动地与人交流和互动。老师在这一阶段主要充当提醒者和旁观者的角色，监控学生的情况。学生由于不需要面对全班学生，也不用担心教师会随时纠正自己的语言错误，所以可以大胆地使用语言，自由地进行对话，最终完成任务。

（2）计划（planning）

各组学生根据教师的要求进行准备，教师要明确告诉学生报告的目的、对象、时间、形式等，学生根据要求商讨本组的报告内容，并决定由谁报告。老师这时由旁观者变成语言顾问，在巡视中给予学生适当的语言方面的支持和适当的指导。

（3）汇报（reporting）

各小组代表向全班学生报告任务完成情况，重点展示任务的结果。老师充当主席（主持人）的角色，评价各组任务的完成情况。

3. 语言聚焦

学生只做任务是不够的。在完成任务的基础上，学习者还要对重要语言项目进行有意识的学习和操练。

Wills 认为，“在任务型语言学习中，由于有完成任务的刺激和兴趣，学生使用语言和交际的手段、范围都大大地扩大，学生运用语言的能力也因此而大为提高”（转引自贾志高 2005）。

八、对外汉语教学方法的选择和运用

对外汉语教学在几十年的发展过程中，博采众长，吸收了外语教学各个流派、方法的优点为我所用，形成了独具特色的“综合教学法”。下面我们以初级汉语综合课的教学内容为例，简单阐释一下“综合”的特点：

（一）词语教学主要采取扩展式

词语是综合课教学的基础，教学中我们主要采取扩展式的方法。扩展要由小到大，由简单到复杂。在扩展的过程中要理解词义和运用的语境，因此离不开认知法；扩展后重点句子要进行操练，使要掌握的句子达到自动化，这种操练离不开听说训练，因此操练的过程中离不开听说法。

总之，词语教学是在理解的基础上进行的训练，这种经过理解后的训练既能保证言语输出的正确性，又能保证言语输出的流利性。

（二）课文教学主要采用复述、概括

课文教学的方法很多，但是在基础阶段一般离不开复述课文，因为复述是训练学生语感、培养学生成段表达能力的重要方法之一。为了有效地进行复述，我们建议采用视听法所倡导的连环画的方式，一边让学生看着图画，一边借助提示词进行复述，可以调动学生的多种感官，利于学生掌握和运用。

课文复述完后，教师可引导学生概括课文，概括是一种较高水平的加工，需要学生在理解的基础上进行，因此离不开认知法的运用。

（三）语法讲解注重情境性

1. 语法的导入

导入是从内容和功能入手，不同的语法内容可以有不同的导入方法，目的是让学生理解语法意义。因此暗示手段和全身反应法是常用的技能和方法。

2. 语法操练

为了使学生掌握句型结构，采用结构主义所倡导的句型法，进行必要的语法操练。

3. 语法归纳

语法归纳一定是在理解的基础上进行的，因此离不开认知法。

4. 语法练习

语法练习是在一定的情境中进行的，也离不开认知法。

（四）课堂教学活动

为了培养学生的语言综合能力，教师要设计各种教学活动，比如分角色朗读、表演、游戏、看图说话等，通过功能情境法培养学生的语言交际能力。

（五）课后作业的布置

学生在目的语环境中学习要充分利用目的语环境，教师要结合课文内容布置一些与学生生活相关的任务，让学生去做，尽量使课下作业任务化，运用任务型教学法培养学生语言的实际运用能力。

第五节　教学内容

教学内容是教师备课的依据，教师在备课时要对教学内容进行精选、加工和处理，也就是人们常说的“备教材”。教材的内容和学生的理解水平之间有一定的差距，教师的作用就是缩短两者之间的差距，使之符合学生的接受水平。那么，教师在备课时应该怎样处理教材呢？

一、重新组织教材

教师不要按照教材顺序按部就班地进行教学，这种教学可能使学生把课文内容搬到大脑中，实际并没有理解和消化，更不能很好地运用。为了使学生真正掌握所学的内容，教师不能照本宣科，应在备课时重新组织教材，对教材内容进行分析和综合。比如一篇课文学生不可能一下子就掌握，教师要对其进行分析，把课文分成几个相互联系的部分，同时又能把它们综合起来。比如，《汉语教程》第二册（下）第56课（二），说的是同学们准备汉语节目。如果按照课文的顺序，由于是四个人交叉对话，且准备的节目也不一样，学生很难记忆，如果教师打乱顺序对其进行加工，情况就不一样了。

爱德华：我和麦克准备说个相声，可是我总记不住台词，现在正在背台词呢，快背下来了。

山本：我准备表演个小话剧，原来打算跟玛丽一起表演，可是玛丽的腿摔伤了，参加不了了，我让罗兰跟我一起表演。我们正在排练呢，有的音我发不准，我请田芳一句一句给我纠正呢。

罗兰：我担心自己演不好，林玉说，"要有自信，相信自己能演好"，我一定努力，争取演出成功。

山本：只要我们好好儿练，就一定能演好。"世上无难事，只怕有心人"嘛。

这种加工后的课文，内容上具有情节性，人物的角色也比较清楚，利于学生理解和记忆。

二、利用"组块"原理对教材进行加工

认知心理学认为，组织就是将信息进行整理，从而使信息建立一个有序的知识结构。上面那篇课文如果按照心理学的"组织"原理，以每一个组块为中心，重新组织课文，就变成了四个组块相联结的课文。每一个组块都以生词为中心进行扩展训练，最后扩展成具有独立意义的句群。因为每一个组块内部意义上都相

互联系，学生识记起来完全是意义识记，而不是机械识记，容易记得牢。比如，《汉语教程》第二册（上）第 45 课（一）《我们的照片洗好了》。左边是课文，右边是重新组织的组块，把课文分成两个相互联系的组块，便于理解和记忆。

A：我们在长城照的照片洗好了吗？
B：洗好了。
A：照得怎么样？快让我看看。
B：这些照得非常好，张张都很漂亮。
A：啊，这张照坏了，一点儿也不清楚。
B：可能是光圈没对好。
A：这张也没照好，人照小了。
你再看看这张，眼睛都闭上了，像睡着了一样。
B：这张怎么样？
A：不怎么样。洗得不太好，颜色深了一点儿。这两张照得最好，像油画一样。
B：再放大一下吧。
A：放成多大的？
B：放大一倍就行了。

组块 1
A：我们在长城照的照片洗好了吗？
B：洗好了。
A：照得怎么样？快让我看看。
B：这些照得非常好，张张都很漂亮。
A：这两张照得最好，像油画一样。
B：再放大一下吧。
A：放成多大的？
B：放大一倍就行了。

组块 2
A：啊，这张照坏了，一点儿也不清楚。
B：可能是光圈没对好。
A：这张也没照好，人照小了。
你再看看这张，眼睛都闭上了，像睡着了一样。

三、精选教材内容

教师不可全部均衡地把教材内容移植到学生的大脑中，除了对其内容进行加工外，还要精选教学内容，要有所侧重。精选的内容能激发起学生学习的欲望，能引起他们的兴趣，满足他们对知识“懂”的需要，“会”的愿望，实现学习中的一种成就感，使他们看到自己的进步和提高，增强学好汉语的信心。另外，精选的内容要抓住基本知识和基本技能，使学生认识到学好这些内容是学好汉语的基础和前提，因此，学生会自觉努力地学习。再有一点就是精选内容要有利于学生迁移。

第六节　教学设备与教具

一、教学设备的利用

教师在备课前要考察一下教室里的资源，比如，有没有电脑、录音机、DVD 播放机，桌椅是否是活动的，教室的空间大小，等等。教学要充分利用这些资源。

（一）电脑

利用计算机辅助教学是现代教学的重要手段之一。计算机能综合处理文本、图形、声音、动画和视频图像等不同类型的媒体信息，教师要充分利用这一资源。在教学中最常见的方式是制作教学 PPT（见下面）。这是《体验汉语基础教程》（下册）第 25 课，我们为教师制作的教学课件中的一页，讲的语法点是

语法一　动作的进行

A：她（在）做什么呢？
What is she doing?

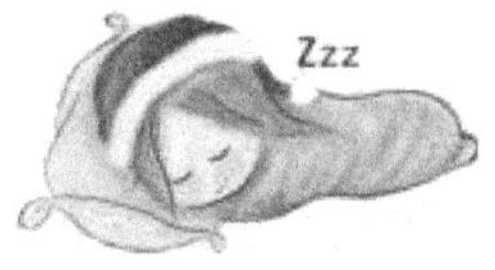

B：她正在睡觉（呢）。
She's sleeping.

A：你在忙什么呢？
What are you doing？

B：我在上网呢。
I'm getting on the internet.

“正在……呢”。我们首先通过左边的画面问学生，这个小女孩在做什么呢？学生看着画面会不由自主地回答“她在睡觉呢”。这时学生已经在用这个语法点了。这种身临其境的感觉会把学生带到真实的情境中，能使学生深刻理解和体会，便于学生对所学内容的掌握和运用。因此教师要有娴熟的操作计算机的能力，要有随时制作、调出、查找所学内容的能力。

（二）录音机和 DVD 播放机

如果教室里有录音机，教师可以在备课时把听录音、放录音环节考虑进去，如果有 DVD 播放机，还可以把视频内容穿插在教学中。

（三）教室空间和座椅

语言教学离不开课堂活动，因此教室的空间和座椅就十分重要，教室空间大，座椅能自由搬动，对教学活动十分有利，反之即使设计得很好，也没有“用武之地”。教室要事先考察，合理利用。

二、教具的准备

教具即教学用具，它是教学的辅助手段之一，在基础汉语教学中有着非常重要的作用。它直观、形象，容易引起学生的注意和兴趣，也便于学生理解和记忆，教师要合理利用。教学中常见的教具有图片、卡片、实物等。教师在使用教具时，要注意：一是教具展示的时机，不要搞突然袭击，也不要像变魔术似的，一会儿拿出一个，要在课前放在显眼的位置让学生看到，消除学生的好奇心；二是有些实物不适合拿到教室来，比如一些较大的食品和生活用品等；三是不要喧宾夺主，它始终起辅助作用。

第七节　板书

板书具有形象、直观，简洁、方便等特点，好的板书能起到构架课文、画龙点睛的作用；好的板书能引起学生的注意，便于学生理解和记忆，突出重点、难点，提高教学效果；好的板书能融合教师的知识、智慧和情感，是教师综合素质的体现。教师要充分设计板书。下面是教学中常见的板书类型：

一、结构式

结构犹如一种图式，它以网络的形式镶嵌在人的大脑中，又由于结构内部各要素之间是相互联系的，因此它是一种有组织的知识结构。这种结构具有整体性、层次性和形象性的特征，便于学生理解和记忆。教学中课文的板书设计尽量结构化，设计的原则就是：横向成句子，纵向符合汉语的语法结构或语序，即词性大致统一。结构中的词语是课文中的生词。如果在左边加上 A、B 就是课文的对话，学生看着板书基本上就能把课文说下来、背下来。下面是《体验汉语基础教程》第二册第 25 课的课文（一）的板书。

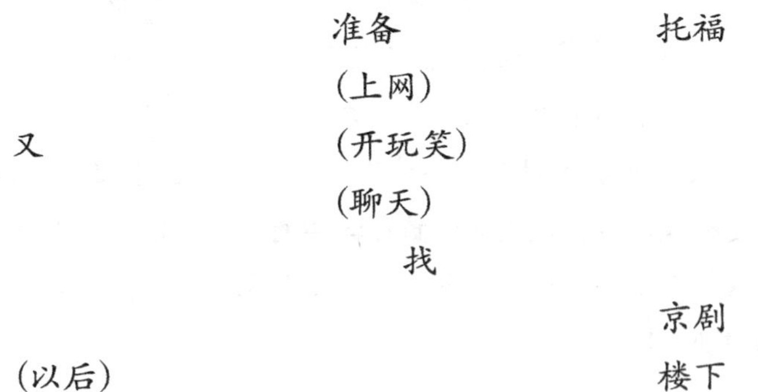

再比如，《汉语教程》第二册（下）第 47 课，课文（一）《会议中心的门开着》。

				会议	中心	
	(进去)					
	戴着	副		眼镜		
上身	穿着		黄色	西服		
下身		条		裙子		
				电视台	记者	
	跟着			小伙子		
	扛着			摄像机		
手里	拿着			麦克风		
	对着					讲话

二、图解式

它是以示意图的形式帮助学生认识某一事物的外形、结构和空间位置，或者人为地为某一内容配上具有象征意义的图案。比如，“除了……以外，还……”用图解表示①：

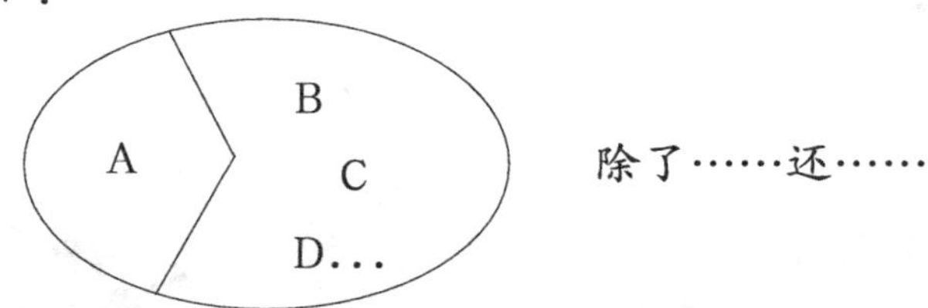

例句：除了跑步以外，我还喜欢游泳、打球什么的。

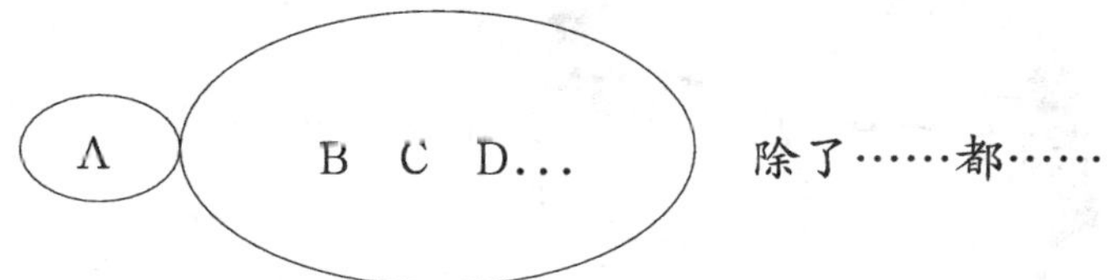

例句：除了丁力以外，大家都去参观兵马俑了。

① 本例取自许仁曜老师教案。

三、提纲式

根据课文内容，在黑板上只列标题、要点和层次，通过提示词突出课文的主要观点和框架结构，课文内容一目了然。比如，《汉语教程》第二册（下）第59课，我们把课文内容整理成提纲如下：

宴会上的规矩

首先，	领导、长辈	→	上座
上菜时，	鱼　鱼头	→	对着……
喝酒时，	……		
敬酒时，	……		

四、简笔画式

根据课文内容的情境勾画出板书，学生可借助图画说内容。下面是讲复合趋向补语的简易画[①]。

① 本图取自北京语言大学教师戴珊的教案。

五、表格式

它是将教学内容进行整理、归纳，然后以表格的形式表现出来。

比如“时点（时间表示法）：点、分、半、刻、差表示法”可用表格式板书表示。

时点	读法 1	读法 2	读法 3
2：00	liǎng diǎn 两　点		
7：05	qī diǎn wǔ fēn 七 点 五　分		
8：15	bā diǎn shíwǔ (fēn) 八　点　十五（分）	bā diǎn yí kè 八　点 一 刻	
9：30	jiǔ diǎn sānshí (fēn) 九　点　三十　（分）	jiǔ diǎn bàn 九　点　半	
11：50	shíyī diǎn wǔshí (fēn) 十一　点　五十（分）		chà shífēn shí'èr diǎn 差　十分　十二　点
3：45	sān diǎn sìshíwǔ (fēn) 三　点 四十五（分）	sān diǎn sān kè 三　点　三 刻	chà yí kè sì diǎn 差　一 刻 四 点

（注：如果一天时间用 12 小时来表示的话，可以在表示时间的词前加上早上、上午、中午、下午、晚上等词，比如：上午十点、下午三点半、下午五点。）

六、归纳式

教师把所讲的内容进行总结、归纳，使学生一目了然。例如：《汉语教程》第 51 课①。

① 本例取自北京语言大学教师李艳华的教案。

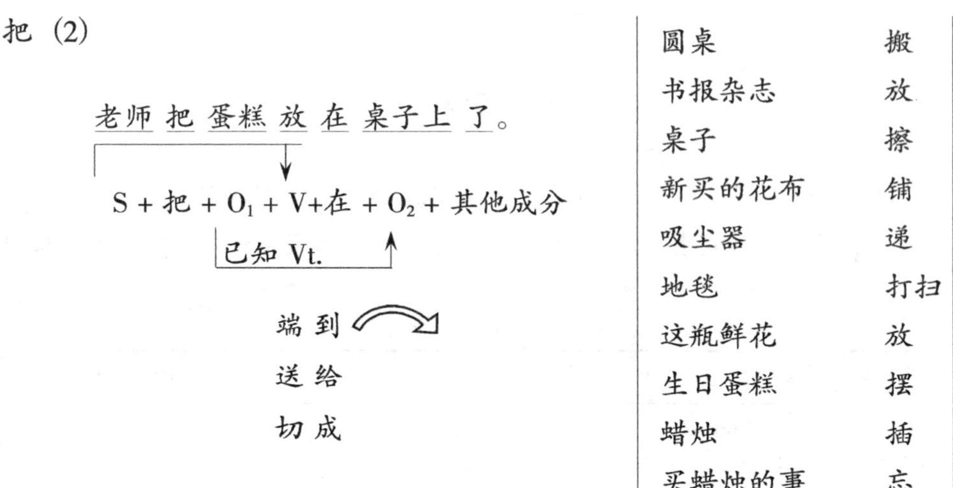

形容词重叠

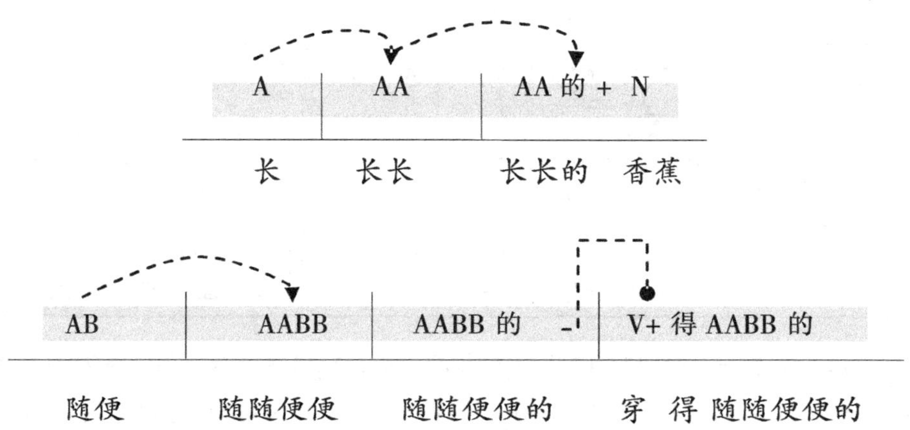

七、对比式

主要用于两种相对的教学内容，通过对比形成对照。

比如，拼音教学 j、q、x、y 不能和 u 相拼，n、l 既可以和 u 相拼，也可以跟 ü 相拼，可采用对比式板书。

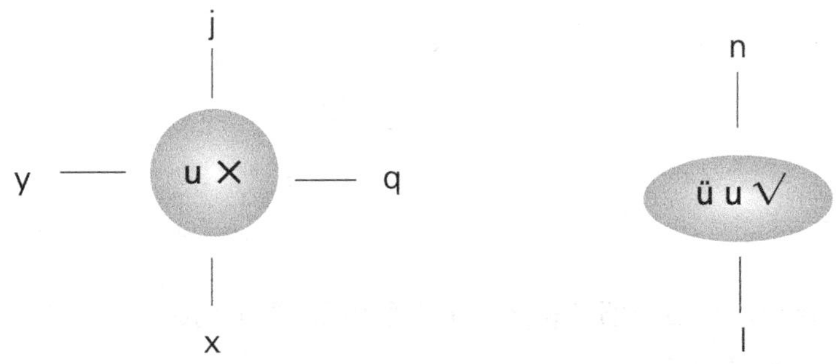

第八节　教学步骤

课堂教学活动总是按照一定的步骤和环节推进的。一般来说，学习新课下面的环节是必要的。

一、复习环节①

复习环节是使学生有意识地从认知结构中提取相关的旧知识，了解学生已有的知识基础和学习准备情况，以增加新旧知识的联系，为学习新课作准备。初级阶段复习环节常用的方法有：

1. 口语问答
2. 汉字认读
3. 听写
4. 朗读
5. 任务汇报

① 教学环节的具体内容待后文综合课教学详谈。

二、学习新课

（一）导入环节

导入的主要功能是使新旧知识之间能顺利地过渡和衔接。常见的导入方法有：

1. 通过复习环节导入
2. 通过提问导入
3. 通过创设情境导入
4. 通过班级情境导入

（二）学习新内容

1. 词语学习
2. 课文学习
3. 语法学习
4. 课堂活动
5. 教学小结

（三）作业布置

三、小结

第九节　教学后记

“教学后记”是课堂教学不可缺少的一个环节。每次课后，对教学过程进行反思，并把教学感受经过提炼以后记于教案后面是非常必要的。教师通过这个环节，既能反思探索延伸知识，把实践经验理论化，又能对教学不足进行及时“诊断”，以利于今后矫正，提高教育教学水平。一般来说课堂后记可从以下几个方面总结：

一、总结“精彩”之处

在教学实践中，每堂课在设计教学结构、处理教材、选择教学方法、指导学习方法上都可能有自己独到的设计，有些教学设想的效果只有在课堂教学的互动中才会显现出“精彩”，因此，要善于总结。如果每次都把来自实践的点滴体会记录下来，就会积累起丰富的实践感受和教学实例，长期坚持下来自己的教学理论水平和教学水平就会得到不断提高和升华。

二、查找不足

上课也是一种遗憾的艺术。每堂课都可能有不尽人意的地方，有时是教材内容处理不妥，有时是教学方法选用不佳，有时是师生活动不够协调，有时是教学气氛不够和谐，不及时查漏，将无助于教学水平的提高。如果每次教学后都仔细查找教学中的不足和失误，多积累“病因”、“病例”，同时，有的放矢寻找“疗法”，那么在下一次教学中碰到这种问题就会知道处理的办法。

三、采撷学生思维的“火花”

在课堂教学中，常有这种情况出现，有时学生在课堂上会提出独到的见解和新鲜的问题，迸发出思维的火花，给课堂增添异彩，有时学生对问题的分析理解，甚至优于教师预先设想的方案，对教师来说，这是教学相长的有利机会。在教学中，我们要对学生的“问题回答”、“讨论发言”、“练习答案”整理记录在案，以充实完善自己的教学设计。

四、学生档案袋的填写

学生档案袋是记录学生学习过程的评价材料，教师要为每个学生建立一个，目的在于关注每个学生的学习特点，以便因材施教。

总之，教师要真正用心地去备课，要“备学生、备教材、备学法、备教法”，要全方位地备课。

第十节　教案举例

教案是以课时为单位设计的具体教学方案。教案是上课的重要依据，编写教案是一个比较复杂的工作，它是教师教育思想、教育理论水平、业务素质和教学经验等的综合体现。一堂课要教多少内容，教师要根据大纲的要求、学生的需求和教学的进度合理安排，要根据学生的接受能力，稳扎稳打，一步一个脚印。

一、教案的构成要素

教案通常包括以下几个方面：

教案题目：表明所教课文的课题。

教学对象：学生的年级、国别、人数等。

教学地点：上课的地点。

教学目标：从知识、能力、情感、学习策略等方面提出教授本课所要达到的目标。

教学重点、难点：根据教学大纲、教学计划、学生情况确定教学重点、难点。

教学方法：在本课中具体采用哪些方法或哪种方法。

教学媒体：主要指教学的手段。

教学时数：教完一课课文所需要的课时总量。

教具准备：主要指画图、卡片、实物、多媒体等。

教学时间：教学过程或步骤的具体时间安排。

教学步骤：课堂的具体操作步骤或环节。

教学后记：及时写下教学的得失。“教后记”应当堂堂记。

二、教案的两种基本格式

（一）条目式教案

学校：__________　　班级：__________

时间：__________　　地点：__________

（1）课题名称

（2）教学目标

（3）教学内容

（4）重点、难点

（5）课的类型

（6）教学方法

（7）教具准备

（8）教学时间

（9）教学步骤设计

- 组织教学
- 复习
- 导入
- 教学新课
- 教与学的活动设计
- 小结
- 布置作业

（10）板书设计

（11）教学后记

（二）表格式教案

表格（1）

课型		教材	
题目			
教学目的	1. 认知目标： 2. 技能目标： 3. 情感目标： 4. 学习策略：		
重点、难点			
教学媒体			
教学方法			
教学时间			
教具			

教学过程

环节	方式	教学内容	学生活动
组织教学			
复习			
引入			
讲授新课			
技能训练			
情境运用			
小结			
板书			
布置作业			
教学后记			

表格（2）

<table>
<tr><td colspan="3">学校名称
任课教师
课型
班级</td><td colspan="3">学生人数
教学时间
教学日期</td></tr>
<tr><td colspan="3">教学课题和内容</td><td colspan="3">教科书</td></tr>
<tr><td colspan="3">学生已有知识分析</td><td colspan="3">教学目标</td></tr>
<tr><td>教学程序</td><td>估计时间</td><td>教具</td><td>教师活动</td><td>学生活动</td><td>反馈补救</td></tr>
<tr><td>复习</td><td></td><td></td><td></td><td></td><td></td></tr>
<tr><td>导入</td><td></td><td></td><td></td><td></td><td></td></tr>
<tr><td>学习新课</td><td></td><td></td><td></td><td></td><td></td></tr>
<tr><td>应用</td><td></td><td></td><td></td><td></td><td></td></tr>
<tr><td>小结</td><td></td><td></td><td></td><td></td><td></td></tr>
<tr><td>布置作业</td><td></td><td></td><td></td><td></td><td></td></tr>
<tr><td>教学后记</td><td colspan="5"></td></tr>
</table>

三、教案举例

综合课教案 1

《体验汉语基础教程》第 8 课课文二

一、教学要求

1. 要求学生掌握表示时间的方法。

2. 要求学生掌握在某个时间做什么的表达方式。

3. 能简单说一说“你一天的生活”。

二、教学重点

（一）时间表示法

两点（2：00）

两点五分（2：05）

两点十分（2：10）

两点一刻（2：15）

两点半（2：30）

两点三刻（2：45）

差五分三点（2：55）

（二）时间词的语法功能

作主语 八点上课。

作谓语 现在八点。

作状语 我们八点上语法课。

三、教学方法

（一）句型操练法。如：

我们八点上课。

他们十二点下课。

我们星期六没有课。

（二）运用直观手段。比如汉字卡片等。

（三）利用图片练习听说。

四、教具

（一）一个钟的模型（能自动转动时针）

（二）图片若干

五、教学步骤

（一）组织教学（2分钟）

安定课堂秩序，检查出勤情况。

（二）复习旧课（前一次学过的本课课文一）

快速问答：（教师问学生，学生问学生）

1．现在几点？

1：00 2：05 2：10 3：15 4：30 5：40 6：45 7：55

2. 你几点上课？

8：00 9：00 10：00 1：00 2：00

3. 你几点有（上）语法课？（口语课、汉字课）

4. 你下午有课吗？

（三）学习新课（课文二）

1. 词语

（1）听写生词。

板书 A

① 妈妈	③ 来
② 飞机	④ 到
	⑤ 去 ⑦ 机场
	⑥ 出发

（2）师生共同改正错的汉字。

2. 学习新句型

（1）先学补充生词：看书第66页图，早上、上午、中午、晚上

（2）利用学生所写的词语，老师板书说句子。

板书 B

妈妈	明天	来北京
飞机	下午3：30	到北京
你	几点	去机场
我	差一刻两点	出发

（3）教师领读，教师问，学生答，学生问，学生答。

3. 听说课文（教师问学生答）

问：安德鲁，你妈妈什么时候来北京？（教师举起“明天”的卡片）

答：我妈妈明天来北京。

问：飞机几点到？（老师举起“下午三点”的卡片）

答：明天下午三点。

问：你明天下午有课吗？

答：没有课。

问：你去机场吗？

答：去。

问：几点出发？（教师举起“差一刻两点”的卡片）

答：我差一刻两点出发。

通过反复问答听说课文内容。

4. 看书

教师打开书，领读课文一遍，请学生朗读课文，纠正发音错误，然后小组分角色朗读课文。

5. 扩展活用练习

词语扩展：吃饭、锻炼、洗澡、睡觉。

看图回答下列问题：（看书第 67 页）

（1）你每天几点起床？

（2）你每天几点吃早饭？

（3）你每天几点上课？

（4）你每天几点锻炼？

（5）你每天几点回家？

（6）你每天几点吃晚饭？

（7）你每天几点睡觉？

6. 语法句型小结

飞机几点到？　　飞机下午三点半到。

你几点出发？　　我差一刻两点出发。

你今天有课吗？

注意提醒学生句中表示时间的状语的位置。不能说“飞机到北京下午三点半”。

7. 布置作业

（1）看书第 68 页根据情景作出回答。

（2）准备“说说你的一天”。

（3）预习下一课的汉字。

8. 课后心得

记叙当天教学进展情况和遇到的问题，掌握学生的熟练度，哪些学生困难较大，准备课后辅导。

综合课教案2

第 65 课　成语故事①

——滥竽充数

课程名称： 初级阶段汉语综合课

教学对象： 进修学院留学生，初级（下）汉语水平，词汇量达到 1300 左右

授课时数： 2 课时（共计 100 分钟）

使用教材：《汉语教程》第三册（上）

教学目的：

通过给出词语运用的情境，使学生准确体会本课生词的意义和用法，并能够熟练地应用于实际生活或交际活动中；

通过语法点的讲练，使学生熟练掌握其结构格式与语义功能，并能够恰当地运用所学的语法结构进行叙述和表达；

通过串讲课文，使学生达到准确理解、流利朗读以及完整复述的要求；

通过课堂活动的开展，使学生了解“成语”这一汉语特有语言形式的文化内涵，并深刻体会这则成语故事所暗含的深层哲理，引发学生对诚实等问题的深入思考，并鼓励他们运用所学的词汇和语法自由表达意见与观点。

重点难点：

“入迷”、“根本”等重点词语的意义和使用条件；

---

① 本例是北京语言大学教师李蕊、姜丽萍的教案。

“……下去”、“V+下”等语法结构及其在交际中的运用；

“滥竽充数”这则成语故事的文化内涵及其蕴含的哲理。

教学方法：

- 处理生词：词语搭配以及扩展法。
  情境法（给出语境或图片），让学生感知体会。
- 讲练课文：利用视频短片展示课文中的成语故事，使学生对课文有一个整体认识。
  运用连环画的图片提示课文主要内容，使学生理解课文中的具体细节。
  复述课文，使学生进一步掌握课文中的重点词语、语法现象和表达方法。
- 语法例释：通过提供适当的交际情境使学生从中体会词语的特定含义和习惯用法。
  小结结构框架：总结出语言使用的结构或公式，使学生清晰、准确地掌握。
  迁移应用的操练：让学生看图片说句子，实现在交际中的应用。
- 表达训练：遵循任务型教学的原则组织课堂活动，体现教学的交际性和实践性。

教学进度：

- 第1课时：① 听写复习第64课内容。
  ② 导入第65课成语故事的话题。
  ③ 讲解生词1–28。
  ④ 进入第65课第一篇课文（《滥竽充数》）的讲练（第1、2段）。
- 第2课时：① 第一篇课文第3段的讲练。
  ② 学生对整篇课文进行复述练习。
  ③ 与第一个成语故事有关的重点词语的例释。
  ④ 课堂话题讨论。

教学手段及用具：

多媒体：PPT文件。

教具：一把笔，一本书。

视频：滥竽充数。

教学过程：

（一）课堂导入

1. 复习听写第 64 课内容（让一个同学到黑板上写，其他人在练习本上写；然后师生一起检查、纠错，并强调其中的重点、难点；最后齐读并找学生单独朗读这三个句子）。

听写后用 PPT 展示答案：

(1) 没有人能说清楚有多少钱、有多大权力算是得到了幸福。

(2) 一块糖只是甜在嘴里，而他的善良却甜透了我的心。

(3) 我有一个邻居，她丈夫喜新厌旧，提出和她离婚。

2. 进入新课的学习，过渡到成语的话题：大家知道什么是成语吗？听过成语故事吗？以前还学过什么成语啊？（恋恋不舍、素不相识、左顾右盼、喜新厌旧）

提示：61 课：离别时，爸爸向我挥手，妈妈在擦眼泪，看到父母**恋恋不舍**的样子……

62 课：看到两位老人那么热心地帮助一个**素不相识**的孩子，我感到惭愧。

63 课：正在我**左顾右盼**的时候，身后有两个小伙子主动跟我打招呼。

64 课：我有一个邻居，她丈夫**喜新厌旧**，提出和她离婚。

板书以上四个成语

3. 简单介绍中国文化知识——成语：四个字的固定结构（利用刚才的板书），一般是来源于历史人物或事件，在故事的背后，往往含有深刻的道理。

（二）讲解生词——生词及其扩展

1. 在讲解的同时适时地让学生进行开口练习，集体说句子和单独叫学生说句子相结合，为课文中的长句、难句作铺垫和过渡，使学生逐渐实现从单词到短语再到句子的自动化过程。

2. 讲解时以 PPT 播放和**板书**释义两种方式相结合

① **竽**：一只竽/他抱着一只竽

吹竽/听吹竽/他很喜欢听吹竽

② **乐器**：竽是一种乐器/一种叫做竽的乐器

还有什么乐器呢？（——钢琴、小提琴、吉他……）

③ **一齐**：（先让其中一个学生朗读这个生词，然后再让所有人一齐朗读，借此来让学生领会"一齐"的含义）

一个人吹竽/许多人一齐吹竽

你喜欢听合奏，还是喜欢听独奏？

④ **入迷**：非常喜欢一件事情

美妙的乐曲让他听得入迷。

⑤ **吹牛**：（给出情景，让学生自己体会含义）

我一顿饭能吃 15 个包子！——吹牛

我会说 20 种语言！——吹牛

我这次考试能得 100 分！——吹牛

他吹牛说："我是吹竽能手！"

⑥ **任何**：每一个。任何人/任何事/任何时间/任何地方

任何一位/在座的任何一位

⑦ **差**：A 不比 B 差=A 和 B 一样好

不比在座的任何一位差

他吹牛说："我是吹竽能手，功夫不比在座的任何一位差。"

⑧ **挑**：=拣。（运用教具——一把笔，肢体动作演示，借此让学生体会词语的意思）

挑出一支我最喜欢的笔

专挑好的吃/专挑好的穿

⑨ **扔**：（运用教具——一本书，肢体动作演示，借此让学生体会词语的意思）

把书扔在一旁（不看书了，去做别的事，去吃饭，去玩儿）

他专拣好的吃，专挑好的穿，却把竽扔在一旁。

⑩ **根本**：完全。（让班上的一位学生说一句他们国家的语言（最好是比较少见的），问全班听得懂吗？学生回答听不懂，从而引出"根本"这个词）

他说的话我们根本听不懂。（完全听不懂）

其实他根本不会吹竽。（他完全不会吹竽）

⑪ **人群**：许多人在一起。在……的人群里/在吹竽的人群里

⑫ **混**：混在人群里/他混在吹竽的人群里

⑬ **偷偷**：不想让别人知道。（用肢体动作演示偷偷打电话，让学生领会词语含义）

⑭ **溜**：溜走/偷偷地溜走了

朗读所有生词：齐读+轮流读+任意叫学生读（PPT展示重组的生词表）

时期　　竽　　乐器　　一齐　　吹竽
美妙　　乐曲　　入迷
吹牛　　能手　　在座　　任何　　差
沉着
专　　挑　　扔
根本　　混　　人群
死　　国王　　独奏　　合奏
吓　　偷偷　　溜
滥竽充数

（三）播放《滥竽充数》动画视频，让学生对整个故事情节有一个大概的了解和全局性把握

（四）讲练课文（《滥竽充数》）并让学生根据关键词进行复述

1. 对课文内容的提问(1、2段）（同时用PPT配合展示相应的插图以提示

学生）

1）战国时期，齐王喜欢听什么？为什么？（提示词：竽、乐器、声音、爱听）

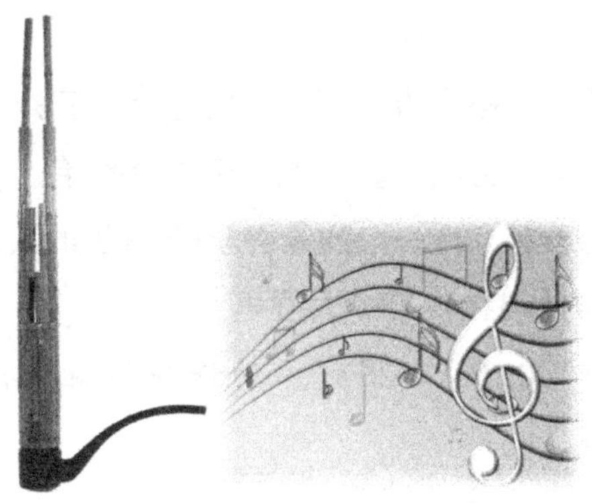

2）有一次，齐王邀请了什么人？做什么？（提示词：一齐、美妙、入迷）

3）休息的时候，发生了什么事情？南郭先生说了什么？

（提示词：抱着、吹牛、能手、功夫、任何、比……差）

4）齐王听了南郭先生的话以后是怎么做的？（提示词：沉着、收下、叫人……）

5）南郭先生又是怎么做的？（提示词：不客气、专拣……专挑……、扔在一旁）

6）后来发现，南郭先生会吹竽吗？那么他是怎么骗过齐王的？（提示词：原来、根本、每到……时候、混在……、人群里、装出、一副……样子、骗过……、就这样……、混饭吃）

2. 给出关键词，让学生复述（1、2 段）（尤其重视单独复述，检验学生掌握的程度）

战国时期，……竽……乐器，……声音……好听。……爱听。

有一次，……邀请……一齐吹竽，美妙的乐曲……入迷。休息的时候，……南郭……抱着……跑来，吹牛说：“……能手，……功夫不比……任何……差。”齐王……沉着，就收下……，叫人……吃的穿的。南郭……不客气，专拣……，专挑……，却……扔在一旁。原来……根本不会……。每到表演的时候，……都混在……人群里，装出一副……样子，骗过……。……混饭吃。

3. 去掉关键词，让学生复述（1、2 段）

4. 对课文内容的提问（3 段）（同时用 PPT 配合展示相应的插图以提示学生）

1）后来齐王发生了什么事情？（提示词：死了、当了、喜欢）

2）齐王的儿子和他的父亲有什么不同？（提示词：不过、合奏、独奏）

3）南郭先生为什么偷偷地溜走了？

（提示词：吓坏了、再也……、混不下去了、偷偷、溜走）

5. 给出关键词，让学生复述（3 段）（尤其重视单独复述，检验学生掌握的程度）

后来……死了，……儿子……国王，也……吹竽。不过，……不一样的是，……不……合奏，……独奏。……可吓坏了……，……觉得……再也混不下去了，……溜走……。

6. 去掉关键词，让学生复述（3 段）。

7. 再次播放"滥竽充数"的视频，让学生加深印象，充分理解课文内容和含义。

8. 打开课本，朗读课文（齐读+个别学生单独朗读）

（五）思考与讨论

1. 课文中这个成语故事说明了什么道理？滥竽充数是什么意思？

2. 滥竽充数还可以用在什么时候？（谦虚的时候：哪里哪里，我只是滥竽充数。）

3. 用 PPT 播放几张有趣的图片（图片反映的均是生活中滥竽充数的事例），让学生更加深刻地体会该成语的含义。

（六）课堂活动 1：课文表演

要求：① 四人一组，每人扮演一个角色——齐王，南郭先生，齐王的儿子，讲故事的人。

② 首先把课文中的人称变成第一人称"我"，并填写在老师发的表格中。

③ 把改好的故事表演出来。

④ 分组练习 5 分钟，然后请两组同学上台表演。

附表格：

人物	说的话
齐王	
南郭先生	
齐王的儿子	
讲故事的人	

（七）解释重点词语的用法

“入迷”、“……下去”

（尽量多地让学生练习开口说句子，集体说与单独说相结合）

1. 入迷：

导入：看图说句子（一齐回答），并板书例句。

图1

图2

图3

① 他听音乐听得入了迷。——他对音乐入迷。

② 他们看电视看得入了迷。——他们对电视入迷。

③ 他踢足球踢得入了迷。——他对足球入迷。

归纳结构：

1）V+N+V+得+入（了）迷

2）对……入迷

巩固操练：看图说句子（图略）

玩电脑游戏

唱歌

看书

学习汉语

2. ……下去：

导入：（一齐回答），并板书例句。

① 明年他还想在北京语言大学学下去。——他学不下去了。

② 她想一直讲下去。——她讲不下去了。

③ 他想一直画下去。——他画不下去了。

归纳结构：

1）V+下去

2）V+不+下去

巩固操练：看图说句子（单独回答）

工作　　　　　　跑　　　　　　吹

（八）课堂活动2：情景描述

同学们请你们仔细想一想，你们在平时生活中有没有滥竽充数的事情？如果有，请把你的经历讲给大家听；如果没有，那么在下面的情况中，会发生什么事情？

情景提示：① 上课时，老师让全班同学一齐朗读课文……

② 表演节目的时候，大家一齐唱歌……

③ 运动会上，拔河比赛……

④ 和朋友一起踢足球……

⑤ 晚会上，你表演完节目，别人夸奖你……

（九）布置作业

1. 复习第一篇课文《滥竽充数》的重点词语，并练习复述课文。

2. 练习题：课本第53页（三）、（四）、（五）题。

3. 思考题：为什么南郭先生能够混在吹竽的人群里？

你觉得其他人知道南郭先生不会吹竽吗？他们为什么不告诉齐王？

如果你身边的人在滥竽充数，你会怎么做？

4. 预习第二篇课文（自相矛盾）的生词和课文

（十）教学后记

（略）

第六章　课堂教学方法和技巧

第一节　提问

教师在课堂教学中往往根据教学目标和教学要求，针对具体的教学内容，向学生提出一些问题，这是教师常用的一种教学手段。提问，还有一层意思，指学生在学习中有不懂的问题向老师提出，希望教师解答。

在课堂教学中，教师、学生提问是教学的“常规武器”。教师通过提问调动学生积极思维，激发学生思考，利于学生巩固所学的知识，同时也可以发现问题，及时补救。另外，提问运用得好，还可以调节课堂气氛，提高学生的学习热情和学习积极性，对增加课堂教学效果有十分明显的作用。

一、提问的作用

（一）能引导学生定向思考，具有引导学生注意教材重点、难点的作用。教师提问要善于从学生角度考虑，估计学生掌握新知识可能会出现哪些不懂的问题，善于在教材的重点或懂得不深不透的地方提问。

（二）帮助学生巩固、深化已学知识。教师根据学生已学过的教材内容提出一系列问题，帮助学生较为系统地复习已学过的知识，使这些知识在学生头脑中留下较为深刻的印象。

（三）能吸引学生关注学习内容，活跃课堂气氛。如果课堂教学以教师讲授为主，注重知识的灌输，学生只是被动地接受，那么课堂气氛就会十分沉闷、单调，学生也易于疲劳，注意力不集中；相反，如果在恰当的时刻提出问题，引起学生的注意和思考，就会调动学生的积极性、主动性，课堂气氛也会因此而变得活跃起来。

（四）能及时了解学生的掌握情况，得到反馈，从而调整教学。学生对所学的知识和技能掌握得怎么样，通过提问可以很好地了解。教师要善于通过提问，发现问题，及时调整教学进度和步伐，有的放矢地进行教学。

二、提问要防止的通病

前文提到恰当、得体、有针对性的提问对增加课堂教学效果有着十分明显的促进作用。但是如果提问不当，不但起不到促进作用，还会影响教学效果和学生的积极性。有些教师提问不甚得法，存在一些通病。

（一）教师问得复杂，学生答得简单

语言教学一个很重要的功能是培养学生的言语表达能力，学生只有通过多听多说，才能培养他们表达的习惯，如果只是听懂了，而没有经过自己的语言转换，还是不能内化为学生自己的语言。因此通过提问让学生多说，是一种有效的方法。但是教师在操作的过程中，往往不自觉地自己说得多，学生说得少。比如，教师问"小林是不是到台湾开学术讨论会去了"，学生回答"是"。这种让学生回答"是"、"好"、"行"、"对""能"的问题，学生不用思考就能回答。这种提问是一种无效提问，因为学生只要捕捉到"是不是"、"好不好"等词句，其他信息无须听懂就可以回答。解决的办法：一是如果这样提问，让学生重复全句来回答；二是避开这样的问题，转换一下，比如：小林到台湾做什么去了？等等。

（二）提问不分主次，过于繁琐

有的教师提出问题不分主次，课文的每一句话，每一个细节都要问到，学生抓不住重点，浪费了时间，也降低了教学效果。比如《汉语教程》第 31 课（一），教师根据对话内容，问学生："张东给谁打电话呀？""谁接的电话呀？"

“田芳的妈妈知道是谁打的电话吗?”这些内容跟课文的对话没有关系，如果学生关注这些问题，就不知道要复习什么，什么是重点了。

(三) 提问过于空泛，不着边际，或者过于深奥

教师提出的问题学生不知从何答起，摸不着边际，这会挫伤学生的思维积极性。比如在学习课文《幸福的感觉》之前，问学生：“请你们说说幸福是什么?”这种问题太大、太难，学生不知该怎样回答，从哪里回答，容易厌烦。

(四) 提问的时机选择不当

或者在学生对教学内容不感兴趣时，或者在快下课时，尤其是快下课时，学生早已心不在焉，教师还按住学生不放，问大而艰深的问题，学生兴致全无，心早已飞出教室了。

(五) 提问偏爱优等生，忽略差生

教师在快节奏的课堂教学中，为了加强学生的快速反应，有时提问语速很快，也希望学生回答问题的速度快。在互动过程中，教师会不自觉地关注回答快、具有期待眼神的优等生，从而冷落别的学生，尤其是反应慢的学生。

三、提问的策略

(一) 提问要有一定的计划性

不能心血来潮，任意而为。要根据教学的重点、学生的难点提问。

(二) 提问要有一定的“坡度”，要“跳一跳，够得着”

提问要避免过于简单的问题。比如问学生“是不是”“好不好”“对不对”“行不行”等，学生齐答了事。这种提问方式过多地练习了教师的口语，对学生的口语提高不大。赞科夫认为“教师提出的问题，课堂内三五秒钟就有多数人

‘刷’地举起手来，这是不值得称道的”。

（三）提问要有序列性

即形成教学的思维链，环环相扣，引导学生拾级而上。提问要由浅入深、由易到难，体现教学的思路顺序、学生的认知顺序，引导学生循“序”渐进。

（四）提问要有预测性

当一个问题提出后，教师应心里有数，知道该怎样回答，或者有哪几种回答，有哪几种可能的回答，然后针对学生的回答予以正确的引导，使其达到或接近教学目标。

（五）提问要有时机性

要在学生有疑、有思、欲问、欲解而又苦于不知如何表达时提问。

（六）提问要面向全班学生，忌偏爱优等生

好的教师要为班上每一个学生都准备问题，让每一个学生都能得到回答问题的机会，而且尽量让每个学生都有成就感，产生期待回答问题的心理。

（七）提问要有差别性

提问要照顾到不同国别、不同程度、不同性格的学生。对日韩学生，要鼓励他们多发言，让他们体会到回答问题中的成就感，增强他们的自信心。对不同水平的学生要设计出具有层次性的问题，使每个学生都能在自己的最近发展区回答问题。对性格内向的学生，要避免频繁地把他们置于课堂注意的中心，要“自然地”使他们回答了问题，同时要尽量“保证”他们回答得正确。久而久之，他们会倾向于积极地回答问题。

（八）提问的方式要讲究

一般有两种方式：一种是先提出问题，然后指定学生回答。另一种是先点

名，然后提出问题。两种方式在教学中都可以采用，运用时要根据学生的情况、教学内容的难易以及班级的默契程度而定。

（九）提问要简洁明了，避免重复

只有当学生没有听懂问题时，才需要重复。通常情况下重复一遍，比较难的问题要根据学生的反应灵活掌握。或采用其他的方法，比如转换说法、分解问题等。

（十）提问的表情要温和

教师提问时要注意自己的态度，力求给学生营造一个宽松融洽的课堂气氛，使学生能够集中注意力思考问题。同时教师提问的语气语调也要尽量温和，充分利用“皮格马利翁效应”，使学生感受到教师对自己的期望和鼓励，增加学生回答问题的信心。

四、对外汉语教学中的提问

提问在对外汉语教学中是一种常见的教学手段，尤其是初级汉语教学，学生的汉语水平较低，有的是零起点，课堂教学的推进很大程度上靠教师的提问，但是怎样提问才能避免上面提到的通病，怎样提问才能更加有效，需要教师认真思考和准备。

（一）复习环节的提问

复习环节在课堂教学中占有重要的地位，复习有很多种形式，但是提问是不可或缺的。一般来说，复习环节约占20分钟左右，提问在8–10分钟左右。怎样使这10分钟发挥复习、检查、反馈等作用，需要教师多方面的素养。

1. 教师要为每个学生准备一个问题

为了使每一个学生都感到自己的重要性，教师的问题应该照顾到每个学生。但是每个学生的水平不一样，因此教师设计的问题还要有针对性。比如，对于死读书本的学生，教师要为他们准备一些记忆性和概念性的问题，这样的问题只要学生能复述即可，这类问题基本上是书上内容的重现。对于水平比较高一点的学生，教师为他们准备一些概括性、综合性的问题等。

2. 提问要有层级性

如果提出的问题都是简单的记忆性的问题，都是在同一水平上重复，第一个学生的问题和最后一个学生的问题没有太大的差别，或者同一个问题让几个学生回答，班级就会形成一种松散的、别人回答问题与己无关的氛围。为了使学生觉得每个问题对自己都是新的，都具有挑战性，他们就会关注 20 个问题（一个班平均 20 人计）。那么，教师怎样设计这样的问题呢？问题的层级性很重要，即让学生拾级而上，逐步达到最高点。

层级性就是随着问题的增多，问题的设置要有一定的“坡度”，要在学生的“最近发展区”，要让学生“跳一跳，够得着”。提出的问题要 “由限定到自由”、由“死”到“活”，做到学以致用。

（1）限定性的问题（书上的问题）

例如：今天几号？

今天星期几？

今天几月几号、星期几？

（2）联系实际的问题

例如：今天是三号吗？

你们星期五下午有没有课？

（3）真实的问题

例如：你的生日是几月几号？

你属什么？

教师可以根据学生的特点为不同水平的学生选择不同难度的问题，使每个学生都觉得能够通过自己的努力解决问题。

3. 提问的形式要多样

二十几个问题不能仅限于问答一种形式，教师可以采取多种提问方式，一般可采取以下几种方式：

（1）在黑板上写上提示词，让学生按照提示词回答

比如，在黑板上写上“出土文物”，然后问学生：“我们明天去参观什么展览？”学生就会回答：“我们明天去参观出土文物展览。”

（2）追加问题

学生如果很轻松地回答完问题，教师在此基础上再追加一两个问题，使学生有一种“克服障碍”的心理，调动他们思维的积极性。比如，教师提问：“这封信为什么退回来了？”学生回答：“邮票没贴够。”这种简单的一问一答让学生感到不过瘾，这时教师马上接着问：“你怎么知道邮票没贴够？”学生答：“通知单上说的。”教师让学生把这两句话合起来，学生就会说：“通知单上说，邮票没贴够。”这是一句比较完整的回答。追加问题需要教师有应变能力。

（3）用身体动作提问

教师做一些动作，让学生看着教师的动作回答问题。比如，

看老师的动作：从桌子上拿起来一本书→学生：老师从桌子上拿起来一本书。

看老师的动作：从后边走过来→学生：老师从后边走过来了。

看老师的动作：从钱包里拿出来100块钱→学生：老师从钱包里拿出来100块钱。

这种动作设计都是让学生用复合趋向补语回答问题。

（4）复习环节提问举例

这是一课以复合趋向补语为语法点的课文，因此设计的练习紧紧围绕着这个语法点。

问题	说明
1．玛丽的信是什么时候寄出去的？	课文问题
2．现在这封信为什么在这儿？	解释性问题
3．玛丽前天寄出去的信今天为什么退回来了？	综合前两个的问题
4．为什么超重了？	课文问题
5．还欠多少钱的邮票？	课文问题
6．你这儿有吗？	课文问题

问题	说明
7. 贴好邮票做什么？	课文问题
8. 你今天早上是怎么上来的？坐电梯还是走上来的？	根据课文内容联系实际的问题
9. 去天安门你是坐车去还是走过去？	模拟真实问题
10. 爬山你是爬上去还是坐缆车上去？	模拟真实问题
11. 在饭馆吃饭没吃了，你是带回去还是不要了？	模拟真实问题
12. 磁带放进录音机里去了吗？	真实问题
13. 你的书包里装的什么，拿出来看看好吗？	真实的问题
14. 你们的作业都交上来了吗？	真实的问题
15. 看老师的动作：贴上去一张邮票。	看动作问题
16. 看老师的动作：坐下来。	看动作问题
17. 看老师的动作：站起来。	看动作问题
18. 看老师的动作：走出教室去。	看动作问题
19. 看老师的动作：从桌子上拿起书来。	看动作问题
20. 看老师的动作：走过去还学生词典。	看动作问题

（二）学习新课环节的提问

1. 串讲式提问

为了让学生理解课文，教师通过提问的方式引导学生按照问题的思路理解所学的内容，课文的每一句话都设计一两个问题，当学生回答完教师的问题，课文已经讲完一遍了。

2. 针对教学重点、难点的提问

教师设计的问题要把教学重点、难点拎出来，引起学生的注意和重视。比如，《汉语教程》第 47 课语法重点是“动词+着”，这是本课的重点，也是学生学习的难点。教师可从学生熟悉的情境入手，让学生在不知不觉中理解该语法点。比如，教师一边做动作，一边问学生“教室的门开着呢吗”，学生马上明白了，便回答“开着呢”；教师进一步问“电脑开着呢吗”、“灯开着呢吗”让学生熟悉“开着”、“关着”。接着教师转换话题，“老师站着，你们坐着”，然后展示多媒体图片“他躺着呢”、“她坐着喝咖啡呢”。这些问题都是有目的地把学生引向要学的教学重点上，因此这些问题都是有效的。

3. 概括性问题

这类问题不是简单的一问一答，而是要对课文内容进行综合和概括，然后再回答。这类问题既要包括学过的生词和语法，还要增加句子的数量。它要求学生对课文的内容进行重新组织，回答时要有一定的叙述性和概括性。比如：

《汉语教程》第 41 课（一），中医看病都有哪几种方法？

《汉语教程》第 44 课（二），照得不好的照片有几种？

4. 应用性问题

当学生对课文的内容已经掌握并达到自动化程度后，教师要设计一些结合实际的问题，把学生的思路从课文引入到新的情境中去，但这种引入要以学过的内容为基础。课堂教学中的应用性问题要有一定的限定性，所谓限定是指应用的问题要与所学的内容有一定的相关性，学生回答问题时尽量用刚学过的生词和语法结构。比如，接着上面的问题，“你看过中医吗”，如果学生回答“看过”，你接着问“中医是怎么给你看病的”（《汉语教程》第 33 课），你租的房子周围环境怎么样，等等。

5. 创造性问题

教师设计的问题能使学生将所学的新旧知识以一种新的或有创造性的方式组合起来，充分发挥学生的想象力，培养学生的创造性思维。比如，《汉语教程》第 39 课（二），教师在学生掌握课文的基础上提问：“你姐姐结婚以后就不工作了（课文义），你觉得她结婚以后会做什么呢？”这类补写情节的问题，是在学生理解课文的基础上进行的，是理解基础上的加深、加宽，是对原有内容的创造、想象，符合学生的认知特点。

（三）结束环节的提问

教师教完课以后，针对刚讲完的教学内容，结合学生掌握的具体情况，提出一些具有思考性的问题，以利于学生尽快“消化”刚刚学到的知识。学生经过思考以后回答问题，会把学到的知识内化为自己的知识，逐渐构建和提升自己的知识体系和结构。例如，上面的课文学完后，教师留一个思考题：“你觉得妇女结婚以后工作好还是不工作好？”让学生带着问题去准备、去探讨，最后形成自己的观点。

五、引导学生问问题

提问，除了教师问学生外，还包括学生问教师。对外汉语教学一个重要目的是培养学生用汉语与人交流的能力。谈到交流就不是一方不停地问下去，另一方被动地回答下去，而是双方相互交流，共同交谈，把谈话进行下去，因此培养学生会问问题也是教学中不可缺少的重要环节。

教师根据课文内容引导学生问问题，为了使学生能有据可问，教师可以创设一些情境，鼓励学生互问互答。

（1）让学生担当课文人物的角色，学生根据自己的角色体味自己该问什么，该说什么。比如，课文内容是玛丽因为想家哭了，罗兰在安慰她，教师可以安排两个学生，一个扮演玛丽，一个扮演罗兰，一问一答：你怎么哭了？（反问）你不想家吗？（安慰）我也想家，但是……

（2）鼓励学生联系自己的实际问问题。有些内容教师不便结合学生的实际问他们，比如“你是哪一年大学毕业的”、“你哪一年出生的”、“你一毕业就结婚了吗”，但是学生之间反而会很自然地问这些问题，而这些问题也是中国人交往时常常要问的，因此让学生练习问这些问题很有必要。

（3）鼓励学生就课文中的重点、难点、疑点问问题。学生在学习时一定会遇到一些障碍、不懂的地方，但是因为目的语水平有限，他们往往囫囵吞枣地就过去了，这样积累的问题会越来越多，因此我们主张当堂内容当堂消化，教师在课程结束前要留出一点时间答疑，让学生就课文中不懂的地方问老师，要鼓励学生大胆地问。教师回答学生的问题时，要选择具有普遍性的问题，如果是个别人的个别问题，就留在课后答疑。

（4）鼓励学生反驳老师，要会驳问。学生能够发现问题，并且敢于向老师提出来，证明学生在动脑筋，在积极思考，教师要保护学生的主动性和积极性。比如，认为老师讲得不当、不清楚，或者对老师的讲解有进一步补充的内容都鼓励学生提出来，教师要以欣赏、肯定的方式对待学生的问题，培养学生善思善问的良好习惯。

第二节　课堂活动

课堂活动是指教师在课堂上指导学生进行积极参与的学习活动，是将客观的学习内容转化为主体的运用能力和素养的中介与载体。语言课堂活动的本质是训练学生的语用技能，提高其交际能力。活动的效果如何关键在于设计，如果设计得巧妙，能够让学生最大限度地参与其中，调动学生的积极性、主动性和创造性。

一、课堂活动的重要性

我们经常听留学生说，“我们在课上能听懂老师的话，可是课下听不懂其他中国人的话”。教学中我们也看到，教师费力地讲，学生努力地学，可是并没有达到令师生满意的效果。我们的教学究竟怎么了？随着信息化社会的到来，网络技术的高速发展以及教学研究成果的不断涌现，我们越来越感到原有的教学理念、教学方法暴露出许多问题，主要表现为：（1）课堂教学严格遵循“精输入”的原则，即教师基本上围绕着精读课（综合课）的内容组织教学，不越雷池一步，这样做的结果是会的东西“精益求精”，不会的东西学生摸不着头脑；（2）教师基本上按照教科书的内容满堂灌，从生词入手，到语法，再到课文，最后是书上的练习，主要是灌输式的教学，缺少把所学的内容迁移到真实情境中的“活动”环节；（3）从教学方式来看，基本上是教师带着学生走，教师让学生做什么，学生就做什么，由教师决定着学生的学习内容和学习方式，完全以教师为中心，很难发挥学生的主动性、创造性；（4）从培养目标来看，比较重视学生的记忆能力和言语模仿能力，而对学生综合运用语言能力重视不够。

对外汉语教学的目标是培养学生运用汉语进行交际的能力，交际能力既不是简单的语言知识，也不是隔裂开来的听、说、读、写技能，而是运用语言知识和技能于真实情境中的能力。但是我们知道，从课堂上获得的语言知识和言语技能很难直接运用到真实的情境中去，而“活动”恰恰是培养学生交际能力、促使学生习得语言的中间环节，缺少这一环节，学生很难把课上课下联系起来，很难做到学以致用。

20世纪七八十年代以后，外语教学进入了交际法和任务型教学的时代，两种理论强调把培养交际能力作为外语教学的终级目标，特别是强调培养学习者的语言理解能力、表达能力、相互沟通能力和创造性使用语言的能力。注重学习主体，关注学生活动，强调以学习者为中心，教学过程交际化、任务化。这些理念和思想在外语教学界得到了很好的贯彻和实施，但是在对外汉语教学界，交际法并没有被广泛地运用，任务型教学的研究也只停留在学习和介绍阶段，而对交际法和任务型教学的核心内容——课堂活动，还处于形式上的应用阶段，没有从本质上加以灵活运用。因此加强课堂教学的“活动”设计和教学，是深化教学改革、提高教学效率的重要因素之一。

二、课堂活动设计的基本原则

（一）互动性

互动，是指相互作用、相互影响。课堂互动是指为了有效地解决某一具体问题，或为了使学生对所学内容加深理解和体验，由教师精心设计的、利用一种能使学生主体更充分展示出来的形式进行的教学活动。课堂不应该成为教师单极表演和学生被动静听的场所，而应该成为师生间进行交流、对话、沟通和探讨的互动舞台。互动在课堂教学中要注意以下几点：

1. 互动形式要多种多样

有教师与学生的互动，也有学生与学生的互动，有固定的同桌学生互动，也要有不定组合的学生互动。课堂互动活动的常见形式有提问、辩论、讨论、表演、歌唱、制作、比赛、游戏，等等。

2. 座位形式要利于学生互动

教室中桌椅摆放要依据活动的特点、教学需要、学生喜好而变化，比如，分组围坐的讨论式，通道排列的辩论式，腾出讲台的表演式，自由组合的沙龙式、游戏式等，努力实现师生之间、生生之间的近距离交流。

3. 互动中教师要及时给予学生积极评价

教师要善于捕捉学生星星点点的智慧火花，不失时机地给予积极评价，使学生时时有一种愉悦的心理体验，感受到互动本身所带来的乐趣，增强学习的自信心。

4. 互动的答案是开放的

在互动过程中，允许学生答案的多样性，努力发挥学生的想象力和创造力，使课本学到的内容更加深入，更加多样，使学生在多种情境中运用所学的知识。

总之，互动是构建自主、合作、探究式学习的平台，互动要建立在平等、民主、友好的师生关系中，互动要能促进学生主动、全面、和谐地发展。

（二）目的性

课堂活动目的要明确。活动要训练哪些语言形式？哪些交际能力？哪些微技能？学生是以组对的形式还是以小组的形式参与，要不要音乐或多媒体的配合，等等，教师在设计时都要考虑清楚，并在实施时让学生清楚明白。

（三）可操作性

1. 时间上要有所限定

一项活动要多长时间完成，教师要精心设计。如果时间过长会冲击正常的教学进度，如果时间太短达不到应有的效果。活动时间的设计应该以每个学生都充分参与和表现为宜。如果以一节课 100 分钟为限，活动时间应该在 20–25 分钟较好。

2. 内容上要以学生熟悉的生活内容为主

活动的开展很大一部分要与学生的生活实际相联系，只有学生熟悉的、感兴趣的内容，学生的积极性、主动性才会高。

3. 形式上要简化

如果设计的活动要使用许多道具，要不停地变换场景，就会增加额外的负担，也不可能成为常规的教学活动。

以上只是设计课堂活动应考虑的基本原则，在具体设计和实施过程中还应根据学生的实际情况和教学条件进行调整。但总的原则是：对外汉语课堂应该是学生使用目的语交际的场所，而不应该只是教师教授语言知识的讲坛。

三、课堂活动范例①

（一）词汇篇

1. 活动名称：词语风暴
2. 活动目标：以本课词语为核心，进行词语的“互联网”建构游戏，通过活动的进行，教师引导学生搜寻过去所学单词并建立与本课词语之间的意义联结，系统性记忆单词。
3. 活动准备：
   （1）教师先示范一组单词的“互联网”建构过程，引导学生理解思路，培养学生对单词意义的理解。
   （2）发给每组学生一张词语风暴卡进行制作。

4. 活动原则：分组进行，学生需协力合作，相互启发思路，激发联想力和锻炼对汉语词语内在意义的逻辑思考能力。

范例如下：意义联想

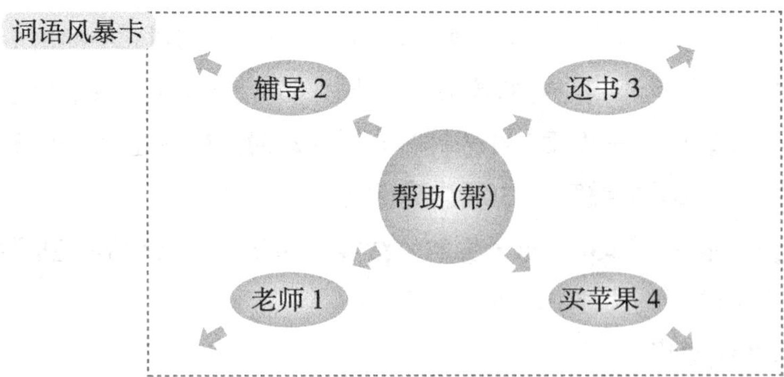

① 本部分参考许仁曜参与编写《体验汉语基础教程教学参考书》第 25、27、29、33、34 课。

(二) 听力篇

1. 活动名称：听到请举手！
2. 活动目标：训练学生能带着目的去听，专注听出和自己有关的信息，并即时作出反应。
3. 活动准备：
   (1) 教师准备一些卡片，每张卡片标明课文内容的代号，然后让学生一一抽签，学生根据抽到的签找出相应的课文内容。教师将课文内容代号与学生姓名配对写在黑板上，作为监督依据。
   (2) 给学生三分钟准备时间，让学生熟记自己的句子和句中的单词。
4. 活动原则：
   (1) 教师随意读出课文中的句子或单词，听到自己的句子或单词的同学要立刻作出举手反应。学生举手作出反应后，教师要迅速检查全班学生各自的反应是否正确（如该举手的没举，不该举手的却举了）。
   (2) 速度可稍稍加快，不断变换内容或单词，训练学生专注听的能力。
   (3) 教师视学生表现情况作出奖励。

(三) 学生提问法

1. 教学准备：
   (1) 教师：选择课文中的一个长句或难句写在黑板上。制作数份例句卡，上有 3－5 个句子，句子内容要丰富，能针对句子提问。
   (2) 学生：平时要有问题意识，能以“6W 法”（何人、何时、何地、如何、为何、怎样）提问或思考。
2. 活动步骤：
   (1) 教师先示范一遍。将例句写在黑板上，然后自问自答，让学生明白活动进行的原则和重点。比如，“这个周六张华请咱们去他家做客”。
      - 张华什么时候请咱们去他家做客？
      - 这个周六谁请咱们去他家做客？
      - 这个周六张华请谁去他家做客呢？

- 这个周六张华请咱们做什么、去哪儿？
- 这个周六张华为什么请咱们去他家做客？

（2）教师示范后，再写出新句子，指定学生根据例句的内容，做提问练习，要求能说出完整的疑问句，目的是让学生熟悉规则。

- 规则熟悉后，教师发给学生例句卡，两人一组，一人画线，一人根据画线提问。
- 教师巡视各组练习情况，给予指导。
- 各组练习后，可指定或抽签，让几组学生分别上台汇报一遍。

（四）毕业后的打算——填调查表

1. 准备活动：教师制作一张“毕业计划调查表”，内容包括：姓名、年龄、专业、学习方向、工作方向、家人意见等。
2. 活动步骤：

（1）5 人一组，其中选一人当主持人，一人当记录员。

（2）教师将所要调查的项目写在黑板上（或投影仪上），并将“调查表”发给各组的记录员，一组一张。教师先和一位汉语能力较好的同学示范回答。比如：“你毕业以后有什么打算？”“你想继续学习吗？”“你父母有什么建议？”等等。

（3）每位同学回答主持人的提问，记录员边听边写下每位同学的毕业计划，如有不清楚的地方可打断追问一下儿，双方进行沟通。

（4）各组主持人轮流上台，根据调查表的记录对该组同学的毕业计划进行介绍，如：“我们组有三个同学毕业后想继续学习，两个要工作，有人要当翻译……”

（5）教师在黑板上将各组报告进行统计，总结全班同学的毕业计划。

（6）教师收回各组调查表，讲评每组的记录内容，给出指导意见。

（五）订票流程图

活动步骤：

（1）让学生将课文中有关订机票的内容整理出来，分成几个步骤，以表格或图表的方式呈现出完整的订票流程。流程图模板可设计如下：

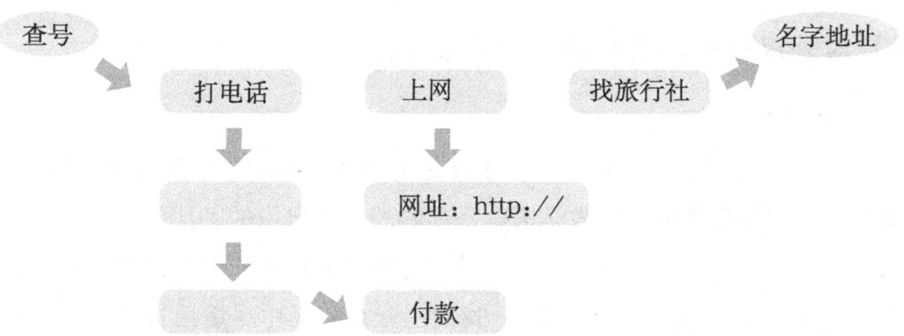

（2）尽量将实际订票流程的每一道手续都写出来，越细越好，从开始到取票、付款等。

第三节　课堂教学语言

课堂教学语言是教师传递教学信息，完成教学任务的主要载体和工具。课堂教学语言的表现形式有多种，主要有课堂口语，即口头表达；书面语言，即文字表达，像板书、学生作业的批语等；身体语言，即示范性或示意性动作。为了叙述方便，我们在这里所说的课堂教学语言主要指课堂口语，主要讨论课堂教学语言（课堂口语）和身体语言。

一、课堂教学语言

课堂教学语言是教师和学生在课上交流的主要手段。对外汉语教学的课堂教学语言不同于一般的课堂教学语言，它有自己鲜明的特点。这是因为汉语既是教师使用的教学语言，也是学生学习的目的语，这就决定了教师使用的课堂教学语言不能随心所欲，尤其是零起点教学，教师的课堂教学语言要难于学生学习的内容，如果使用不当会增加学生的学习难度和自信心。因此如何使用课堂教学语言是对外汉语教师的一项重要技能。

（一）对外汉语课堂教学语言的特点和要求

1. 受限性

汉语教师在课堂上说出来的话应该是可懂的，要考虑学生的实际接受能力。这就决定了汉语教师的课堂教学语言是受限的、非自由的。比如，零起点学生上课第一天，学生一句汉语也不会说，教师这时说的任何一句汉语对学生来说都是多余的，教师要把握好这个“度”。我们主张在教学中尽量用目的语，如果是一些指令或要求，可以借助一点儿媒介语（英语）或身体语言，但是随着学生汉语水平的提高，这些借助手段要逐渐减少，直至完全用目的语代替。

2. 动态性

课堂中的教学语言不是恒定不变的，它随着第二语言学习者语言能力的提高而不断变化。总体趋势是，学生语言能力越高，课堂教学语言的受限性越低。课堂教学语言的这种动态性决定了我们在教学的不同阶段应对课堂教学语言做相应的调整。

3. 得体性

汉语课堂所面对的学生是外国学生，他们与教师在文化背景、生活习惯、风俗习惯等方面都有一定的差异。教师要考虑这些方面的差异，使自己的言行能为广大学生所接受、认可，而不是按照自己的生活习惯、个人好恶去使用自己习惯的课堂教学语言。教师的语言应考虑学生的可接受性，不要因为自己的语言不当挫伤学生的积极性，疏离师生之间的关系，甚至把学生推到教师的对立面去。

根据上述特点，对外汉语教学课堂语言要简单、形象；语速要慢，用词要浅，句式要短；表现手法要生动、形象、直观。

（二）课堂教学语言的运用技巧

1. 与教学内容紧密配合

教师课堂教学语言具有很好的示范性。教师为人师表，课堂教学语言能给学生最直观、最有效的榜样作用。规范的教学语言是学生学习的直接来源，是学生模仿的直接对象。因此教师要具有把教学内容融入到教学语言中来的能力，而要做到这些，教师的教学语言就要经常重现所学的内容。比如，学习否定副词“没”时，教师提问可设计成“今天谁没来”，“你吃没吃早饭”；学习“们”，就可以说：“同学们，下课”；如果学习了“现在”，就可以进一步说成：“同学们，现在下课”；如果学了“该……了”，就可以说成“同学们，现在该下课了”。等等。

2. 尽量用可懂输入

教师课堂教学语言是学生获取信息的一个重要来源，对学生来说，它应该是可懂输入。既然是可懂输入，那么输入的内容就要略高于学生的已有水平，用克拉申的话就是“i+1”水平，那么这个“1”怎么把握呢？就需要教师不断地在教学语言中纳入刚刚掌握的教学内容，要把刚刚学过的词语和语法结构纳入到新的情境中去。比如，学生学“交”这个词语时，课文内容是“交钱”，教师要把“交”引入到“交作业”这个新的情境中，“交作业”对学生来说就是可懂输入。因此教师要注意课堂教学语言的迁移性。

3. 吐字清晰、富有感染力

对于初级阶段的留学生来说，最经常听到的汉语是老师的课堂语言，能不能听懂老师的话是他学习能否成功的关键，因此让每一个学生都能听懂老师的话，是教师的重要教学目标。让学生听懂老师的话，除了在内容上要进行可懂输入外，教师发音特点也是重要因素。学生喜欢发音清晰、声音适中、语速适宜、亲切活泼的老师。发音清晰是说发音要准确、流畅，教师说的每一句话学生都能听清楚、听明白；声音适中是指教师的话必须让教室里每一个学生都能清楚地听见；语速适宜是指教师的语言要符合一般中国人的正常语速，有人做过调查，每分钟在150–190个音节之间。当然到底多快的语速比较适宜，恐怕没有一个绝对的标准，它随着表达内容的变化而变化。许多人认为，对留学生教学要放慢语速，其实不然，有时故意放慢语速反而会构成理解障碍，因为过慢的语速拉长了信息传递的空间。因此教师要把握好语速，更好地让学生理解。亲切活泼是指教师的语言要带有情感，要带有节奏，富有感染力，通过教师的语言传输，学生能产生共鸣，能与教师互动。

4. 外语运用点到为止

（详见下文“三、外语的运用”。）

二、身体语言

身体语言是课堂教学语言的重要组成部分，它是一种以说话人的表情、手势、身姿、眼神来传递信息的无声伴随语言，它同口头语言一样，是人们交流思想感情不可或缺的工具。教师在课堂讲解过程中如果有身体语言的帮助，就会使讲解的内容变得形象、生动、具体、可感，从而使学生能够比较准确明白地接收信息，加深理解，强化记忆。

身体语言在教学中虽然发挥着重要作用，但是它不能代替教师的课堂口语而成为教学的主要手段。它只是一种重要的辅助手段，与教师课堂口语配合、协调，不能喧宾夺主。好的身体语言应该是用得适时、用得巧妙、用得得体、用得准确、用得美观。

（一）眼神的运用

眼睛是心灵的窗户。教师的眼光应该是亲切、热情、友善、诚挚的。教学中教师要善于运用眼神来说话，要学会用眼神来配合课堂语言发出指令、表达情感、组织教学。比如，以期望的眼神等待学生的回答，可以达到鼓励的目的。

（二）表情的运用

人的面部表情能够传达出各种不同的信息。教学中教师要善于通过丰富生动的表情给学生营造出一种宽松、愉快的课堂氛围。例如，教师在提问时，如果能配以信任的表情，就能有效消除学生的紧张心理，使学生从容地回答问题。微笑是教学中常用的一种表情，但是这种微笑应该是发自内心的，能与学生的眼神相互沟通的。

（三）手势的作用

教师在课上用语言表达各种信息时，会不自觉地运用相关手势进行配合。准确、得体的手势会增强表达的效果，有助于学生理解和记忆。运用手势时切忌指手画脚，没有规律，让学生摸不到头脑，也忌讳一些不良手势的运用，例如，教师让学生回答问题时，不要用手指指着某一学生，应该伸出手臂做出请的动作。

（四）身姿的作用

身姿是指躯体的姿势和动作。首先教师在课堂上给学生最直观的印象就是站姿。只有自然、大方的站姿才会给学生留下稳重端庄、亲切随和的印象。其次，身姿还可以辅助讲解词汇和语法点，比如“转过身”、“摇头”、“走过来”、“向左转”、“扭”、“踢”、“扔”、“拣”、“撞”之类的短语和词汇都可以通过教师的动作来诠释。

以上我们从眼神、表情、手势、身姿对教师的身体语言进行了描述，在实际运用中，这些身体语言并不是各自分离的，而是巧妙结合、相互配合的。教师要注意身体语言的运用，要用得恰当，用得得体。

三、外语的运用

（一）建议不用或少用外语

教学对象的多元化，使教师在课堂上选用何种外语成为一个难题。如果过多地使用某种外语（如英语），势必造成不会此种语言的学生的不满。因此我们主张不用或少用外语。即使在国外，某种外语是学生的母语，也应该严格控制使用。作为交际工具，可在课堂用语、师生交流中使用，特别是对于零起点的初学者，但应十分谨慎而有节制。因为教师在课堂上过多使用外语，容易使学生产生依赖，不利于培养学生听懂汉语和用汉语进行思维的能力。很多有经验的教师从学生学习汉语的第一天起，就会用肢体语言等形象化手段辅助教学，提高教学效率。

（二）外语是一个合格的对外汉语教师必备的工具

在课堂上不用外语或少用外语，并不意味着外语对教学没有用处，相反，对外汉语教师还必须具备较高的外语水平，这是因为外语在教学中有它独特的作用：

1. 进行汉外对比。学生学习的许多难点是受母语负迁移的影响，教师要了解两种语言的相同、相近和相似性，充分利用正迁移，克服负迁移，做到为我所用。而这些难点的确定主要是通过汉外对比，了解它们之间的异同，有针对性地进行教学。吕必松先生指出“要认识汉语的特点，就要跟非汉语进行比较”。

2. 教师的外语知识有利于分析学生汉语习得过程中的错误，特别是因受母语影响而出现的规律性的错误，及时给学生指出来，避免形成“化石化”现象。

3. 外语的交际功能对零起点的初学者有一定的桥梁作用。比如，他们还不会用汉语提问时，教师可用外语进行询问，并用外语做必要的讲解。

4. 外语可加强师生之间的课下交流，在帮助学生克服汉语难学的畏难情绪、解决学习中的具体问题、介绍中国文化、沟通师生之间的情感等方面，外语是必不可少的。特别是在国外教汉语，不会学生的母语或英语，会对教学和生活造成很大的不便。

第四节　课堂气氛

课堂气氛指的是课堂上的情绪氛围。有的课堂比较压抑，像单纯的上下级关系，教师是权威，是领导、是核心，学生是被动的接受者、被领导者，是次要角色；有的课堂像家庭一样温暖舒适，既有家长的管理，又有孩子的天地，是一种比较民主的氛围；还有一些课堂很热闹，虽然是以学生为中心，但显得无序。这些差别很大的课堂气氛都有可能促进学生学习，但都不是最理想的课堂气氛。

作为教师，不仅要保证教学效率，而且还要营造一种协作、民主、共享的气氛。科恩将课堂解释为“一个关心学生并鼓励学生关心他人的课堂。他们在这种课堂中体验到价值和尊重的感受；对于他人和教师，自己显得重要；他们会考虑得更多；他们会觉得和别人息息相关，是班级中的一分子”（转引自吉而劳梅，2007：170）。科恩关于联系、价值和尊重的核心思想被很多教师借鉴过来构建自己的民主合作课堂。

语言课堂很重要的一个特点是让学生参与、让学生实践，如果课堂气氛宽松、和谐、民主，学生就会勇于参与、勇于表现、勇于实践；如果课堂气氛死气沉沉，谁都怕说错，怕被叫到发言，就形不成学生主动、积极学习的氛围。因此教师要创造和谐、民主的课堂气氛。

一、开学第一天要建立班级秩序和规范

开学第一天建立的班级氛围会影响整个班级气氛的形成，有经验的教师都会在上课第一天建立一些班级秩序和规范。

（一）座位

学生座位的形成虽然教师不能强制，但是引导学生根据教学内容坐成各种方式，或同桌组对，或四人一组，或围圈坐，等等，目的是利于课堂活动的开展。

（二）限制好学生抢答

问答是课堂教学的基本形式之一，由于教学节奏、进度、内容等的要求，教师往往关注经常配合自己教学的好学生，因为他们反应快、回答准确。而在这样的氛围中反应慢的学生就会受到冷落，即使教师关注他们，也是帮助他们回答完了事。长此下去，好学生更好，差学生更差，没有达到“使全班学生，包括差生都得到发展”的目标。

（三）充分利用时间

课堂上教师要发出很多指令，比如，“两人一组开始练习”、“四个人一组开始讨论”等。两人一组进行练习，主要是重复刚刚学过的句型，即一问一答，然后变换顺序一问一答，时间也就四句话的时间（也许不到一分钟），可是有的学生不会利用时间，当老师发出指令时，慢腾腾地转过身来，有的学生趁机还要与同桌说说话，别的组都练完了，他们也许还没开始或者只进行了一半。教师要让学生明白，课堂操练就是由这一个个一分钟组成的，如果你每次练习都慢半拍，许多句子都没有很好地操练，不能达到自动化，最后就不能自动提取进行交

际练习。同样当老师发出讨论的指令时，学生因为角色分配或其他细节而耽误时间，影响讨论的按时完成。教师要训练学生做什么事情都是有时间限制的，因此组对或小组同学要尽量固定，当老师一声令下，学生能按照早已形成的角色关系尽快进入状态，充分利用课上的每一秒钟。

二、课堂教学民主化

在课堂教学中，学生主体作用的表现和发挥在很大程度上取决于有无一个适宜的氛围。这个氛围就是要有一个适合学生充分活动的时间和空间，要有一个轻松、活跃而又和谐的课堂气氛。如何营造这种气氛呢？首先要建立师生之间平等、民主的人际关系，消除学生的紧张感和怕出错的畏惧心理，大胆地表现自我。教师要尊重学生的创造精神，鼓励他们发表自己的见解。要精心设计教学过程，给学生的自主活动留下足够的时间。

（一）学生之间相互欣赏

学生之间是有差异的，但是教师要相信每个学生都有巨大的潜力，有别人所不具备的特点和能力。班级是一个学习共同体，每一个学生都是一个信息源，他的存在、他的思想、他的表现都是不可或缺的，班级要形成相互鼓励、相互欣赏、相互促进的集体。我所在的班里曾经有一个非洲某国的博士生，他年龄偏大，学习比较吃力，上课时教师问东他答西，同学常常发出笑声，越是这样他就越听不懂，回答问题时声音颤抖。我经过观察和谈话了解到他学习非常努力，课文几乎都能背下来。以后我再提问时经常就一些课文中的问题问他，他竟能对答如流。有一次他答完后全班鸦雀无声，继而一起给他鼓掌。这时教师及时予以鼓励，以后又为他设计了一些有针对性的问题，他越来越自信，完全融入到班级的氛围里。总之，要形成每个成员在这个集体中都会感到快乐、有收获、在进步的班级氛围。

（二）精心设计问候语和提问

为了营造一个民主和谐的课堂气氛，每天的问候语和提问要精心设计。一堂课的开端就像人们见面一样，是通过互相问候交流感情的过程。师生见面时适当地、即兴地“寒暄”几句，对安定学生情绪，吸引学生进入课堂情境，创造良好的交际氛围有好处。提问是练习，练习是学生运用所学知识试着进行交际的过程。练习是练习运用、练习交际，不能把练习当作检查。练习一旦有检查的性质，学生就会有压力感，就会畏缩。

（三）课堂是一个可以表演的舞台

语言教学中会有一些角色扮演和表演等活动。有些成人学生可能是怕羞、怕出错等心理，一旦要表演时就往后退缩，结果这样的练习成了班级几个“主要演员”的演出。教师要精心设计情境，让每个学生都参与进来，让每个学生都发挥重要作用，设计的活动能让学生发挥主体作用，创造性地运用所学的知识和技能。这样学生就会产生创作的欲望、表演的欲望，使课堂成为每个人的舞台。

第五节　课堂应变

教师的应变能力是指教师为了保证教学的顺利进行、达到预期的教学目标，对课堂教学活动中出现的突发情境作出迅速反应、果断决策、灵活处置的能力。

课堂教学是千变万化的。十几、二十几名学生在一起学习，他们的知识水平、兴趣爱好、性格特点各异，偶发事件、意外情况是难免的。突发情境的出现一般具有偶然性、突发性、非规范性等特点，对教师的应变能力是一个考验。能否因势利导、随机应变、对症下药、掌握分寸，是教师应变能力的综合体现。

一、课堂偶发事件的类型

（一）外扰型

对课堂教学秩序非人为性或非故意的意外干扰。比如，鸟儿飞进课堂、室外雷声大作、断电、其他班提前下课，等等。

（二）困扰型

教师某些内容讲解不清、拖沓，学生你看我，我看你，喊喊喳喳；讲解错误以及口误、笔误等教师差错引起的；学生认知准备不足，反复启发效果不大，无法按原计划完成教学任务，等等。

（三）恶作剧型

学生有意干扰课堂秩序，比如，文具掉在地上、带一些奇怪的物品进教室惊吓同学、有意提一些刁钻的问题为难老师，等等。

二、教师的应变技巧

（一）冷静观察

教学中突发事件发生时，教师要处变不惊、沉着冷静，仔细观察事件的来龙去脉，辨别事件是人为的，还是非人为的。冷静观察是正确处理的前提条件。

（二）准确判断

在冷静观察的基础上，教师对突发情境做出迅速判断，准确分析突发情境的性质和原因，这是教师调用认知和评价系统的积极应激反应。

（三）迅速决策

对突发情境发展趋势作出正确的估计并确定相应的对策。

（四）果断处理

把应变决策付诸于实践。对偶发事件的处理要及时、果断。犹豫不决会使教师的处境越来越尴尬。

三、应变的方法

（一）冷处理、温处理和热处理法

田慧生、李如密（1996）认为，应付偶发事件的办法有三种，即冷处理、温处理和热处理。冷处理，即教师面对偶发事件处之泰然，见怪不怪，不批评指责，以比较冷静的方式加以处理；温处理，即教师对于因为自己疏忽、不慎所造成的不利影响，例如板书错别字、发音错误等引起的课堂骚动，应态度温和地及时承认失误，并自然地过渡到原教学活动的程序中；热处理即教师对一些偶发事件趁热打铁，加以严肃批评教育和果断制止，然后尽快转入正题。

（二）为我所用法

课堂中的偶发事件是教师不能预知的，一旦发生，教师要冷静观察，分析它可能对教学产生的影响，尽量为我所用。一次课间，一位叙利亚学生拿着一条仿真蛇，当大家正在聚精会神地讨论问题时，他突然把蛇伸向人群，大家几乎都惊叫起来。当看清楚这是一条假蛇时，大家才有些释然，但一直心有余悸。上课了，老师正好讲“像……一样”，马上想到“阿里今天拿的蛇像真的一样”。这样的句子学生会长久不忘。当出现恶作剧时，教师不要简单地压下去，而是因势利导，为我所用。

（三）将错就错法

教师在上课时出现口误、笔误是难免的。有经验的教师会根据口误（笔误）出现的性质和情况，采取将错就错的方法，使自己摆脱窘境。一位教师上课时因为笔误把“睡觉”的“睡”笔顺写错了，写完后她马上意识到错了，于是不慌不忙地问了一句：“我这个字的笔顺写得对吗？”一位学生回答：“不对。”教师追问：“错在哪里？谁来写一下？”接着一个学生主动在黑板的另一侧写下一个“睡”字，同学们还以为教师故意写错让学生挑毛病呢。这位老师将错就错，沉着应变，及时避免了因教师自身失误而陷入窘境。

（四）个别提醒法

有些不当行为是个别学生的个别行为，教师在处理这样的事件时，不要当着全班同学的面批评学生，而是采取个别提醒的办法，有针对性地解决问题。有位教师说她的班上有一个学生每天快下课时都“偷偷”去卫生间，经过几次观察，教师看出这位学生不是非去不可，而是趁大家还没下课时去，以免排队，这样可以充分利用下课休息时间与同学聊天、喝咖啡。因为这位学生的行为属于个别行为，还不具有普遍性，但是教师也不能任其发展下去，于是课下找她谈话，了解情况，讲清利害关系，杜绝此类事情再次发生。教师这样做给学生留了面子，学生也不会觉得特别尴尬，问题得到圆满解决。

（五）就地取材法

遇到偶发事件，教师要善于就地取材，借题发挥，结合所教内容进行讲解，会收到意想不到的效果。一位老师在讲解“故意”这个词语时，举了很多例子，但是都没有把这个词讲得恰当、准确。下课后，大部分学生在教室的座位上低声聊天、看书或趴在桌子上休息，这时，一个同学开门出去，恰巧这时风特别大，她刚一出去，门就重重地关上了，全班同学都抬头看门口，出去的同学马上推开门非常诚恳地对大家说：“对不起，我不是故意的。”教师借机重复这句话，并加以强调，全班同学都懂了，并记住了这个词的用法。

（六）就近提问法

当学生心不在焉或不专心听讲时，教师可提问他的同桌或临座的同学来提醒和警告他，尽量不要直接提问不注意听讲的学生，因为提问他时，他会因为没有准备而惊慌失措，答非所问，进而引起其他同学的哄笑而影响教学的顺利进行。

（七）暗示法

当学生出现做小动作、小声说话等问题行为时，教师还可以通过一些暗示动作来提醒学生。比如，教师始终看着有不恰当行为的学生，直到他改正为止；教师用手指放在嘴唇上暗示说话的学生停止说话；教师走到他身边稍停一会儿，或轻轻地拍一下他，等等。这些方法都是在不影响他人的情况下实现控制的。

（八）创设情境法

当学生不专心听讲或疲劳时，教师可适当创设一些活动情境，让学生参与一些活动，比如学唱歌、讲故事、做游戏等，以达到激发兴趣、提高效率的目的。

无论事先计划得多么周密，安排得多么细致，课堂上还是有可能发生各种偶发事件。这就要求每一个教师都要掌握一定的应变技巧，灵活应变，调动身心潜能，超常发挥。但是教师要特别注意不要介入学生与学生之间的纷争，问题要让学生自己解决。

综合课教学篇

什么是综合课？按国内现行的对外汉语教学课程设计，综合课是“整个基础汉语教学的骨干课，它要求通过课堂教学，全面掌握汉语语音、语法和词汇方面的知识，提高学生听、说、读、写的言语技能，培养学生的汉语交际能力”(《汉语教程》教材说明)。

从上面的一段话我们可以界定综合课的教学目标：一是教语言要素；二是进行听、说、读、写综合技能训练。在开始讲述如何进行语言知识教学之前，我们先介绍一下听、说、读、写技能训练的顺序问题。有许多老师问过我们在听、说、读、写技能训练中先教什么好，“对这个问题有过不同的指导思想：先侧重听、说；再侧重听、说、读；然后侧重听、说、读、写；最后到听、说、读、写、译”(钟梫 1972)。那么到底应该先教什么呢？

下面介绍几种做法，供大家参考。

(一) 只教听、说，不学汉字、阅读。

这是一些只想到中国旅游观光或短期在华工作、经商人士的要求，他们只需要和中国人进行简单会话，不要求学写汉字，一方面是无阅读要求，另一方面接触汉字后有畏难情绪。笔者在菲律宾教汉语时，学生要求不学汉字，我们只好通过拼音和英语翻译教，但因为汉语同音词太多，学到比较复杂的句子时，容易搞混，对长期学习汉语的外国人，效果不理想。但对于短期来华的学生，只要求会说“马路语言”、简单的会话，可采用这种方法学习，通过《汉语 300 句》、《奥运汉语》等教材学习用汉语问候、问路、买东西、打的、求助、询问、看医生、自我介绍等。只用拼音学汉语这条路我们认为还是值得进一步探讨的。

(二) 只学语法、汉字、阅读，不学听、说

来华的外国人很少有这种情况，在国外有少数专攻中国文化研究的，如 19 世纪初期的汉学家，他们不需要人际交往，只进行书面的阅读和研究。在国外教汉语有可能遇到个别这种情况。

（三）听、说、读、写全面要求，侧重听、说，或称为“听、说领先、读、写跟上”

这是针对来华进行一年以上进修或汉语专业留学生的做法。国内大学的对外汉语教学多是这种做法，中国老师在国外进行汉语教学也多属于此类。这种方法的科学性就在于“听和读”是获取语言知识的重要途径，同时听、说又是最快捷、最方便的教学手段，通过反复的听、说练习达到学会汉语的目的，这也是听说法的基本要求，但同时强调读和写一定要跟上（基本上读、写和听、说同步）。拼音文字的语音和文字是一个系统，而汉语的语音和汉字是两套系统，对外国学生来说好像是在同时学习两种语言，感到十分困难。这是目前零起点学生的最大瓶颈。当然侧重听、说对韩日等国家的学生更为重要。

（四）听、说领先，汉字阅读滞后

针对“听、说领先，读、写跟上”产生的汉字阅读困难，不少老师设想这样的教学方法：先进行一段听、说教学，让学生通过拼音和少量汉字学说中国话，经过大约1–2个月后再教写前段学过的汉字。比如第二课出现“谢谢”一词，可在学完第十课后再教此词。我们认为形、声、义结合起来学汉字，记忆负担重，但如果先学会声、义，如“谢”怎么念、什么意思，再学怎么写就会容易些。这种方法从理论上讲是可行的，还要经过实验，特别是解决汉字教学的具体安排问题，才能取得较好的教学效果。

（五）认读为主，带动听、说。

这种方法主要是针对欧美及汉字识记困难的学生。它的教学理论基础是认知法。如果对欧美学生采取“听、说领先，读、写跟上”的教学方法，学习一段时间以后，学生的听、说能力会超过读、写能力，会造成听、说、读、写发展不平衡。为了解决这一矛盾，我们在教学中采取以认读为主，由认读带动听、说。这种方法强调多认少写。欧美学生学习汉语的难点之一是读、写汉字，而读比写相对容易，因此该法认为先训练学生大量认读、阅读，在读的基础上学习写汉字，通过反复认读、朗读、阅读等带动听、说，最后达到听、说、读、写全面发展。具体操作见后文的课文教学。

总之，教无定法，最重要的是教师能根据教学目标和教学对象选择行之有效的教学途径和方法。

第七章　怎样教语音

第一节　语音教学的重要性

在零起点的汉语教学中，语音是综合课教学的一部分，一般要在开始阶段经过 20–30 个学时的学习，掌握必要的语音知识和发音技巧，我们把这段时间的教学叫语音教学。

语音是语言的物质外壳，是语言三要素之一。在语言三要素中，词汇和语法都是通过语音这个物质外壳表现出来的。语音是学习语言的第一步，也是学习汉语的基础。语音不好会影响学生的言语交际。发音不准、发音不好，直接影响到学生的自信心，同时也会影响到词汇、语法乃至文字的掌握。“语音不对，语法就不对，词汇就不对，因为语法和词汇都是通过语音表现出来的”，“语音是关系全局的”（盛炎 1990）。另外，发音不好，也影响表达和理解。自己发音不好，口语表达不可能准确和流利，也许有的人说得很快很流利，但别人听不懂。自己发音不好，辨音能力就差，这就影响对别人话语的理解。有个笑话，一个外国人坐出租车要去“首都剧场”，但是说成“首都机场”，结果被拉到机场。因此在口语交际中，发音不准会影响交际，也可能造成误会、出笑话。

通过上面的分析，我们认为语音教学是整个汉语教学的基础，它在一定程度上决定着一个学生在汉语学习方面的自信心。一个人的发音一旦定型，以后改变难度会很大。因此在汉语教学的开始阶段加强语音教学是十分必要的。从开始就要高标准严要求，使学生养成良好的发音习惯。

第二节　语音教学的难点

一、声母、韵母、声调中声调是难点

声调是外国学生汉语学习中一个难以攻克的难关。一般来说有以下几个难点：

（一）四个声调中第四声、第二声是难点

一般来说，二声上不去、四声下不来。王韫佳（1995）针对美国学生的发音问题总结出，美国学生的声调阴平正确率最高，阳平最低。冯丽萍、胡秀梅（2005）通过对零起点韩国学生的研究发现，韩国学生阳平发音正确率仅为28%。学生学习汉语声调的难易排序为：四声、二声、三声、一声。

（二）第三声与其他声调、轻声组成的音，半三声是难点

主要是半三声不到位。蔡整莹、曹文（2002）总结泰国学生的三声问题时指出，泰国学生的上声总是以211形式出现。

（三）单音能发准，把单音放到词语、句子中就发不准了

二、声母、韵母中声母是难点

（一）声母中以下音是难点

- j q x
- z c s
- zh ch sh
- r
- h f

蔡整莹、曹文（2002）认为泰国学生的声母问题主要集中在k、h、j、q、x、z、c、zh、ch、sh、r。刘苏乔、齐冲（2004）认为法国学生汉语辅音发音的最大问题之一是难以掌握送气音和不送气音。

（二）韵母中的难点

- u和带u的音（合口呼的音）
- ü和带ü的音 （撮口呼的音）

三、拼写时标写调号的位置是难点

学生在拼写拼音时调号常常标错，比如该标i上，他们却标在u上，ü上的两点该省略而不省略，等等，在教学中应引起教师的注意。一般来说，调号只能标在五个单元音上，位置以a、e、o、i、u为序，复韵母中如有a，在a上，没有a，看看是不是有e，以此类推，唯一的例外是iu (iou) 和ui，它在与声母相拼时，声调标在后一个韵母上。

四、综合起来“洋腔洋调”是难点

在教学中我们发现，学生的国别不同，出现的语音问题也各种各样，但是综合起来用一个词形容就是“洋腔洋调”，即说出来的汉语不太地道，一听就知道是外国人说的话。“洋腔洋调”已经成为语音教学最突出的矛盾和亟待解决的问题。因为语音的准确性在很大程度上取决于声调的准确性。语言学家林焘（1997）指出：“声调可以说是语音结构中最敏感的部分。学习普通话只要声调读准，即使卷舌声母发得不好，或ln、ing不分，听起来也是相当流利的，从这个意义上讲，声调教学比声母、韵母教学更重要一些，也更难一些。”那么，形成“洋腔洋调”的原因是什么呢？

（一）母语负迁移的影响

汉语中共有21个声母，39个韵母，4个声调，其中有些音素和声调是其他语言所没有的。例如日语中没有 u 和 e 这两个元音，很多日本学生花了很多时间也无法准确掌握它们，发音时容易用母语中相似的音来代替；有的学习者母语系统中没有声调，比如英语、阿拉伯语、韩国语等，他们要准确地发出汉语的四声非常困难；还有汉语中的一些音素和学生母语中的音素有某些相似，容易使学生产生混淆，等等。总之，母语负迁移的影响，是汉语语音教学的首要难题。

（二）年龄因素

在第二语言学习过程中有一个“关键期”理论。有专家指出，如果在关键期（12 岁左右）前学习、接触一种新的语言，则可以顺利习得该语言。如果在关键期后学习、接触该语言，就会产生中介语僵化现象，学习者就不可能获得母语者那样的语言能力。因为学习者在关键期后学习第二语言，由于大脑分工已经完成，大脑中掌管语言能力的部分已经失去了作用，或者由于口腔肌肉失去弹性，或者由于神经系统已经发展完备，与之相联系的语言能力将不再进行完备的发展，第二语言的习得将不能达到母语者的水平。中介语中总会有一部分规则、次系统处于不正确状态，并趋于固定化，形成僵化。

我们的教学对象多是成年人，年龄过了关键期，发音习惯已经定形，口腔肌肉失去了弹性，如果目的语的发音习惯、部位不同于母语，就很难适应目的语的发音，倾向于用相似的音来代替，变音、增音、缺音等现象较为普遍，容易产生“洋腔洋调”。

（三）教学方面的原因

在教学时间的安排上，语音阶段处于教学的前两三周，学生在这段时间内进行集中强化的语音学习，也能打下比较好的语音基础。但是语音阶段结束后，随着词汇、语法、课文等内容的增多，学生的注意力和能力就会分散，对语音的学习不像初学时那样重视；另外，从教师的角度来说，由于语音教学阶段已经过去，教学重点已经由语音转入语法、句型教学，使得教师对语音的操练、纠音、学习等重视也不够，久而久之，“洋腔洋调”就会凸现出来。当然还有教材、教学手段、教学方法等因素。

总之，学生产生“洋腔洋调”问题或者其他一些语音问题，有些是有普遍性的，我们只有抓住学生语音学习的症结所在，才能对症下药，有的放矢。当然，如果从学生的实际出发，我们应该了解学生母语的发音特点及其与汉语发音系统的异同，但是，在目的语国家（中国）学习汉语，学生的构成成分很复杂，不能针对某一国家学生的特点进行有针对性的教学，只能是针对“小联合国”的学生构成进行教学。

第三节　语音教学的方法

一、从音素入手，注重音义结合

音素是构成音节的最小单位或最小的语音片断。它是从音色的角度划分出来的。一个音节，如果按音色的不同去进一步划分，就会得到一个个最小的各有特色的单位，这就是音素。例如：“ma”从音色的角度可以划分出“m”和“a”两个不同的音素。音素可以分为辅音和元音两大类。汉语中的声母是由辅音构成的，韵母主要由元音构成，也有由元音加鼻辅音构成的。

音素教学，是指在语言教学中从单个的声母音素和韵母音素教学开始，音素学好之后再逐步过渡到音节、词、短语、小句、句子、会话教学中来。

音素是语音里的最小单位，教学中要重视音素练习的准确性。但是一味地进行音素的模仿和操练，会带来教学中的局限性。首先，它忽略了语言的功能性。表达意义的基本单位是音节，而音素只是构成音节的基本单位，过多地进行音素教学，会割裂整体与部分的关系；其次，它轻视了拼音的作用。有些教材只讲音素不讲拼合，只进行大量的音素练习，即使有一些朗读音节的内容，也仅仅把朗读音节作为练习音素、巩固音素的手段，这样做颠倒了目的和手段的关系。

留学生学会了音素，并不一定就会拼音。从功能和意义出发，我们主张在教学中尽早注意声、韵、调的结合，尽早点明一些音的词义（主要是课文中的生词）。例如：学完“b ”和“ a ”以后，“bā ”结合时，要点明“八”的意思。

因为从心理学的角度看，有意义的学习比机械学习效果好。在理解的基础上学习容易学会，也有助于记忆。

二、重视语流教学

20世纪70年代，随着句型教学的引进，提出了语流教学。语流教学强调在语流中学习语音，语音学习从语流开始。20世纪80年代，语流教学法被广泛采用。当时的主要依据是，通过语流教学可以解决“洋腔洋调”问题和语流音变问题。赵贤洲、陆有仪（1996：201）指出，“人类表达思想的最小单位是句子，不是孤立的音节。学习音节只是一种手段，当然也是不可缺少的。但声、韵、调是一个整体，通过语流学习语音才有意义。孤立的音素和单词的发音与在语流中的音素和单词的发音是有差异的。教师的主要精力应放在句子的整体训练上，使学生有较多的机会感知句子的语音实际”。

我们在教学中也常常发现，在教单个音的时候，学生学习、模仿是没有问题的，但是在把单个的字词连接成句的时候，有些字词的发音在语流中就发生了音变。这就提示我们，仅仅在字词方面教语音是不够的，教师应该注重在语流中帮助学生树立正确的语音意识。

（一）通过语流教语音

学习音节只是一种手段，它的最终目的是为了正确而自然流畅地说话。如果仅仅把单个音素或音节的音发得很准，还不能算学好了这种语言。因为发音中有“语流音变”问题。欧美学生的“洋腔洋调”，主要表现在声调、语调和节律上。比如，第一课教“你好”（nǐhǎo），通过“你好”教学生“n、h、i、ao”等音素及汉语三声的变调。方法是扩展式：单音→音节→词语（词组）→句子，不断滚练，在练中掌握变调、句重音、节拍、语调等。

（二）通过语流教难音

教学中我们发现，有些难音（包括一些音素），学生单独发，发不准，而在语流中，借助语流找准难音，然后再强化这个音就比较容易。例如：有些国家的学生发前鼻音“an”时，发不准，教学中我们通过发“天安门”的语流，让学生不知不觉中发出“an”音，然后再从语流中剥离出“an”的音让学生体味、练习，直至掌握。

（三）通过语流纠正错误发音

学生在发音时有些顽固的音很难通过单独的强化训练来解决，如果过分训练，学生不但发不出准确的音来，而且自信心也容易受到打击。这时教师最好变换一种方式，把这个音放到语流中去，让学生说一个他熟悉的句子，在句子中纠正他的发音。另外，我们还可以把学生带到全班同学构筑的“语流”中去，让大家帮助他改正发音。

三、语音教学形象化

零起点学生学习语音，语音理论没有办法用目的语解释，也不能用学生的母语进行解释（班里学生构成复杂），因此只能通过形象化的手段来教学。让“语音理论形象化”。

（一）利用单元音的口形图

为了给学生展示形象、清晰的发音要领，韵母中的六个单元音可以通过正面口形图来展示（见黄伯荣，廖序东，2002：62）：

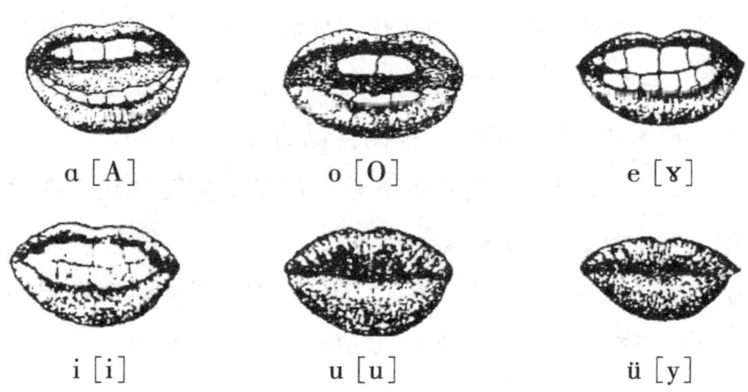

上课时，学生可以自带一个小镜子，一边看着口形图，一边看着老师的示范，一边模仿。通过正面口形图，学生可以比较准确地把握嘴巴的开口度，是否圆唇，嘴唇的收拢，牙齿露出的尺度等。这种直观又方便的方法，可以帮助学生更加深入地理解每一个音的发音特点，更加准确地发好音。

（二）六组送气和不送气音，通过纸片颤动来区别

教师在讲六组送气与不送气音时，先为每个学生准备一张薄纸，讲授前发给学生。教师先示范把薄纸放在嘴的前面，让学生从发音时纸的颤动与否，理解送气音与不送气音的区别，然后让学生体验。也可以让学生拿自己的掌心对着嘴，然后发音，体会气流的强弱。

（三）手势法

手势是语音教学中教师常用的手段之一。用手势时要注意：一是手势要固定，切忌随机；二是要常用。

四声和轻声是语音教学的重点。许多老师采取带领学生唱四声的办法教学，从第一声起调，四声连读，重复练习多次，使学生对四声形成一个感性认识。还有的老师从四声的起承转合出发先教一声，然后是四声、三声、二声，等等。不管怎样训练，都是希望学生能自主熟练地发出这些音来。但是如果过度训练，就会陷入机械操练的僵局。因此教师在训练四声时最好伴有手势，就像乐队的指挥一样，有一、二、三、四的固定手势，这样学生一看教师的手势就会自觉练习发音、纠正发音。

教师还可以借助手势模拟舌位的变化，比如，手心向下，手臂向前平伸，发平舌音 z、c、s；手心向上，四指并拢翘起，手臂向前向上斜伸，发翘舌音 zh、ch、sh。学生看着老师手势的形象，控制自己的舌尖，容易发好。

再比如，j、q、x 发音时要把舌尖下垂，但是学生发这几个音时，常常是舌尖碰到上齿背，发不准。教师可以借助手势，先让学生用左手直立，比作下门齿，右手手背隆起，指下垂，比作舌面、舌尖，把右手指尖向左手心插下去，表示舌尖下垂，这样示意，可以很形象地模拟发音并纠正错误。

（四）夸张法

为了突出汉语某些音的发音特点，适当运用夸张法，夸大音与音、调与调之间的差别，可以帮助学生理解和模仿汉语的发音。待学生发音正确后，再恢复自然的声、韵、调。例如：

1. 轻声前的音节故意拖长、加重，然后发出低而短的轻声音节。

桌子　椅子　凳子

拿着　戴着　看着

蘑菇　清楚　厉害

妈妈　弟弟　想想

2. 延长音长，增大音量，加强音高对比。比如，发前响复韵母 ai、ei、ao、ou 时，第一个音素的音调都可以延长。

3. 夸张板书。教复合韵母时，结合发音口型书写板书。例如：iao-i**a**o。

4. 夸张声调。为了突出某个声调，比平时念得重一些、声音大一些。

夸张法在初级阶段是必要的，但是当学生的水平比较高时，极端的夸张法就不重要了，它仅仅是一种辅助手段。

5. 拖音法。z、c、s 或 zh、ch、sh 后面的舌尖元音［ɿ］和［ʅ］学生常常发成元音［i］，可让学生延长 z、c、s、zh、ch、sh 的音程，最后去其辅音，剩下就是舌尖元音［ɿ］［ʅ］。

四、声调教学法

实践表明声调教学是语音教学的重中之重。正如前面所说，声调在很大程度上决定着语音的准确性，因此，声调教学比声母和韵母教学更重要一些，但是也更难一些。那么，如何教声调呢？

（一）用图示法标明四声的高低变化。（见下图）

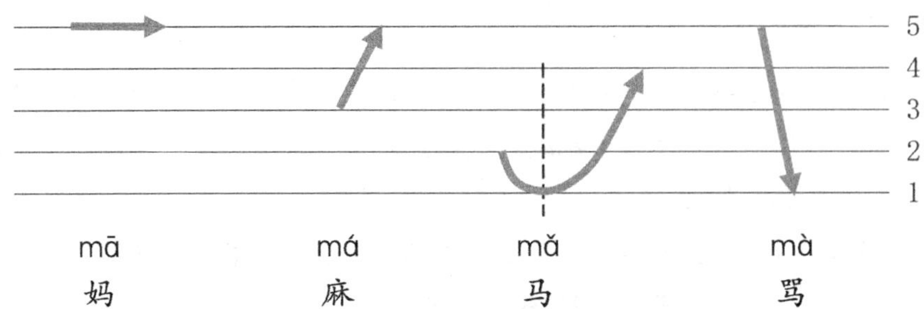

一般为了便于掌握声调可先教一声→四声→三声→二声。一声定好基调，接着从一声下降容易念好四声，再提高两度读三声，最后降一度调向上扬至二声。

发准单音节声调是掌握好声调的基础。学语音初始要不断“唱调”，如，ā、á、ǎ、à，养成声调习惯。

（二）在把握好单音节声调的基础上，发好双音节声调是关键。学生一进入双音节，声调掌握突显困难，特别是连读变调。例如，nǐhǎo（你好）两个三声连读，第一个音节发生变音，应读成 níhǎo。“在一个词或一个句子中承接单个音来读，使人听起来就好像在认单字，而不是在说话”（吴宗济 1992）。因此要让学生掌握双音节连读构成的基本调型（共 20 种，包括轻声）。其中难点是 2+2、3+1、3+2、3+3、3+4、4+4（数字代表调号），例如，hépíng（和平），学生在发第一个阳平后，第二个阳平下不来，继续往上升调，第三声与一、二、三声连读发生的变调更应注意练习。

（三）声调自觉纠正法。利用双音节 20 个基本调型，可任意确定一个单音节，如 la、ba 来唱调。从形（调号）声（音节拼合）双向入手，帮助学生熟悉并记住双音节声调组合规律。下面列表举例说明如下：

声调组合	例子	声调组合	例子	声调组合	例子	声调组合	例子
1+1	kāfēi	2+1	nánfāng	3+1	běifāng	4+1	bàngōng
1+2	bāngmáng	2+2	lóufáng	3+2	běnlái	4+2	dàxiá
1+3	dōngběi	2+3	jiéguǒ	3+3	yǔfǎ	4+3	Hànyǔ
1+4	yīwù	2+4	hóngdòu	3+4	yǒuqù	4+4	tàidà
1+0	gēge	2+0	láiba	3+0	hǎoba	4+0	mèimei

（注：0 代表轻声）

具体做法：

1. 教师领读上述 20 个调型。可用 la 做基准音，念“咖啡”后引读 lālā，念“办公”引念 làlā，也可以用“/ \”引导学生读出“hóngdòu”。从两个方面反复练习，每一课都要做这样的练习，对学生掌握汉语声调大有裨益。

2. 利用调型组合，启发学生自觉纠正声调的错误。过去一般发现学生发出洋腔洋调就用模仿法，有学生把“文化”念成“wénhuá”。我们只能要求学生模仿教师正确的发音，但我们如果提示学生应念“lálà”，学生就会自动往这方面靠，自觉念出“wénhuà”。

这种方法可以帮助学生克服不动脑筋单纯模仿的习惯，自觉纠正声调的错误。当学生把“wǔshù”（武术）念成“wúshù”，只要点出“lǎlà”，学生就会自己改正念出“wǔshù”，这种方法在语音阶段天天都要练，习惯会成自然。实践证明，这种方法对学生掌握双音节声调是行之有效的。

五、加强语音练习的监控性

（一）学生在语音阶段的全过程应在教师的指导下进行模仿练习、认读练习，发现问题有错必纠，否则一旦形成错误的发音习惯，积习难改。但纠正学生发音错误要讲究方法，如全班同学带读，或找一个学生的同胞用母语告诉其发音要领等。

（二）课下不要让学生放任自流，有时学生发错音，自己浑然不觉，更不利纠音。可利用语音实验室或多媒体设备，让学生自己去听录音，跟读、模仿，练习正确发音。

（三）教师应有计划地安排学生个别辅导。共同性的问题可在课堂上统一进行练习，但每一位学生的语音难点有所不同，可以为每个学生做难音卡片，利用课余时间逐个辅导纠正。

第八章　怎样教词汇

第一节　词汇教学在综合课中的地位

一、词汇作为语言三要素之一，在综合课中起着重要作用

在教学生语法的同时，还应有大量的词汇做基础。“因为词汇是语言的唯一实体，语法也只有依托词汇才得以存在”（赵金铭 2005）。所以有人把语法比作高楼大厦的钢筋结构，词汇则是建筑大厦的一砖一瓦。我们认为这个比喻是很形象和恰当的。

词汇有一个重要特点是它的多维性。胡明扬（1990）指出：“语言实际上体现了一连串根据语法规则组织起来的词语。所以语音、语法、语义都体现在具体的词语身上。”因此不能把词汇看成是一个孤立体，词汇教学应结合语法、语义、语用、语音、文化等要素进行，从这个意义上讲，词汇教学是非常重要的，也是比较复杂的，要给予充分的重视。

二、对零起点学生的汉语教学，应分为两个阶段

第一个阶段侧重语法，第二个阶段侧重词汇。实际上二者是紧密结合的，第一阶段的语法多是虚词教学，我们是把虚词化做一个个语法点来教的。例如助词“了、着、过”，“的、地、得”，介词“把、被（叫、让）、给、和（跟、同）、对

（对于）、用（以）、为、在、从”，副词就更多了，包括“都、也、就、才、不、没、刚、一起（一块儿）、很、极、真、更、非常、尤其、全、光”等重要副词。讲这些语法点，就是讲词。区别在于通过这些语法点，掌握汉语的基本句式，结合所学的其他基本词汇就可以进行言语交际了。

有的人会说，外国学生只要掌握了若干词语也可以进行言语交际。事实如此吗？我们听到这样一个故事：一天一个外国人走在路上对中国朋友说“咖啡”，听者问：“喝咖啡？”他摇头，又问：“买咖啡？”他仍摇头。最后这位外国人指了指对面的一个酒店，他突然明白了，说：“那里的咖啡好喝？”友人笑着点了点头。显然，只靠几个词语，连这样简单的交流都很困难。

在此基础上的第二个阶段，即在基本教完语法以后，词汇教学就占有突出的地位，使学生掌握更多的词语及其用法、使交际逐步丰富便是这个阶段的主要教学内容。

三、词汇教学与语法教学是不同的

语法规则可以细化成不同句型，句型虽然是按词语类别、序列、配置方式的不同组成的，但句型是有限的。有限的句型可以生成无限的句子。词汇则不同，它是散发式的。虽然可以根据语法功能和意义划分不同的词类，但是要学会运用，还是要一个词一个词地教。学过汉语的外国人都有这样的体会，“一个词一个词地学，要掌握每一个词的用法，日积月累，最终才能掌握汉语”（赵金铭2006）。所以词汇教学是对外汉语教学中的困难环节。

第二节　初级阶段词汇教学的策略

汉语词汇教学的基本原则是注重出现频率高、使用范围广、构词能力强的常用词。1992 年出版的《汉语水平词汇和等级大纲》规定甲级词 1033 个，乙级词 2018 个，都是必须掌握的。1999 年规定初级阶段词汇教学总体要求是“学习

2800个汉语常用词（其中一级词1000个，二级词1800个……掌握率90%以上）”。这些词中重点和难点是虚词，已作为语法点处理，将在语法教学一章详谈，此处不再赘述。

一、词汇教学应注意的难点

（一）翻译词

有些词语与外语没有准确的一对一的对译关系，很难准确翻译。这是由于不同民族在不同社会历史发展中对主客观的认识方式有差别，分类和概括的范围有所不同，所以具体词语的含义就有差别。比如“忙”，汉语主要意思是“要做的事很多”，而英语（busy）的主要意思是“正在集中精力做某事”，两者意义接近，但不是等同关系，只是一种交叉关系。

再举几例：

- 认识、知道：英文都可以译成“know”，学生常说“我知道王先生”、“我认识这件事”。
- 热闹：（结婚的场面十分热闹）英语译成“lively”、“bustling with activity”，学生仍不懂或体会不出什么是热闹的景象。
- 玩儿：英文译文是“play”、“frolic，gambol，entertain oneself”，学生不易理解“去公园玩儿”与“去老师家玩儿”的区别。
- 锻炼：我们常说“锻炼身体”，翻译为“take physical training”，学生似乎不甚理解。你问他们“下午四点以后是什么时间”，常答曰“打篮球时间”，“你每天下午锻炼（身体）吗？得到的回答多是“我不打篮球，我不踢足球，我不跑步”一类回答，不喜欢说“锻炼身体”。
- 逛：课文中有“逛商店”、“逛街”、“逛公园”，英文是“stroll，wander，roam”，似乎都不太确切。学生会根据译文造出“逛学校”、“到图书馆逛逛”的句子来。
- 功课：课文中的句子是：“晚饭后我常常散一会儿步，……然后就开始复习功课。”英文翻译是“school work ”、“home work”，看来欠准确。因为

"功课"有两个意思，一是学生按规定学习的知识、技能，如："她在学校每门功课都很好。"二是指教师给学生布置的作业。显然此句中的"功课"是指后者。但教师常常问："你们的功课做完了吗？"这属于一词多义，靠译文是不行的。

- 散心：课文中说的是去公园玩玩儿，散散心。用英文解释是"relax"，根据译文学生说：我想看几个大片（电影），散散心。
- 文化：这是我们常说的"中国有悠久的历史文化"，英文是"culture"，当有人说"这个人没有文化"，学生很难理解。

这样的问题比比皆是，仅举上述几例说明这种问题，多是一对一惹的祸，遇到这样的问题如何解决？

【对策1】　用汉语进行解释，用例句说明。用目的语解释一定要用学生学过的语言，通俗易懂地加以解释，千万不要照搬词典义，否则学生更加糊涂。

例如"认识"、"知道"，你可以问学生："你们来北京以前认识我吗？当然不认识。现在我教你们一个多月汉语了，你们认识我了吗？"学生答道："我们认识您了，您是李老师。"教师又问："你们知道咱们班的安娜病了吗？"答："不知道。"这时可以总结：认识的宾语多是人，也可是物，如果长时间接触，在一起生活还可以说"了解某人"，而"知道"的宾语多是某事或某一道理。例如可以说："我知道北京有很多名胜古迹。"

再比如"热闹"，首先解释这是一个景象、气氛。中国人过春节时家家户户挂红灯笼、贴春联、敲锣打鼓放鞭炮，大人小孩扭秧歌、唱歌跳舞，我们说春节"非常热闹"。国外唐人街过节也敲锣打鼓，舞狮子，挂灯笼。中国人举行婚礼也很热闹，红红火火表示喜庆，表现出中国民俗传统。

"玩儿"是汉语中的常用口语词，它包含的意思比较宽泛。可以表示游览、参观，如："我们去海南玩儿玩儿吧。"也可以表示做一些使自己精神愉悦的活动，如："孩子爱去公园玩儿。""小学生们下课以后在操场玩儿得可高兴啦。"至于"有工夫到我家来玩儿"则含有邀请对方来家做客的意思。常说的“玩儿篮球、玩儿足球”是“打篮球、踢足球”，但不能说“玩儿旅游、玩儿跑步”等。

【对策2】　词汇有一词多义现象，多个义项不要一股脑都教给学生，只教本课出现的义项。但有的生词的翻译把多个义项同时列出，使学生迷惑不解。根据课文“我喜欢打篮球”，翻译只给“play basketball”即可，遇到“打人、打电话、打毛衣、打鼓、打交道”时再分别译出或进行解释。

【对策3】　利用语素，从构词法的角度解释词义。汉语有些复合词的语义完全或基本上由语素义直接体现出来，所以利用语素复合关系加以解释。

例如“市民”中的“市”即城市，“民”即居民，“市民”的意思就是城市居民。“出土（文物）”，“出”是出来、出现，“土”是土地、地里。“出土”就是从地里挖出来的意思。其他如“政法”即政治与法律。“应邀”是接受邀请。“临街”是住处靠近街道等。当学生掌握一定数量的词语时，这种方法解释词义最为准确。一般中高级汉语释义多用此法。

【对策4】　提倡“词不离句”，词在句中显义。我们知道词语的词典义与实际运用中的意思是有差异的，也就是说词典的词义与语境义是不同的，只有把词放在句子中加以解释，问题才会迎刃而解。

例如“更”与“最”在下列两个句子中意思非常清楚：

A：这两种手机，我更喜欢这种。（两种中比较）

B：你买的这几件衣服，蓝色的最漂亮。（更多中比较）

【对策5】　词语教学应与语境挂钩。语境从广义上讲指社会背景的各个方面：政治、经济、文化、宗教等；从狭义上讲是指说话者在特定的环境中进行交际的背景，包括时间、地点、场合、情景等因素。要使学生在中国文化的氛围中、在具体的语言环境中去理解和运用好词语。

比如“饭”在汉语中不仅指“米饭”，一日三餐吃面条、炒饼、饺子等称“吃饭”，如何区别呢？放在具体的语言环境中就一目了然了。请看下例：

A：中午该吃饭了。

B：你吃什么？吃面条还是炒饼？

A：我要吃米饭。

B：好，再来两个菜。

"饭"在这种语境中，它的意思再清楚不过了。

再比如连词"宁肯……（也）"，如果有人说："我宁肯不来了"，你会不解其意，但在学习课文《骆驼祥子》时，了解到"虎妞深深爱上了祥子，她爱祥子正直、善良，爱祥子有志气能劳动"，而虎妞父亲仁和车厂老板刘四爷"因为祥子是个拉车的穷人，非常看不起他，坚决反对女儿嫁给他"，在这个具体的语境中就不难理解"虎妞宁肯不要父亲的财产也要嫁给祥子"的意思，从而掌握"宁肯"这个词所表达的语义：表示说话人在比较利害关系得失后主观上的一种选择（选择项），如："他宁肯自己吃点亏，也不能让别人吃亏。"

（二）文化词

什么是文化词？我们把那些直接反映中国独特文化的词语叫做文化词。它们是独特而又丰富多彩的中国文化产物，是记录中国文化的载体。在初级汉语中常见的如太极拳、功夫、京剧、武术、相声、烤鸭、糖葫芦、麻婆豆腐、糖醋鱼、筷子、包子、饺子、馒头、烤白薯、元宵、月饼、汤圆、粽子、旗袍、中山装、四合院、胡同、红娘、花轿、对联、书法、中国结、兵马俑、中药等，在此不一一列举。

这些文化词反映汉民族特有的事物，外国人很难通过翻译或中文解释理解，最好的方法是用实物、图画，或者多媒体展示的直接法，目的是通过具体影像认识这些词语。在国外教学这个问题尤为重要，建议可准备些图片和一些影像资料以备教学之需。

在汉语文化词中有许多出自中国典故。比如常见的"推敲"、"知音"、"乔迁"、"入门"、"黄泉"、"空城记"、"群英会"等都是出自中国古代文学作品和书籍。教师就要做必要的讲解，使学生了解这些词的意义和用法。正如一位国外汉学家说的那样，汉语语法没有斯拉夫语言那么复杂，但是汉语的词汇因为是汉语和汉民族几千年来历史发展的产物，几乎是取之不尽的宝库。从这个意义上讲，词汇对外国学生可能是越学越难的。这也是我们应重视词汇教学的重要原因之一。

（三）词语的文化附加义

词语的文化附加义是指一个词在指称实物的同时还蕴含着特定的文化信息，具有鲜明的民族性。它是特定的社团心理上的一种约定，也可以说是约定俗成的。例如，以“红豆”表现爱情，以“竹”表现“正直、有骨气”，以“蜡烛”象征“无私奉献”的教师等。遇到这样的问题，教师需要进行深入浅出的讲解。值得注意的是在语言交流中稍一疏忽，文化附加义就可能引出交际误解或冲突。如，中国人对狗没有好感，常说“走狗”、“狗腿子”、“狼心狗肺”等，但对欧美国家的人来说，狗是最忠实于主人的动物，他们对狗有好感。当听到对狗的贬斥，他们觉得不可理解，感情上接受不了。类似还有中国人认为“猫头鹰”叫唤会带来不吉利，而俄罗斯人则认为它表现智慧，会给家庭带来幸福。“菊花”在中国代表高洁，而日本人则认为它不吉祥，给逝者送菊花。所以要多了解各个国家的文化，特别在国外更要了解所在国家的文化禁忌，注意词语的不同文化附加义，避免造成文化冲突（参看周荐 1992）。

（四）同素反序词

把 A、B 两个词素用相反的次序组成两组有关系的合成词，称为同素反序词。一般学生比较注意这个词语现象，想了解它们词义的异同。同素反序词类别比较复杂，比较简单的等义同素反序词为：蔬菜—菜蔬，气力—力气，次序—序次，橱柜—柜橱，山河—河山，样式—式样，等。还有意义相关或意义相近的，前者有：物产—产物，地基—基地，焰火—火焰，爱情—情爱，中华—华中，等。后者有：答应—应答，询问—问询，商洽—洽商，负担—担负，长久—久长，等。这些都要从语义及不同的表达效果方面加以解释。这部分可参考后面反义词的解析。

二、近义词辨析

近义词始终是留学生学习汉语的难点。

（一）有人统计近义词运用错误率达30%多，而大多数错误的近义词属于初学阶段的词。留学生请教师解释的词语也大多是近义词。如：年—岁，点—小时，刚—刚才，参观—访问，又—再，往往—常常，也—还，等等，可以说不胜枚举。在实际教学中外国人不管是不是近义词，只要他觉得混淆分不清，他就认为是近义词，要求教师解释。如：接待—招待—对待，赶忙—连忙—赶快，礼节—礼仪—礼貌。这说明对外汉语教学中近义词的范围远比我们认定的近义词范围大得多。

（二）如何教外国学生区分近义词？学术界一般认为应从理性意义、色彩意义和用法方面进行区分。针对汉语初学者我们可采取以下对策：

【对策1】**同义释义法（同义法）：用一个同义词义项作为释义项来解释。**

如：非常—很，美丽—好看，经常—常常，忽然—突然，结束—完成，将来—以后，了解—懂得，大意—马虎，地点—地方，对话—谈话等。这种方法在初级阶段是可行的，解释直截了当，学生便于理解。但不足之处是近义词之间的细微差别很难揭示出来，同时在初级阶段学生掌握的词语不多，很难找到有同义联系的词。由于有上述不足，学生会造出“我的作业还未结束呢”这样的错句。

但毕竟初级阶段学生掌握的词汇不多，用同义释义法还是最基本的方法。随着学生汉语水平的提高，词汇量不断扩大，就可以从多方面进行近义词的比较，从而让学生更准确地掌握同义词的差别。

【对策2】**对比一对近义词要从词的意义方面着手。**

（1）对比基本语义的重点有何不同。

例如：办法—方法，前者强调做事的法子，后者表示思想的程序。创造—制造，前者是说以前没有，新产生出来的，后者是造出的东西，是以前就有的。

（2）对比它们语义的轻重。

如：希望—盼望，“盼望”语义重些。着急—焦急，“焦急”语义比“着急”重。

（3）对比词义范围大小。

“新闻”与“消息”同指一个事物，“新闻”语义范围大。“生命”与“性命”，“性命”只指人，而“生命”除人之外还指其他生物体。

（4）对比语义的具体与抽象。

“河”与“河流”、“车”与“车辆”、“书”与“书籍”，前者是抽象的，后者是具体的。

（5）对比感情色彩的不同。

成果—结果—后果，“结果”较为中性，“成果”含褒义，“后果”含贬义。“总算—终于”，“总算”含褒义，如“总算考上了大学”，而“终于”既可含褒义，如“我终于来到了北京”，也可以含贬义，如“终于发生了不幸事故”。

（6）对比语体含义。

如：擅长—拿手，“擅长书画艺术”，“麻婆豆腐是这个饭馆的拿手菜”。不难看出前者较书面，后者是口语体。

（7）对比上下的差别，即年龄长幼、职务地位高低。

关怀（上对下）—关心（下对上），吩咐（上对下）—告诉（下对上），问（询问）（上对下）—请教（下对上）。

【对策3】**从用法上对比近义词**

对比词形：例如：偶尔—偶然，前者是形容词，但只能作状语，如“她经常吃米饭，偶尔也吃面条”，“偶然”也是形容词，可以作定语、状语、补语。如“这是很偶然的事故”，“昨天在公园里我偶然遇见一位老同学”。“大约—大概”二者都可以作副词，“他大约（大概）冬天来”。但“大概”可以用做形容词和名词，如：“大概的内容”（形容词），“我只说个大概”（名词）。

对比造句能力：听说—据说，“据说”不能带主语，不能说“我据说……”但“听说”无此限制。同样的如“竟然—不料”，“她竟然不辞而别”，不能说“他不料死了”。

对比适用的句型：“安静—宁静”，“安静”可用在祈使句，如“请安静”，不能说“请宁静”；同样可以说“您请慢（慢）走”，不能说“请渐渐走”。

对比使用的场合：“头儿—领导”，“头儿”在非常随便的口语中用，如“这是我们头儿”，“领导”一般用在比较正式的场合。“签名—签字”，前者用在一般场合，请影星、歌星签名留念，而“签字”则用在正式的场合。

对比构词能力和构形能力：一组近义词，一个可以构成其他词，一个不能。如：“重要”可以说“重要性”，而“主要”不能说“主要性”，“北方”可以说“北方人”，“北边”不说“北边人”。

【对策4】**对比近义词的搭配对象。**

讲清每组近义词可以和哪些词语搭配组合，从中体会其不同之处，这对提高词语运用的准确性很有好处。

例如，“游览”可以说“游览长城，游览黄山，游览祖国的大好河山”，而“旅行”不能说“旅行长城”，可以说“到海南旅行，到欧洲旅行”；可以说“对不起您”，不能说“抱歉您”；我们常说“这次考试很一般”，不能说“考试很普通”。比较简单的可以启发学生自己进行搭配，启发学生的思维，调动学生的积极性，像“帮忙—帮助”，“交换—交流”，“缺少—缺乏”，“安置—安排”等等。启发学生搭配组句，教师做归纳总结，从中找出规律性的东西来。建议每位教师手中准备几本有关近义词辨析的工具书，以供教学参考。

【对策5】**把一对近义词放在句中比较，这样两者的意义及用法的差别就显而易见了。**

如：“小王很有才能，一年搞了好几次小发明创造。”“他在国外工作了十几年，开阔了眼界，增长了才干，现在已经是国内某信息公司的CEO了。”不难看出“才能”侧重知识和能力，“才干”则侧重办事和处理事务的能力。

【对策6】**利用反义词对比辨析。**

当一个词难以解释清楚时，用学过的反义词辨析效果也很好。反义词从反面限制原词的语义范围，便于学生理解。

如：复杂—简单，单调—丰富，充足—缺乏，热闹—冷清，冷淡—热情，安静—吵闹，麻烦—方便，认真—马虎，舒服—难受，开始—结束，讨厌—喜欢，困难—容易，干净—脏，等等。

三、如何扩大学生的词汇量

对外汉语有自身的教学大纲和教材。大纲对甲、乙、丙、丁各级词汇都有科学的规定，这是我们教学的重点，但是根据学生的水平和需要，适当扩展词汇也是非常重要的。根据调查，“掌握的词汇量不够是影响学生运用各项技能进行语言交际的首要困难”（高彦德 1993）。所以在让学生掌握好教材中的基本词汇的同时，适时适当扩展学生词汇量是有益的。掌握随机性，在不增加学生负担的情况下，抓住机会进行扩展。介绍以下几种方法：

（一）联系相关词语

利用有词汇意义的语素推出新词语。我们讲过“火车票”，可以扩展“飞机票、汽车票、地铁票、电影票、球票”；利用“电”这个语素可以说“电灯、电话、电脑、电冰箱、电风扇、电炉、电子信箱……”；利用“学员”中“员”的语素，可以扩展“教员、演员、服务员、邮递员、议员、党员”等。其他如用“者、家、饭、场”等可扩展很多词语。这种方法在教学中是经常用的，学生学起来不感到困难，也很感兴趣。

（二）介绍等义词

一些日常生活中的常用词，有许多说法。我们一般在教材中只出现一两个，其他习惯说法或俗语很少出现。比如教材中出了“爱人”，可以扩展“丈夫”、“妻子”、“太太”、“老婆”、“老公”（亲密对称）；学了“地铁”可以介绍“城铁”。学了“钱”，可以介绍“钞票”、“货币”、“外币”（美元、欧元、英镑）等词语；学生会说“出租车”，可以告诉他们还有“私家车”、“公共汽车”、“班车”、“校车”、“越野车”等。

（三）反义词比较

根据人们的认知心理，词义反差越大越容易记（近义词相对困难多些）。学

生学一个词，必有兴趣想知道它的反义词，这样在不经意中又积累了许多词汇，而且不易遗忘。（详见对策6）

（四）集合式词汇教学

用一个语素教学生用衍生的方法组词也是扩大词汇量的一个有效方法（参见胡鸿、褚佩如 2002）。例如：

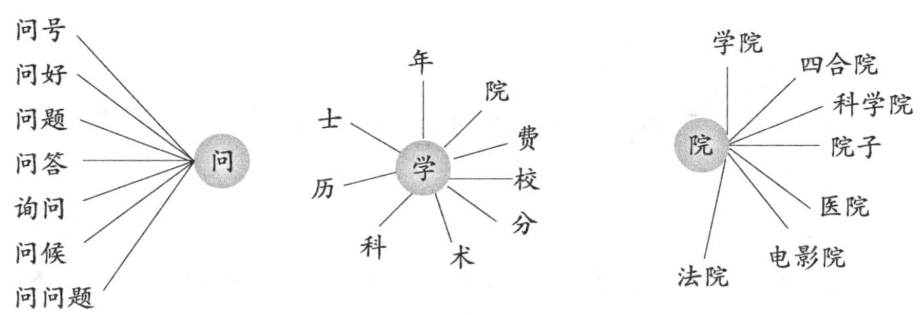

（五）引进新词语

随着时代的发展，新生事物层出不穷。汉语也相应地产生了许多新词语，留学生与中国人交际也就脱不开这些鲜活的反映时代特色的词语，而这些在教科书上是学不到的。因此在教学中，在不加重学生负担的情况下适当教给学生一些新词语也是非常受欢迎的。例如：小康、和谐、网站、社区、数字电影、数码相机、黄金周、丁克、丁宠、博客、网友、“鸡”民（基民）、豆腐渣工程、超级女生、刷卡、彩信、绿色食品、克隆、买单、上班族、晒工资等。这样就把现在流行的词语介绍给学生，使词汇教学也能与时俱进。

第九章　怎样教语法

第一节　语法教学教什么

语法是语言的重要组成部分，是构建语言体系的基本框架。只有有了语法这个框架，词汇、语音才可以按照自己的组合有规则地构建起完整而规范的语言，才能使使用同一种语言的人们彼此传达各种信息。

汉语语法内容丰富，结构复杂，有自己独特的系统和特点。在对外汉语教学中，教外国学生多少语法、哪些语法，一直是语法学界争论和探讨的问题。

一、理论语法和教学语法

理论语法是指语法学家按自己的语言观和方法论对某种语言的语法所做的分析和描述。教学语法是指根据语法教学的要求所制定的语法系统，具有规范性和稳定性，侧重于语法功能的描述，要求实用、可读性强，理论分析不是其重点。在以往的文献中不乏理论语法和教学语法的探讨。王力（1957）指出："学校语法（教学语法）重在实践，科学语法（理论语法）重在理论提高。"许国璋（1988）则以"供语言学研究的语法"和"供教学研究的语法"为题，从目的、分类、举例和对象四个方面概括了二者的不同。这一概括反映了20世纪中国语言学界对理论语法和教学语法的普遍看法。

随着社会的发展和研究的深入，对外汉语教学界开始关注理论语法和教学语法之间的关系，目的是确定适合教外国人汉语的语法。王还（1995）主编了专门适用于对外汉语教学的语法大纲，这是把理论语法和汉语作为第二语言教学的教学语法进行自然衔接的一个重要尝试，取得了很好的效果。此外，还有不少学者在这之前和之后编写了供汉语作为第二语言教学使用的语法书。比如，刘月华等（1983）《实用现代汉语语法》，吕叔湘主编（2000）《现代汉语八百词》，李德津、程美珍（1988）编写的《外国人实用汉语语法》等。

赵金铭先生（1994）比较全面地概括了第二语言语法教学的本质属性和特点：（1）是教学语法而不是理论语法；（2）是教外国人的语法，而不是教本族人的语法；（3）是从意义到形式而不是从形式到意义；（4）不仅是分析的语法更是组装的语法；（5）不仅是描写的语法，更是讲条件的语法；（6）不是孤立地讲语法，而是在语际对比中讲汉语语法。

从众多学者的讨论和语言教学的实际，我们可以看出对外汉语教学的语法主要是教学语法，而且是对外国人的教学语法。但是这并不意味着排斥理论语法，对外汉语教师要不断吸收理论语法的研究成果，根据实际情况，应用于教学。

二、语法知识与语法规则

语法是语言的要素之一，它是一种语言遣词造句的规则。学习一种语言没有词汇是不行的，但是光有词汇而不掌握该语言的语法规则就无法正确地理解和表达，也不能有效地进行交际。对于第二语言学习者来说，学习目的语语法不是为了掌握系统的语法知识，而是为了帮助他们掌握必要的语法规律、规则，从而正确地理解、使用汉语，提高交际能力。因此对外汉语的语法教学不是教语法知识，而是教语法规则。

讲哪些规则呢？我们对汉语的复杂现象进行条分缕析是很困难的。但是，从20世纪50年代《汉语教科书》开始，几十年来已形成了一套完整的对外汉语语法教学体系。这个语法体系既突出了汉语的特点，在语法的选择、切分及编排上又注意到外国人学习汉语的难点及特点。比如，量词、形容词、动词重叠、“把”字句，“是……的”句、存现句等，又如汉语复杂的补语系统及称数法、时间表达、方位比较，语调、语气等，都需要教给学生有关的规则。这些语言规则体现了一定的规范性（规定哪些语法是对的，哪些是错的），稳定性（多数人所接受，不是一家之言），针对性（通过汉外对比确定学生的难点）和实践性（能指导语言的实际运用，在教学中是可行的）。

讲语法规则，除了需要规范性、稳定性、针对性和实践性外，还要考虑汉语学习的阶段性。在国内（以北京语言大学为例），初级阶段一年内学完基本语法是比较普遍的。但在国外情况比较复杂，根据实际情况安排即可，只要选择一部合适的汉语教科书，这个问题是不难解决的。具体教什么语法规则本书不再详谈。

第二节　语法教学的模式

一、语法教学的模式

对外国学习者如何讲清语法规则？我们的做法是把语法规则细化成一个一个语法点，再把语法点归纳成一个一个句型。通过句型教语法。

什么叫句型？划分句子的依据是什么？句型就是句子的类型，是从句子形式上划分的句子类型，主要依据是句子的基本结构，同时兼顾句子的语义和语用。从教学角度讲，对单句一般采用语法结构为主线，语义指向为副线的标准，可划分若干句型。多的可划分 260 多项，有的 120 多项或 80 多项。划分项的多少在于划分的粗细。例如，对状态补语有人分为两大类：带“得”的补语表示状态，如“快得很”、“他现在长得很高了”；另一类是不带“得”的补语，如“今天热死了”、“这个电影好看极了”，表示程度。

再如有的人认为“把”字句可分为两个句型：一类是可用可不用“把”的句子（例如，我打开了空调—我把空调打开了），一类是必用“把”的句型（例如，我把那本书放在书架上了。—我放那本书在书架上了×）。有的人按语义把“把”字句划分成更多的句型。句型的切分、安排如何更合理，更能体现从易到难、从简到繁，做到循序渐进和分散难点，使学生易懂易学，在课堂上有更强的操作性，是值得我们进一步研究的。

其实句型教学也不是唯一的方法。有的教师采用语法描写释义的方法，如讲带“得”的补语只讲动词带“得”字表示动作状态等。还有的教材在课文中遇到什么语法问题就随机点拨一下，并不做句型处理。

我们认为句型教学是行之有效的，特别是对成年学习者。因为句子是无限的，但是句子的类型是有限的。小孩子之所以能逐渐说出各种各样的句子主要是他们通过模仿，重复掌握了许多格式后经过不自觉的替换，造出许多句子来，不过都是不自觉的，所以母语学习是一个漫长的过程。

成年人都有自觉类推的认知能力，只要教给他们一系列汉语语法句型及使用的条件和词语，他们就会利用句型说出许多交际需要的句子来，大大加快学习的速度。

心理学还证明：在一定程度内越是结构化程度高的组合越容易处理和记忆。因此句型教学能成为语法教学的有效工具。

从学生来看，在课堂教学中，许多学生会主动要求教师把句型归纳板书出来，便于复习运用。

二、语法教学的套路

（一）语法句型的导入

1. 导入的目的

通过句型导入摒弃对语法句型的定义性讲解。

（1）激发学生表达的愿望，调动学生主动学习的积极性。

（2）通过导入使学生了解某一句型结构的特点，用形象的方法说明其表示的意思。这其实也是一种理解性练习。因为理解是语法知识转化为技能的中介，只有理解才会运用。

（3）增加学习的兴趣性。

2. 导入的原则

（1）导入要使用学生在此前学过的词语，不要用生词。目的是使学生注意力集中于句型的理解。如果生词过多，学生只注意对生词的理解，而分散对句型的注意力。

（2）导入应由浅入深，循序渐进。理解语言是不断“组块”（词与词的组合）的过程，它应由小到大，由少到多。例如“大家把病人送到医院去了”比“大家把车祸中受伤的人送到附近医院去了”更容易理解和掌握。

（3）由结构入手导入句型，应注意先导入自然语序，再用超常语序（凸显语序）。自然语序是汉语表达的一般趋势，即按时间顺序排列，而超常语序是突出信息中心的转移，即语用语序。前者相对固定，后者多变。例如：

搞技术革新以来，他每天都在食堂吃饭，在工厂里住。

（搞技术革新以来，他吃在食堂，住在工厂。）

一顶毛绒绒的小红帽，戴在姑娘头上。

（一顶小红帽，毛绒绒的，戴在姑娘头上。）

车子慢慢地爬上桥头。

（慢慢地，车子爬上桥头。）

3. 导入的方法

导入的方法可根据每个句型的特点灵活创造，现介绍几种常用的方法。

（1）设疑法

教师提出问题，启发学生说出某个句子，让学生带着问题听你引出新句型。例如讲时量补语，教师说：“我们每天八点上课，十二点下课。”（板书 8：00-12：00）问学生：“你们每天上几节课？（几小时课？或多长时间课？）”，引导学生说：四小时课。进一步让学生说出“我们每天上四（个）小时的课”。

再比如讲动作即将发生。教师说：“玛丽的朋友十月五号来北京。今天是十月一号，你们怎么说？”引导学生说：“玛丽的朋友快（要）来北京了。”“玛丽的朋友要来北京了。”“玛丽的朋友十月五号就要来北京了。”教师此时可归纳表示某一动作行为将要发生的句型：

……快 VO 了

……要 VO 了

……快要 VO 了

……时间词+就要 VO 了

（2）动作表演法

教师利用身体语言将新句型引出。例如，讲“把”字句，教师把一把椅子搬到门外，引导学生说出：“老师把那把椅子搬到门外去了。”讲趋向补语，教师请了一个学生从教室内走到门外，请学生说出：“他走出去了。”进而引导说出：“他走出教室去了。”教师还可以通过唱歌、跳舞、打太极拳等方式引入动作正在进行等各类句型。此种导入法简单易行，生动有趣。

（3）情境设置法

除了可利用教室的自然环境导入，诸如门关着、窗户开着、教室里坐着十几位学生等句型外，讲存现句时可以在室内进行布置：墙上挂着地图、国画等，窗台上摆着几盆花，讲台上放着一些书、本子、台灯等，引导学生说出“墙上挂着一张地图、几张国画”，“窗台上摆着几盆花”，“桌子上放着两本词典”等句子，然后导出“处所词＋V着＋O”的句型。

教师也可以口头描述某些情景，引导学生表达。如教师拿出一张中文报纸，大声地念，然后问“你们听得懂听不懂?”同学回答“听不懂”（有的学生回答“不能听懂”应予以纠正），再问：“为什么听不懂?”很多学生都说：“因为我们的中文水平不太高。”同样，请学生传看中文报纸后，问：“你们看得懂看不懂？为什么?”这样就导入了可能补语的句型。

（4）多媒体导入最直观、最有效

教师只要根据句型做出有关软件即可。但在很多地方还不能利用多媒体时，可用图片展示，教师可收集一些如打电话、逛商店、逛公园、散步、学打太极拳、练功夫、踢足球等图片，引入动作正在进行的句型。

他们正在打太极拳。

他们正在踢足球。

当然若教师能自己画简笔画则更为方便。如讲比较句时，教师可在黑板上画图（见下图 1），引导学生说出“A 比 B 高或 A 比 B 高一点儿”，也可说出“A 没有 B 那么胖”。

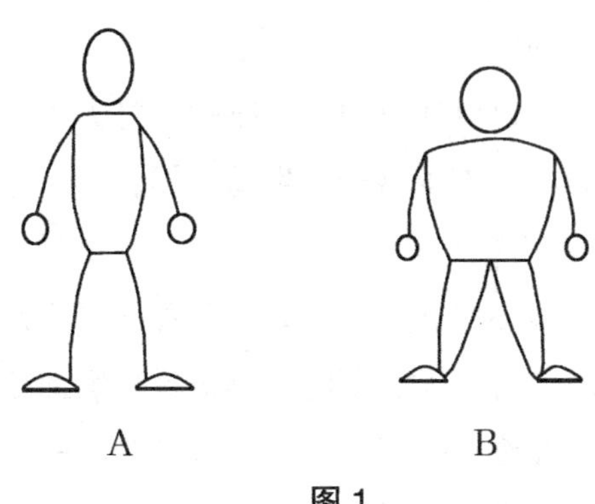

图 1

讲趋向补语时，这张画很容易叫学生说出“他跑上楼去”、“他跑下楼来”，因为说话人的位置很清楚。（见图 2）[①]

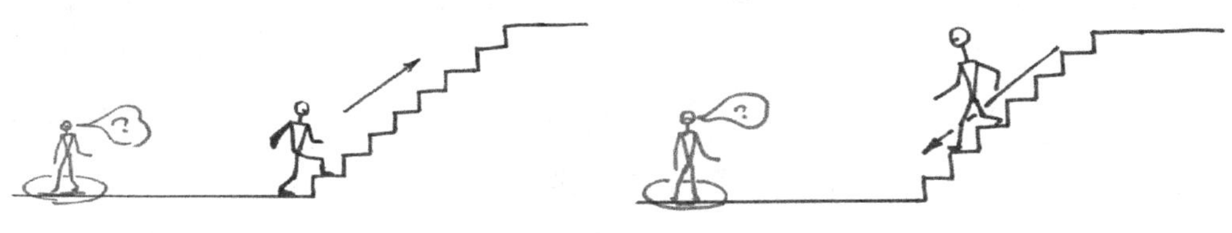

图 2

（5）以旧引新法

从已学过的旧知识引入新知识。如从简单趋向补语到复杂趋向补语学起来就比较容易。“他回家去了”（简单），——“他跑回家去了”（复杂）；“他进来了”（简单）——“他走进来了”（复杂），在简单趋向补语中“进”“回”是动词，“来”或“去”是补语，而复合趋势向补语中“进”“跑”是动词，“进来”“回去”是补语。

先学过了带“被”的被动句，利用这类句型进而导入无标志被动句（意义被动句）也是轻而易举的。例如：“我的护照被我找到了”，无须说出是谁找到的

① 本图取自北京语言大学汉语进修学院制作的《汉语教程》第 42 课课件。

时候，可以说“我的护照被找到了”，更可以说“我的护照找到了”。向学生说明“汉语里主语是受事的句子，‘被字’句很少”（王还 1994）。若表述受事怎么了，应该用“无标志被动句”。如“作业写完了”、“饭做好了”等等。

（6）推论法

这是一种由一般情况进而推论到特殊情况的引入方法。例如“是……的”句，教师问：“你们现在在哪儿学习汉语？”答：“在北京。”教师说：“对，我们今天在这里一起学习，但是我想知道，你们是什么时候来北京的？”答：“我们九月一号来了北京。”教师说：“不对，你们已经来北京了，我想知道你们是什么时候，怎么来的……，应该用‘是……的’。”

我是九月来北京的。

我是跟朋友来的北京。

我是来学习汉语的。

其他如结果补语也可用此法导入。“我洗衣服了，衣服洗干净了。”可以说：“我洗干净衣服了。”“他长了，他高了”推导出“他长高了”。

（7）对比法

通过句型对比，理解句型的意义。如用对比法导入助词“了”的用法。

现在	**过去**
A：你去哪儿？	A：你昨天去哪儿了？
B：我去书店。	B：我去书店了。
A：你买什么？	A：你买什么了？
B：我买词典。	B：我买词典了。我买了一本汉英词典。

（二）语法句型讲练：句型教学的演绎和归纳法

1. 演绎法

先讲清语法句型的规则，用替换的方法，显示句型内部结构特点。在上课时用不同的词语做大量替换练习。

例如：讲表示动作进行的句型：S+在+V+O（呢）。

你在做什么呢？我在 [复习语法 / 写汉字 / 念课文 / 看电视 / 准备考试 / 休息] 呢。

框内是替换词语。经过反复多次的替换逐步领悟这一句型各成分间结构关系以及词语的先后顺序，体现了由抽象到具体、由理论到实践。

优点：句型结构清楚，一目了然；便于练习，可以起提示说明的作用；便于总结归纳。

缺点：处理不好，易流于注入式教学，不利于更好地贯彻启发式教学，发挥学生的积极性。

2. 归纳法

先让学生接触具体的语言材料，进行大量的练习，然后在教师启发下总结归纳成一个语法句型。体现的是由具体到抽象，由实践到理论，这是非常符合人的认识规律的。例如：通过教师提问"你的汽车跟他的汽车一样吗"，让学生回答"他的汽车跟我的一样"。依此类推。（下同）

他的汽车跟我的一样。

我的电脑跟他的一样。

玛丽的兴趣跟麦克的一样。

然后教师引导学生总结出：

A 跟 B 一样 / 不一样

我的电脑的颜色跟这台一样/不一样。

这件毛衣跟那件大小一样。

这张画跟那张价钱一样。

你跟他意见一样。

最后引导学生总结出：

A 跟 B(的)(比较方面)一样/不一样
颜色
样子
价钱
大小

缺点：对一些简单的句型容易操作，容易归纳。但对复杂的句型可能困难一些，如“把”字句。另外可能比较费时，教师备课量也较大。

3. 演绎和归纳结合法

先演绎后归纳、总结，例如“把”字句。

主	状	把	O_1	V 补	O_2	其他
他		把	这些书	放在	书柜里	了
丁力		把	车	开到	学校	了
她	没	把	这本杂志	还给	图书馆	
他	不想	把	这本小说	翻译成	英文	

归纳如下：

(1) 动词必须带补语，不能是一个孤立的词（或“了”、“着”、重叠、动词宾语和补语等）。

(2) 补语通过动作，发生了位置或状态变化，必用“把”字句。

(3) 能愿动词、副词要放在“把”的前边，副词在前，能愿在后，不能放在“把”前。

(4) 有些动词不能用“把”字句。如“想”、“感觉”、“要”等。

(5) 学生容易出现的错误，先打预防针，不要都等着错了再纠正。如，不能说“他把书看”，应为“他把那本书看完了”。

（三）汉语语法规则的表述方式和方法

一般有以下几种方法：

1. 用文字描述

简单地对某一句型进行说明，例如时量补语：表达动作或状态持续的时间时用时量补语，时量补语由表示时段的词语充当。然后是例句："他在北京语言大学学了两年汉语了。" "他在中国生活了十年。" "他游泳游了两个小时。"

2. 对一些复杂的规则，用线性序列来表述。

例如：

"把"字句：主语——"把"——宾语——动词——其他成分

被动句： 受事者——被/叫/让——施事者——动词——其他成分

状态补语： 主语——动词——宾语——重复动词——"得"——状态补语

3. 用图表

例如：对程度补语的表述

名词/代词	动词	得	副词	形容词	助词
他	来	得	很	晚	
她	唱	得	很	好	
你	休息	得		怎么样	
你	休息	得		好不好	
你	休息	得		好	吗

4. 用公式表述

例如："把"字句

S+ 把 +Ov +V－RC+ 来/去（他把照相机拿出来）（程棠 2000）

为教学方便可以更简化些：

S+ 把 +O_1+V+O_2+ 其他成分（他把书放在书架上了）

（四）句型教学中的精讲多练

1. 精讲

用三个字概括就是"少而精"。句型导入后要对句型加以解释，语言要简明扼要。

（1）首先要讲明结构上的特点，也就是通常说的语序。结构正确才能保证交际的准确性，首先要说得对，然后要说得好。有的学生把“我被汽车撞了”说成“汽车被我撞了”。把“这个包放不下这么多书”说成“这么多书不放下这个书包”，让听者莫名其妙，影响交际。

（2）要从语义上加以解释。只掌握好句型结构是不够的，还要了解这个句型所表达的意思，否则学生会造出“我把饺子吃在五道口食堂”这样的错句。为什么呢？学生学了“我把书放在桌子上”（S+把+O_1+V 在+O_2），照此结构类推，却错了，就是因为不了解这个句型所表达的意思是对某事处置后发生位移，上述病句中“饺子”吃了以后不会移到“五道口食堂”，应该是“移到”肚子（胃）里。（当然不这样说）

（3）要从语用上讲，某个句型在什么场合说，怎样说才得体。其实在句型导入时已经做这样的练习，这里需加深学生的理解。讲解某句型使用的前言后语是什么。

例如：带“得”的补语，可以做这样的练习：

A：你喜欢什么运动？

B：喜欢踢足球。

A：你足球踢得怎么样？

B：我踢得很好。

这里“得”字补语表示的是对他“踢足球”这个行为动作的评价。而“她长得很漂亮”则是对“她”这个女孩的描述。

助动词“过”经常表示某人的判断、想法、意见是根据他曾经有某种经历、经验得出的。因此孤零零地说“我吃过烤鸭”、“我没去过北京”是一种结构性练习。而真实的交际最好是这样的：

A：烤鸭好吃吗？

B：非常好吃，我吃过好几次了。

A：北京好玩的地方多不多？

B：我没去过，不知道。

从上面可以得出：对句型的解释应从结构、语义和语用三方结合入手。

2. 多练

运用听说法反复操练某种句型，达到脱口而出的程度。下面介绍几种常用的练习形式：

（1）根据生活实际情况问答交流（可师生互动，也可学生之间互动）

例如：学完时量、动量补语，可以问学生：

① 你们现在每天上几节课？在你们国家呢？

② 昨天你预习新课了没有？你预习了多长时间？

③ 你每天做作业要多长时间？做完了没有？

④ 你常看电视吗？你昨天看了多久？

⑤ 你喜欢听流行音乐吗？你有 MP3 吗？你一天要听多长时间？

⑥ 你学了几年汉语了？还想继续学吗？

⑦ 你来北京多久了？你打算在中国待多久？

……

（2）教师提供语境，引导学生表述

例如：趋向补语（用带趋向补语的句子表达，下同）

① 你在马路边等一位朋友，看见马路对面的朋友，你怎么招呼他？

② 你和朋友们在公共汽车站等汽车，你们刚想离开去坐出租车，看见来了一辆公共汽车，你如何对朋友们说？

③ 外边下大雪，你的朋友敲门来找你，你怎么说？

④ 要过圣诞节了，你想换一下圣诞树上的装饰品，你该怎么对家人说？

⑤ 你一个同学生病住在医院里，你想跟其他几个同学去看他，你跟同学们说什么？

例如：可能补语

① 朋友请你去参加他的生日聚会，你有事不能去，该怎么跟朋友说？

② 你感冒了，不能去上课，你打电话向老师请假，该怎么说？

③ 你提着一个大箱子站在宿舍门口，你想请人帮忙，你怎么说？

④ 你们准备今天去长城，但是忽然下起雨来了，你该对同学们说什么？

⑤ 中国朋友请你去饭店吃饭，他点了好多菜，这时你说什么？

(3) 教师说出前半句，请学生说出后面的话

例如“把”字句

① 屋子太热了，________。

② 要考试了，________。

③ 不要忘了这个电话号码，________。

④ 外边要下雨了，________。

⑤ 丁力，我要交作业，________。

(4) 看图说话

例 (1)

“着”字句，见图 1（《汉语教程》第 2 册（下）第 47 课）。请学生用“V+着”说说一对新人结婚时的情景。例如：墙上贴着红双喜字，新娘穿着一身漂亮的衣服……

图 1

例（2）

“把”字句，见图 2（《开明汉语》第 4 单元）。

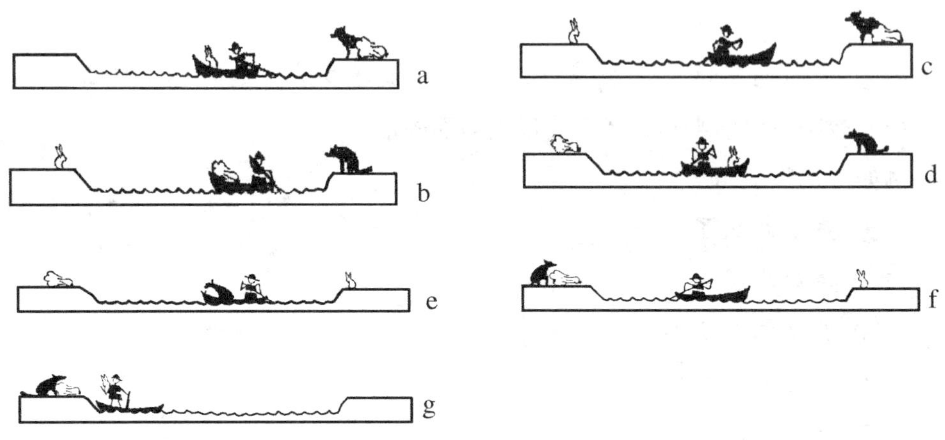

图 2

这是一组图：说的是一位农民把一只狼、一只兔子和一棵白菜运过河去的故事。这位农民要把狼、兔子、白菜运过河去，可是由于某种原因每次只能运一样，而且狼和兔子不能在一起，否则兔子会被狼吃掉；兔子和白菜也不能在一起，否则兔子会把白菜吃掉。这位聪明的农民想到一个好办法，把三样东西都安全地运了过去。请你想一想，看看能不能说出这位农民是用什么办法把三样东西运过去的。

（5）讨论

例 1：全班同学要为玛丽开生日晚会，大家要做哪些准备？（用“把”字句说）

例 2：约翰要去南方旅行，他走前（或回来后），要做哪些事？大家提出建议（用“把”字句说）

（五）句型练习的方法

在练习中一般从以下三方面依次进行：理解性练习——模仿性练习——记忆性练习。

1. 理解性练习

前面讲的句型导入及句型的讲解都属于理解性练习，这是进行其他练习的基础。

2. 模仿性练习

语言学习的模仿是不可或缺的，导入句型后要进行操练。首先教师要领说句型，在语音和语法结构上进行示范，学生跟着教师说，练习正确的发音和表述。

3. 记忆性练习

在句型机械性练习中通过学生齐说，教师问学生齐答，师生的一问一答及学生间的配对练习（两人或多人的组合练习），帮助学生记忆所学内容。要掌握某一句型需要做大量反复的记忆性练习。

这三种练习的方法体现了人们学习语言的规律。有的老师不注意运用这些方法，使练习显得杂乱无章，影响教学效果。

（六）近似句式比较

汉语中很多意思可以用不同的句式表达，相近的句式因语境语用不同所表达的意思也不完全相同。由于学生初学汉语语感不强，有时很难区分它们的意思。例如，“他在北京学了两年汉语”和“他学了两年汉语了”。前者表示“学汉语”的行为已实现，不学了，后者因有语气助词“了”，表示他可能“不学了”，也可能还继续学汉语。因此我们认为近似句式的比较是很有必要的，类似的很多，现举例如下：

1 {他在上海住了五年。/他在上海住了五年了。}

2 {我看了这个电影，还不错。/我看过这个电影，还不错。}

3 {他去年跟爸爸去过中国。/他去年跟爸爸去了中国。}

4 {小明身体很好，学习也不错。/小明的身体很好，学习也不错。}

5 {她（要）去逛商店。/走，逛商店去。}

6 {这是一支新买的钢笔。/这是新买的一支钢笔。}

7 {他昨晚十二点就睡了。/他昨晚十二点才睡。}

8 {结婚后她就工作了。/结婚后她就不工作了。}

9 我送给他一本汉语词典。
我把那本汉语词典送给他了。

10 小丽唱得不如我好。
小丽唱得不比我好。

11 那里交通不方便，我们去不了。
那里太危险，我们不能去。

12 小王是学数学的，小李是学物理的。
小王是学的数学，小李是学的物理。

13 王先生是不是当上系主任了？
王先生当上系主任了，是不是？
是不是王先生当上系主任了？

14 他拿出来了一本书。
他拿出一本书来。
他拿一本书出来。

15 我担心这个节目演得不好。
我担心这个节目演不好。

16 这个问题他是自己解决的。
这个问题他是可以自己解决的。

17 我的钱包丢了。
我的钱包被偷走了。

18 你想吃什么？
你想吃点儿什么？

19 他一毕业就工作了。
他一喝酒就脸红。
他一量，高压二百，低压一百。

20 他学得太多太杂，消化不了。
他学得太好了。

第三节　关于留学生病句的纠正与分析研究

一、对病句的纠正

对留学生在口头或书面练习中的错误要注意及时纠正，否则学生反复出现某一语句的错误，日久天长，“积习难改”，容易出现“化石化现象”，即反复出现、难以纠正的语病。一旦形成，就要花大力气纠正。当然也不是见错就纠，还要注意方式方法，注意在不改句义的前提下，纠正病句。

二、常见留学生的错句类型

（一）搭配不当

例如：

(1) 快开演了，你赶忙走吧。（赶忙—赶紧）

(2) 这个大书柜很重，我们两个抱不动。（抱—搬）

(3) 我最近学得很忙。（学习很忙或我最近学得很好）

(4) 他听到这些话后，心绪很宁静，表情很淡漠。

（“心绪”改“心情”，“心情”不能搭配“宁静”，改成平静，“表情”不能搭配“淡漠”应改成“冷漠”）

（二）残缺或多余

(1) 我被收音机醒了。（缺动词“吵”或“闹”）

(2) 她已经病一个星期。（应在“病”后加“了”）

(3) 他怎么能不吃饺子。（应改成“他怎么能不想吃饺子”）

(4) 我送送你们一下。（应改成“我送送你们”，去掉“一下儿”，与“送送”重复。）

(5) 明天下午我们有开会。（动词“有”“开”只取一个）

(6) 这个书包放得不下这么多书。（应改“放不下”，“得”多余）

（三）语序不当

(1) 她放了一本书在桌上。（“在桌上”作状语应放在动词“放”前）

(2) 请代我问好向你的父母。（应改成“……向你的父母问好）

(3) 只要汉语说得好，就我能找到工作。

（副词“就”不能放在主语前，一定放在动词前，应改成“……我就能找到工作”）

(4) 我明天就要回去英国。（“英国”应放在“回去”中间）

(四) 句式杂糅，关联不当

(1) 安娜买了苹果、梨、橘子和很多水果。

（苹果、梨等都属于水果种类，它们之间不是并列关系，不能用连词“和”）

(2) 他不但说汉语，而且认识很多中国朋友。

（“说汉语”与“认识中国朋友”不是递进关系，应改成“不但学会了汉语，而且认识了……”）

(3) 要是明天刮风，就没打羽毛球。

（句中“没/没有”不能否定将要发生的动作）

(4) 不管学习上有困难，但是我们应该努力克服。

（“不管”后要用疑问代词或动词正反式，应用关联词“都、也”，这属于关联词语运用不当）

(5) 马教授请我叫您去吃饭。

（此兼语句中请“我”应改成表自谦的“叫”，而“去吃饭”应改成表谦虚的“请”）

(6) 小王不如小马安排作息时间。

（在哪个方面“不如”，应改成“会安排作息时间”）

三、留学生病句出现的原因

（一）在语义上、结构上、使用场合方面没能很好地掌握汉语的规律，尤其是汉语中特有的重叠形式、各类补语、“把”字句、主谓谓语句等语法现象，学生掌握起来困难更多些，容易出现这样或那样的病句。

例如：

(1) 我把她喜欢。

(2) 在墙上挂着许多山水画。

(3) 去年九月我来中国了。

(4) 暑假我要去旅游西藏。

(5) 菜太辣，我不能吃这些菜。

（二）受母语或媒介语负迁移影响（以英语为例）。

(1) 我学习在北京大学。

(2) 这个姑娘是漂亮。

(3) 她是女。

(4) 我要买两书。

(5) 我去了超市买牛奶。

(6) 我 小明说汉语很好。

(7) 明天晚上我约会我的朋友。

（三）学生的类推易产生错句。

学生学习汉语某一语法规则后，容易类推，但语法规则是复杂的，须对规则详加解释。

例如，我们讲“进行”后不能带单音动词，学生就造出“进行学习”或“进行比较这两种学习方法”的错句。

第十章　怎样教课文

第一节　课文教学的核心作用

课文是依据大纲和教学目标编写的。它综合体现语音、词汇、语法、汉字、文化等内容，是对学生进行听、说、读、写技能训练和语言教学的综合材料。

课文是教材的核心，其他内容，如注释、生词、语法、练习等都是围绕课文编写的辅助材料，是为课文服务的。抓好课文教学就能促进其他方面的教学，课文是教学的核心。

一、能加深对词语的理解和运用

课文中的词语（主要指生词）如果按照生词表逐一讲解它的意义、用法，领读发音，然后学生强记，这种孤立学习生词的方式，不利于学生对生词的理解和掌握。如果把生词放到课文这个大语境中去讲解，或者通过上下文让学生猜测生词的意义，理解在课文中这个词语是怎么用的，往往起到事半功倍的作用。例如，《汉语教程》第 49 课，生词表有一个生词是动词“结”，如果孤立地学习这个词，学生会与以前学过的“结果”相混淆，如果把它放到课文中，告诉他们这个“结”是院子里那棵大枣树结的果子——红枣，学生就会明白“结”的意思，并能进一步说出，“我们家院子里的苹果树结了很多苹果”等句子。

二、能加深理解和灵活运用语法表达形式

初级阶段的语法主要以句型为主，句型大多有它的基本结构和表达方式，许多教师在进行语法教学时，往往从结构和形式入手，让学生记一些句式，然后在交际时套用，结果导致语法是对的，但是在内容和意义上不得体、不合适。如果把语法句式放到课文中去理解和掌握，学生从课文意义入手，通过对课文内容的掌握来学习语法的表达式，实际上就已经在“用中学”了，是在用中、在理解中掌握了语法的规律。比如，语法“着”是教学中的重点和难点，讲这个语法，教师把学生直接带入课文中（见《汉语教程》第二册（下）第47课），在课文的语境中会使学生不知不觉理解“着”的用法。教师可以通过多媒体图片带领学生描述“电视台女记者”的样子，“她大眼睛，戴着一副眼镜。上身穿着一件浅黄色的西服，下身穿着一条裙子。手里拿着麦克风，对着摄像机讲话”。在课文中理解语法，能使学生印象深刻，并能很快学以致用，马上就会用学过的语言描述其他人穿着什么、带着什么、拿着什么等。

三、能促进交际性语言训练

交际法产生以来，培养学生的交际能力不仅成为语言教学的终极目标，也成为语言教学的必要过程和主要方法。交际法的实质是“学以致用”，学的内容是课文，用的环境和条件是在真实的语言环境中。课文是用的前提和条件。具体做法是：

（1）用已知语言介绍新课文。

（2）通过讨论研读新课文。

（3）通过交际活动复用课文材料。

通过上述方法的操作，我们可以看出，课文的学习能促进学生交际能力的训练和培养，这是语法句型教学所代替不了的。

四、进行语篇教学，培养学生成段表达能力

初级汉语教材的课文，不仅适合语言学习的需要，而且内容贴近学生的生活实际，具有一定的思想文化性。因此加强课文内容的教学，把一篇课文作为一个整体来教，能保持课文的连贯性、趣味性和逻辑性，利于学生成段表达。

初级阶段的课文，篇幅较短，利于进行整体教学。教师在教学中尽量把对话体改成叙述体，便于培养学生成段表达的能力。

第二节　课文教学的基本方法

综合课课文分为对话体和叙述体，但是不管哪种文体，初级阶段的综合课教学主要以句型为主，句型和词语都融入到课文这个大语境中，因此抓住了课文，也就抓住了综合课教学的重点和难点。

一、串讲法

（一）步骤

1．讲解生词
2．领读课文
3．逐句串讲（重点词语和语法点）
4．学生回答课文问题
5．讲解语法
6．复述或讨论课文问题

（二）评价

1. 优点：词语、语法讲解得比较细，有助于学生对课文的理解。

2. 缺点：教师易把课文弄得支离破碎，对培养学生成段表达，特别是培养学生语感不太有利。

二、综合听读法

教师板书提示词（课文中的重点词语）或利用学生听写的词组逐句领说课文，进而逐步减少板书的提示词说出整段话来，最后板书只留下重点语段的连接词语，让学生复述课文或进行课堂表演，讨论有关课文问题。这个过程学生从头到尾不看书，最后再打开书，认读课文。此方法用领说的方式背记课文，近似于背诵。背课文对培养学生语感很有帮助，但背诵相当困难和枯燥，容易引起学生的疲劳和反感。领说不完全等同于背诵，它的重点在于提示词。如果有图画、图片等辅助手段，效果会更好，可减轻学生的记忆负担。

我们以《愚公移山》（《初级汉语课本》第57课）一段课文为例加以说明：以语段为单位，教师边说边板书重点词语和语法，（　　）为板书空白处，加“·”为提示重点：

智叟看见他们在挖山，觉得（很可笑），就对愚公说：“你（这么大年纪）了，连（山上的草）都（拔不了），怎么能（挖掉这两座大山）呢？愚公听了（笑着）说：“你还不如（一个小孩），我虽然（快死了），但（我还有儿子），儿子（死了），还有（孙子），子子孙孙是没有完的。这两座山（很高），可（不会再长高了），挖一点就会（少一点），怎么（挖不掉）呢？”

让学生看黑板提示，领说两遍，对难点及学生提出的疑点进行解释，如“拔得（不）了”、“挖得（不）掉”。学生同时通过视觉、听觉吸收语料，理解语料意思。接着让学生根据板书提示说出整段话来。在练习过程中，板书提示可逐渐减少，最后只留下重要语段连接词语（板书中加·的词语）。课文听读后，可进行问题讨论，如“智叟看见他们挖山，为什么觉得可笑”，“愚公为什么说他能挖掉大山”等，也可以就课文中某个问题进行讨论，如：“你认为愚公是笨老头吗”，目的在于帮助学生活用语言。以上教学过程概括为教学步骤如下：

1. 课前做好生词预习。

2. 进行课文教学时，先不让学生看书，教师以语段为单位，边说边板书重点语法结构和词语。

3. 让学生看黑板提示，跟学生说两遍课文。

4. 让学生根据板书提示说出整段话来。

5. 问题讨论。

6. 朗读课文。

7. 课后练习。如，用所给的关联词语写出一段话来。

这种教学方法的优点是：从听、说入手，有利于提高开口率，提高学生口语表达能力；由于训练量大，开口率高；能较好培养学生的语感和成段表达能力。但是课堂上大量进行听、说训练，学生容易感到疲劳。对比较长的课文，可选取其中一个段落进行这种训练。

三、认读领先法

对于欧美学生来说，听说领先法能迅速提高他们的听、说能力，但是随着课文难度的加深，内容的增多，他们的读、写能力会远远滞后于听、说能力，表现为看提示词说得很流利，但是打开书念课文反而不成句，或结结巴巴。为了改变这种现状，我们建议对欧美学生及其他非汉字文化圈学生，可采取认读领先法，以认读带动听、说。

具体做法是：

1. 让学生在预习的基础上反复认读生词。

这是教学的关键。学生必须离开拼音独立、快速认读要讲的生词。教师可通过多媒体把加工过的生词（包括词组）打在屏幕上，让学生不看书认读。

2. 通过提示词说课文，直至达到自动化。（这一步骤与听读法一致）

3. 打开书读课文，学生可以采取自己读、对话读、接龙读等方式进行朗读。

4. 教师把对话体改写成叙述体让学生大声读语段。

5. 复述课文。

6. 讨论跟课文有关的问题。

7. 布置听写的任务，第二天检查。

此法从认读入手，花大量时间和精力增强学生识记汉字的速度和广度，在此基础上开展口语表达的训练。但这种方法对学生听说能力、成段表达及语感的培养不及听说法。

四、背诵法

基本做法是教师反复领读课文，并对学生的问题作答，然后再根据课文内容提问学生，检查学生理解情况。进而分组朗读课文，直至学生能分段说课文为止。

这种方法基于背诵是学习语言的良方，有助于培养语感和成段表达能力。但有的学生可能对背诵比较反感，应看教学对象而定。

五、情境线索法

情境线索法不同于传统的通过提示词的听说法，也不同于背诵法，它是将情境与直观手段相结合，使学生通过多种感觉器官感知并理解课文内容，易于调动学生情感和积极性，同时也易于记忆。比如，《汉语教程》第二册下，第 58 课课文二。教师通过设置情境“寒假去旅游”，并与地图结合，学生看着地图就能顺畅地描述，达到成段表达的目的（见图右的文字部分）。

先去西安看……

再到重庆，从重庆……

然后去……

最后去……

六、组织加工法

课文是作为一个整体被学生感知的。这个整体对学生来说掌握起来难度较大，因为学生已有的知识水平与课文的难度之间跨度较大，学生不能一下子就达到这个高度。正如俗话说的“人不能一口吃掉一头大象”，课文对学生来说就像一头大象，想一下子就掌握也是困难的。我们必须找到一种方法，能将教学任务（课文）进行分解，直至分解到学生能够理解和“吃”下去的单位。

课文教学的目标是使学生理解和掌握课文的内容，在技能上最好能背下来。可是学生的起点是生词，从生词到背课文中间缺少相关的环节，学生自己不可能一步跨过来。教师的作用就是缩短学生已有水平（教学起点）与教学目标（课文）之间的距离，找到达到目标的最佳角度。因此，教师要对课文进行加工，或者对课文进行重新组织。认知心理学认为，经过组织和加工的信息利于学习者理解和记忆。比如，我们把《汉语教程》第53课课文（二）《我们把松竹梅叫做“岁寒三友”》这篇课文的顺序打乱，对其进行重新组织和加工（见下文）。

《红梅图》：这幅画画得真好，这是一位画家朋友送的。虽然是冬天，但是一看到这幅画就会感到像春天一样。

松、竹、梅：中国人把松、竹、梅叫做“岁寒三友”。很多诗是写松、竹、梅的，松、竹、梅也是中国画家最喜欢画的。这些诗和画不但表现了美丽的大自然，也表现了美好的人品。

中国字画：我很喜欢中国画和中国书法，每次到中国来，看到喜欢的字画，总要买一些带回去。

把课文分成三个相互联系的“组块”，也就是课文主要谈的三个问题：一是《红梅图》这幅画，二是松、竹、梅是“岁寒三友”，三是中国字画。因为每一个组块内部意义上都相互联系，学生识记起来完全是意义识记，而不是机械识记，因此记得牢。例如：由《红梅图》这幅画，人们自然会想到它是哪来的？画得怎么样？如果画得好，好在哪儿？带着这样的思路说课文，学生会记得非常牢固，不容易遗忘。

基于上面的操作，我们把课文的这种教学的操作步骤和方法归纳如下：

1. 教师对课文进行重新组织和加工，把课文分解成相互有联系的“组块”。例如《汉语教程》第 45 课（一）《我们的照片洗好了》共有十二句对话，如果重新进行加工，课文可分成两个“组块”，洗得好的照片和洗得不好的照片。

2. 对每一组块内的内容进行识记。识记的方法是从生词入手进行扩展，一直扩展到组块内的相关句子组成的句群。

3. 通过板书或课文框架复述课文，直至达到自动化。

4. 独立（不看书）归纳和概括课文。

5. 打开书读课文（领读、分角色读、齐读等）。

6. 答疑。

7. 表演课文（按照课文内容）。

8. 延伸表演课文，即按照课文的内容继续表演课文。

以上是教学常用的几种方法。从教学上讲，没有 种绝对好或绝对不好的方法，都是相比较而言，任何一种好的教学方法都有其不足之处，也没有一种方法适用于任何教学对象。在某种意义上讲“教无定法”，我们讲教学要规范化，不要程式化。但是，随着教学技术的发展，教学理论研究的深入，我们在继承传统教学先进经验的基础上，应在相关理论指导下创造出具有时代特色和个人风格的课文教学模式来。

第十一章　怎样教汉字

汉字是一种表意文字，不同于西方的拼音文字，它的形、声脱节，难读；形体复杂，难写。对于初次接触汉字的“非汉字文化圈”的学生来说，汉字的认读和书写成了他们最大的困难。因此汉字的认读和书写是基础阶段的两大难题，也是贯彻教学始终的重点。

第一节　汉字教学的现状

在对外汉语教学领域自从有了汉语教学研究就有了汉字教学研究，几十年来许多专家学者对汉字教学进行了广泛而深入的研究，并提出了一系列相关的教学理念、教学模式和教学方法，比如“先语后文”、“语文并进”、“拼音和汉字交叉出现”、“听说和读写分别设课”（李培元、任远 1986）等，“汉字部件结构教学”（张旺熹 1990）、“基本部件+基本字体系”教学（崔永华 1998）、“汉字教学十八法”（刘社会 2002）等，这些理念和方法都在试图探索一条有效的汉字教学的路子，但是从教学实际来看，尚未很好地满足目前汉字教学的需要。

多年来，初级阶段汉字教学基本上采用“认写同步”教学模式，即综合课的生词要随文达到认、读、写，并记住它们的意思。以《汉语教程》第一册（上）前三课的标题为例，第 1 课“你好”，第 2 课“汉语不太难”，第 3 课“谢谢”。其中“你、好、汉、语、难、谢”都是合体字，笔画数多，结构复杂，而且每课平均十二三个汉字。这对于非汉字文化圈的学生来说，在学习汉语的初期（前几天）就记住它们并准确写出确实很难。因此许多学生把大量时间和精力都投入到汉字的书写练习上，采用强记法，结果是事倍功半。

前些年，国内学习汉语的外国留学生主要是日韩或东南亚学生，他们同处于“汉字文化圈”，具备一定的汉字基础，采用“认写同步”教学并没有明显的不足。近年来，随着“汉语热”的升温，越来越多的“非汉字文化圈”的学生来学习汉语，如果仍然采用原来的教学模式就显得力不从心了。经过对欧美学生及其他非汉字文化圈学生特点及存在的问题的分析，我们认为：（1）这些学生大多听、说能力和读、写能力不能同步，听、说很流利，读、写跟不上；（2）认读的数量和质量不高，表现为除了综合课涉及的生词以外，其他词语（主要是阅读课和听力课涉及的词语）认读较慢或不能认读，且认读的准确率不高；（3）书写速度慢，且写字的正确率不高。从这些问题中我们不难看出，“认写同步”对非汉字文化圈学生来说难度较大，而且也不切实际。

那么，有没有什么方法可以改变这种现状，使“非汉字文化圈”学生尽快融入到正常的教学中来呢？近年来，不少学者提出了“认写分流”模式（Chin1973，周小兵 1999，宋连谊 2000，丁崇明 2005，江新 2005），即把汉字的认读和书写分开要求和训练，多认少写，增加识字量，降低写字量。但是从已发表的论文看，研究大多处在理论探讨和初步实验阶段，至于这种模式是如何构建的，怎样设计才能在教学中实施还鲜有人研究，我们拟对“非汉字文化圈”学生进行“认写分流，多认少写，认写合流”汉字教学模式，以期改进汉字教学，提高学生的学习效率。

第二节 汉字教学新方法

一、新方法的理论根据

“认写分流”是近年来汉字教学提出的一种新理念。该理念认为，在对外汉字教学中，不应当把汉字的认读和书写看成一个整体，而应当看成不同的、可以分步骤完成的任务。

从心理学的记忆理论来看，汉字认读和书写是两种不同的信息提取过程，所需要的努力程度也不同。江新（2005）通过研究认为，汉字认读过程基本上是一种字形识别和再认过程，而汉字书写是对汉字音、形、义信息进行回忆和再现的过程。一般来说，信息的识别、再认要比信息的回忆、再现容易。Ke（1996）通过研究也证明：在汉字识别（认读）任务中，学习者只要获得了某些字形的不完全信息就能唤起他们记忆中储存的关于某个汉字的完整信息，从而识别汉字。而在汉字书写任务中，学习者则需要确切掌握汉字字形的完整特征才能准确书写。因此从理论上讲，能认读的字不一定会写，但是能写的字一定能认读，认读是写的基础。

另外，已有的实验也证明了汉字认读比汉字书写容易。例如 Ke（1996）的实验结果证明：被试汉字识别测验的成绩要高于汉字书写测验成绩。汉字书写成绩好的被试在汉字识别测验中的成绩普遍良好，反过来，一些在汉字识别任务中成绩好的被试却在汉字书写中表现不佳。柯传仁等（2003）认为，在汉语学习的初始阶段应避免在汉字书写方面对学生提出过高的要求，以免学习者占用太多的时间而造成过大的学习压力，最终影响他们学习的自信心和积极性。

基于以上研究和认识，针对“非汉字文化圈”学习者的汉字教学实际，我们提出初级阶段（以一学期 20 周，每周 4 学时计算）汉字教学“初期多认少写，中期多认多写，后期认写合流”的教学模式。

（一）学习汉语的初期（第 1 周到第 10 周，每周 4 学时，共 30–40 个学时）采用“多认少写”模式，即多认读少书写，会认读的汉字量要大于会书写的汉字量。

（二）学习汉语的中期（第 11 周到第 16 周，共 20–24 个学时）采用“多认多写”模式，即多认读多书写，这里的“多”书写是相对于初期的少，但不是认多少写多少，而是在认读基础上“多”写，也是有控制地多写。

（三）学习汉语的后期（第 17 周到第 20 周，共 16–20 个学时）采用“认写合流”模式，即学生能自如地随文识字写字。

二、新方法的操作步骤

（一）“认写分流，多认少写”

根据认知心理学关于认读和书写的加工过程不同的理论，同时也为了减轻学生的负担，提高学习的积极性，我们第一步采用“认写分流，多认少写”的模式。

1. 多认

综合课涉及的生词和课文中的句子要求学生都能认读，并达到自动化。

2. 少写

在认读的基础上，确定书写的汉字。书写的汉字从简单入手，逐渐增加汉字书写的难度和数量。

3. 多认和少写的关系

多认不是识记的汉字越多越好，而是根据教学计划的安排，把综合课中涉及的汉字采用多种方式反复认读；少写也不是写得越少越好，而是根据课时的安排和课文的实际汉字量，综合安排汉字书写计划。为了使书写更有效、更准确，我们提倡在认读基础上的书写。通过多认读，让学生与汉字多次“见面”，在汉字的反复重现中识记汉字的轮廓和特征，然后再书写。

（二）“认写分流，多认多写”

经过一段时间（30–40学时）的学习，学生掌握了汉字基本笔画、部件、一部分偏旁、独体字和合体字以后，就要加快汉字书写的数量，这时是在大量认读基础上学写汉字，要多认多写，但是这里的“多”是相对的，也不是越多越好。

（三）“认写合流，认写同步”

根据教学计划的安排，零起点学生一学期期末考试时完全要用汉字答题，为了使学生的学习成绩不受影响，同时也为了增加学生学好汉语的信心，基本上在第一学期的期末考试前，经过50多个学时的学习，就能达到认写同步，即综合课学什么词语就要会写什么词语。

三、汉字教学新模式的具体方法

该模式强调认读是书写的基础，因此如何有效认读是该模式成功与否的关键。

（一）汉字认读

综合课中的认读不同于阅读课中的阅读，它不是以扩大词汇量为教学的主要目标，而是以精读为目的。这里的精读有两层意思：一是学生对课文内容能准确流利地阅读和朗读；二是能仔细辨别每个汉字细微的差别，因此在认读教学中，既有数量上语段、语篇（主要是课文）的阅读，也有字词的辨认。

1. 汉字认读的编排

阅读是辨认的基础，为了使学生有效阅读，教师要精心编排阅读练习，编排的原则是对所要阅读的内容采取多角度、大信息量、轰炸式的强化方式，使同一内容通过不同的方式与学生"见面"，这样既增加了重现率，又不至于使学生感到枯燥、乏味、疲劳。常见的方法如下：

（1）看图连词

教师通过多媒体调出一些真实图片，然后把相关词语（可带拼音）放在一起，让学生连线。

例如：

电脑　葡萄　香蕉　图书馆　手机　信封　桃　电话

（2）连词识字

这种方法比前一种要有难度，学生整体认读词语比较容易，但是把词语拆分开来认读难度较大，学生会觉得似曾相识，但又不能确定跟哪个词搭配是对的。例如：

查	电影
做	资料
复习	课文
预习	音乐
看	信
听	生词
写	练习

（3）组词接龙

即用第一个词最后一个字作为下一个词的开头，学生一边说教师一边写，然后让学生认读。例如：

秘书——书店

爱好——好人——人口

输入——入口——口语——语言

爬山——山上——上午——午饭——饭馆、饭店

新年——年级——级别——别人——人口——口语——语法

（4）扩展

扩展是汉字认读的有效方法之一，扩展的过程既是复习已经学过的汉字的过程，同时又是在已有知识基础上扩大认读范围的过程，增加了已有汉字的重现次数。例如：

找	难
找朋友	很难
找中国朋友	不太难
找一个中国朋友	汉字很难
找一个中国的女朋友	汉语的发音不太难

（5）通过聚合方法加强认读

为了加强学生对生词认读的数量和质量，教学中我们以五课为一个单元（一个星期所学的内容），对各课涉及的生词进行归类，通过聚合的方法加强认读。比如：

- 学习用品类：磁带、书、汉语词典、英文杂志、圆珠笔、报纸、本子、书包、笔等。
- 地点类：在银行、在学校、在图书馆、在食堂、在医院、在北京语言大学、在邮局、在商店等。
- 颜色类：红、黄、黑、蓝、绿、白、灰等。

（6）将课文的对话体改成叙述体

教师将对话体改写成叙述体时，尽量不要出现新生词，如果一定要出，要标出拼音和英文意思。例如：《汉语教程》第 17 课课文一《你家有几口人》改写成叙述体如下：

这是一张我们全家的照片。我家有五口人，爸爸、妈妈、哥哥、姐姐和我。我爸爸是一家外贸公司的经理。妈妈是律师。我的姐姐是大夫，在医院工作。我和我的哥哥都是北京语言大学的学生，我们来中国学习汉语，汉语比较难，但（dàn，but）很有意思。

总之，汉字认读练习的编排要围绕综合课的课文、语法、词汇、话题来进行，编排的原则要突出归纳性、综合性、趣味性、形象性、真实性和交际性，这些既是对教材的复现，又是对教材内容的补充和延伸，利于学生认读的流畅性和准确性。

2. 汉字辨认的编排

辨认是书写的基础。为了提高学生书写的正确性，在书写前教师要带领学生仔细辨认相近的汉字，区别这些字之间的细微差别。汉字辨认练习的编排要遵循以下原则：一是易混淆的汉字，二是学生易写错的汉字。

例如：

篮——篮球　　回——回答　　近——最近　　便——顺便

蓝——蓝色　　问——问题　　进——进步　　便——便宜

愉——愉快	较——比较	特——特别	炼——锻炼
输——输入	饺——饺子	持——坚持	练——练习

（二）汉字书写

1. 汉字书写的条件

根据该教学模式第一步“认写分流，多认少写”的设想，汉字书写要在汉字充分认读的基础上进行。具体条件如下：

（1）学生对要书写的汉字能自动化地认读，即在书写前对所书写的汉字能脱口而出认读该汉字。

（2）学生能辨别字形相近字的异同。

（3）学生能在上下文和语境中理解该字的字义，并能组词。

2. 汉字书写的编排

汉字书写要遵循从易到难、从简到繁的原则，先从简单的笔画、部件、独体字开始，逐渐增加其难度和复杂性。但是笔画、部件、独体字那么多，先学写哪些呢？我们在进行教学前，首先对综合课的生词进行统计和分析，主要是对期中考试前（30–40 学时）的教学内容进行统计，以杨寄洲《汉语教程》（2003）为例，主要统计第一册（上下）。具体做法如下：

（1）统计教材中共有多少词语、多少汉字，其中有多少独体字，然后对构字能力强的独体字进行排序，并结合课文的出现顺序，确定先教书写的独体字。

（2）把汉字按照偏旁排序，结合课文出现的顺序，构字能力强的偏旁先教书写。

（3）把不常用独体字进行排序，构字能力强的不常用独体字也先教书写。例如“巴”是不常用独体字，但是它能构成“爸、吧、把、色”等字，因此也要把它作为一个字来教。

（4）对常用部件进行统计，构字能力强的常用部件也要作为一个整体教学生书写。

3. 汉字书写的步骤

初期

（1）基本笔画教学

笔画是汉字教学的基础，在教汉字笔画时，我们把笔画分为基本笔画和复合笔画。基本笔画由横、竖、撇、捺、点儿、提构成，其他均为复合笔画。

- 教基本笔画及其名称

边唱边示范边让学生模仿、练习。教学时要注意运笔方向。如果不教，学生可能就会撇和提不分。还有的学生可能从右到左写“横”，因为阿拉伯文从右到左书写。

- 笔画带独体字

仅仅会写基本笔画，学生会感到机械、枯燥，因此，我们主张基本笔画和独体字一起教学，即采取基本笔画带字的方法。所带的字：一是综合课课文中常用的、构字能力强的独体字和非常用独体字；二是独体字的教学顺序以独体字在课文中的顺序排列为主；三是每五课为一个单元，五课内的字词顺序可以调整，比如“十”可能是第5课的生词，但是根据笔画带字的原则，我们可能第1课就教“十”。例如：

横和竖：一、二、三、十、工、土、王、上等。

撇和捺：千、午、斤、八、人、个、大、天、夫等。

- 笔顺

笔顺要随着汉字的出现顺序来教，没有涉及的笔顺以后再教。例如，前五课涉及的笔顺：

先横后竖：十、工、土、王

先撇后捺：人、个、大、天、夫

先上后下：六

（2）复合笔画教学

先教构字能力强的复合笔画，急用的先教，不用的不教。

- 复合笔画带字

复合笔画带出的字也都是综合课中常见的独体字，以及没有陌生笔画的合体字。例如：

横钩：尔

撇点：女

竖钩：小、手

弯钩：子

- 笔顺。例如：

先左后右：八、儿

先中间后两边：小

先外边后里边：目、自

先里头，后封口：国

（3）独体字教学。

- 通过象形教独体字。例如：

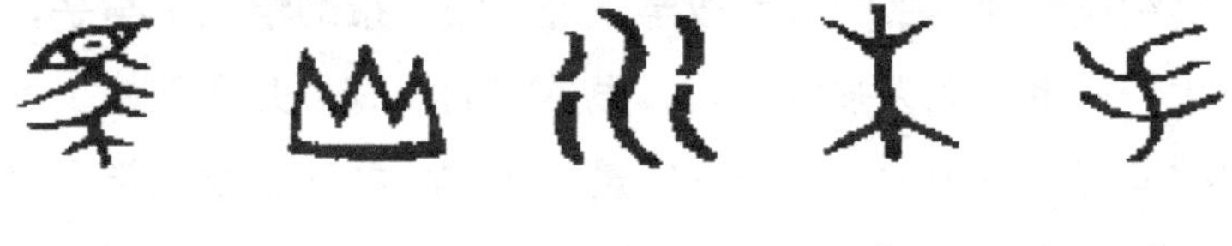

马　　山　　水　　木　　手

- 通过指事教独体字。例如：

夕　　刃　　亦　　血　　朱

- 通过图画描述汉字的意象。例如：

“采”表示一个人用“爪”（手）在树上（木）采摘。

- 通过形体动作。例如：

“大”和“天”

- 通过一个独体字增减笔划或变换笔形学习另一个独体字，举一反三，形成记忆联想。例如：

大—太　　天—夫　　口—中、日　　石—古

日—目、甲、白　　目—自　　了—子　　木—本

- 通过区别独体字之间的异同学习独体字。例如：

工—干　　干—千　　土—士　　见—贝

力—刀　　本—木　　广—厂　　木—禾　　几—九

（4）偏旁教学

- 由独体字转换成偏旁，例如：

人—亻　王—王　木—木　水—水　家—宀　口—口　目—目

- 单独的偏旁教学，例如：

医—匚　同—冂　建—廴　么—厶　须—彡

中期

（1）部首教学

中期除了继续进行独体字和偏旁教学以外，为了帮助学生多写字，我们还要有目的地教学生一些带字能力强的部首，虽然它们没有偏旁和独体字那样具有实际意义，但是这些部首将扩大学生的写字量。像“隹”部，学生学了以后，可以学写“谁、难、准、雇、售、集”等一串字。

（2）合体字教学

- 偏旁+独体字

学生掌握了一定的偏旁和独体字以后，教师要有计划地教一些合体字，但这时的合体字要少教，要严格控制在由已知到未知的范围内，比如学生学了单人旁，也学了独体字“十”，这时我们就可教学生学写合体字“什”了，等等。再比如：

女：妈、姓、姐、妹

木：枝、校、楼

- 利用部件组合教合体字

初学者常常把笔划和偏旁作为记忆单位，缺乏汉字部件的组合能力，造成记忆单位过多，影响了记忆的容量，使学生普遍认为汉字很难记。如果我们在教学中不断地以成字部件为单位进行组合，通过整体识记汉字，经过以旧带新，既复习了以往的汉字，又学习了新的汉字。例如：

相：木、目

想：相、心

箱：⺮、相

● 利用归类法

在归类的过程中，教师要充分利用汉字的构字规律，培养学生分析、比较，逐渐概括出一组字、一串字的特点。常见的方法有：

基本字带字：　生—性—姓；大—太—天；米—来—楼—数

相同部件的字：谁—难—准；公—会—去；较—校—饺

相同偏旁的字：词—说—话—语；酒—法—汉—没；馆—饭—馒—饺

相近似的字：　月—那—哪—朋；果—男—邮—典—电

● 利用形声字表义、表音功能进行汉字教学

形声字形旁的表义功能：

形声字形旁的表义功能可以为我们提供汉字双重的信息含量，决定合体字的意义类属，有利于理解所构之字的意义。

例如，“氵”旁的汉字“江、河、洗、游、泳、海、深、浅、渴”等都与“氵”（水）这个义类有关。

形声字声旁的表音功能：

声旁的声韵调与其所组成的汉字的读音完全相同：工—功；太—态；乃—奶；青—清

声调不同：马—码—吗—妈；巴—爸—吧

声母不同：未—妹；见—现

韵母不同：井—讲

● 利用讲故事的方法，了解中国古代文化。例如：

男：古代男人在田地里用力劳作。

信：表示人应该言而有信，诚信。

女：在母系社会表示美好，“好、娇”等；在男权社会表示邪恶，“嫉、婪、奸”等。

(3) 难简字教学

有些合体字不能用上述方法进行教学，只能采取特殊的方法帮助学生记忆，比如帮助学生分析这个字的构成，像“赢”，它是由五个汉字组成；带领学生模仿，像“姨”等。

总之，汉字教学很少以一种方法单独进行，随着学习的深入，常常是几种方法一起使用，目的是使学生通过联想、认知加工等手段记忆和书写，学写汉字不是记一个个孤零零的字，而是学写一串字、一行字、一段字。

后期

学生经过十五六周的学习，基本上能够达到“认写同步”的水平，但是这时教师不要不管不问，而是有计划地让学生进行一些认写练习，使认和写联系起来，形成一个整体，达到自动化的水平。

（三）检测方式的编排

为了了解学生汉字书写的掌握情况，教师要设计检测的方法，以便了解学生汉字书写的情况，给学生提供反馈。常规做法是：

1. 每天听写前一天学写的字、词组、短语、小句、句子。
2. 每周五综合听写一周学写的汉字。
3. 每册书学完有一个综合考试。

这种检测方法更加强调教学的过程性，学生把检测作为了解自己不足的一次总结，而不是定性的终结性评价。

（四）该模式的条件保证

该教学模式前期主要强调“多认少写”，“多认”是写的基础，也是有效阅读的保证。但是“多认”，要有一定的主客观条件保证。主观上，教师首先要有敢于大胆处理教材的能力，不能亦步亦趋地跟着教材走，要对教材的内容进行总体考虑，精心设计，并对一学年的汉字进行综合排序，这样才能保证汉字教学与教学计划的一致。其次要编写大量的汉字认读、阅读材料，如果仅仅靠书上的课文和练习，字词的重现率较低、趣味性不够、形式也单一，很难达到阅读的量和质的要求。第三要有多媒体作保证，或者能每天给学生复印阅读材料。另外，在具体实施中还有一些条件的限制，比如教材的限制，统一考试的限制等，今后如能在设备、管理、教师等统筹安排下进行规模更大的系统教学，定将进一步推动汉字教学改革。

第三节　汉字读写练习方法

（一）边唱边模仿边书写。学生应掌握 20 多种笔划的写法及名称。

（二）学写字规则、运笔方向。要有坐姿、运笔等的训练。

（三）分析字体结构（主要是合体字），不断地由已知带未知，不断地总结、归纳、辨析形近字。因为成人具有较强的理解能力和归纳能力。

（四）学习一些基本的汉字构造规律：如果只强调一些基本的、感性的训练，会使学生错误地认为庞大的汉字体系像是一盘散沙，要一个字一个字地死记硬背，这不利于学生掌握汉字。所以适当地加进一些汉字的造字法是必要的。例如，象形字、指事字、会意字的练习。

（五）注意随时纠正错别字，避免写错字、别字。

（六）同一个字，可以采用多种方法识记。如“牛”字，用“生”字减一横来记，用“午”字竖出头来记，用图片来记都可以。不要强求用一种方法来记忆。

（七）每天听写。学完生字的当天，需要写的字能默写下来，然后将每个字组成词（如果两个字都是要求写的字。如果有的字不要求写，只要求认读，这个字可用拼音代替）默写，再写一个句子。从第二天起，开始听写，一天后、两天后、三天后，一周后、两周后、四周后，把这些字镶嵌在新的句子中进行听写，巩固会写的字。一周一查进行检验，及时反馈。

（八）定期写话运用汉字。在使用中巩固，是对所学汉字最好的练习和运用。定期写话，是在学生学会书写单个汉字之后的教学，这样避免了单个汉字的重复抄写。

（九）写字速度：初期，抄写 13–15 字/分，听写 8–12 字/分；两个月后，抄写 15–17 字/分，听写 12–14 字/分（根据北京语言大学汉语学院 1997 年制定的教学标准）

技能课教学篇

第十二章　怎样教听力

第一节　听力课的重要性

听力课是提高学生听力理解能力的技能训练课，听力是语言交际的重要组成部分。听力理解能力被视为由听力速度、记忆、判断、概括等紧密联系在一起的综合能力，是对语音、语法及词汇的综合利用。因此听力理解是表达的基础和前提。在语言学习和语言交际中听的能力要先于和大于说的能力，仅仅靠其他课型中听的练习是远远不够的，因此，初级阶段听力课是我们教学的一个重点和难点，开设听力课是非常必要的。

第二节　听力理解的难点及对策

一、语言方面

（一）语音方面

首先是语音障碍，学生听觉灵敏度差，造成辨音辨调的误差大，由此引起错误的联想和错误的理解。如“jīchǎng（机场）”和“jùchǎng（剧场）”中由于“jī、jù”辨不清而出现错误；学生把“问你一下（wèn nǐ yí xià）”说成“吻你一下（wěn nǐ yí xià）”，由于声调错误闹了笑话。从报纸上还看到一个故事：一个外国老板给一个公司打电话，说找“xīngdī”，对方说“打错了，我们没这个人”。原来洋老板找一个“姓邸”的人。另外重音、停顿、语气、语调的变化所产生的语义变化也会干扰听者的理解。对策是对学生加强辨音辨调的训练。（下面章节详谈）

（二）生词

生词是影响听力理解的重要因素，在听的过程中学生往往卡在某个关键的生词上停下来，下面的话就听不下去了，弄得满盘皆输。怎么办？这就需要训练学生跳过生词障碍、抓住主要信息的能力。（下面章节详谈）

（三）语法

语法规则记忆储存不够完整。学生在听的过程中需要一定数量的语法规则，而这些经验成分一般是在综合课或语法课获得的，属于感觉记忆与短时记忆，经过练习而传入长时记忆储存在大脑中，以便在听时迅速提取有用的经验。如果对语法掌握不好，对下面的这样句子就会感到困惑。

例句：妈妈让哥哥给姐姐写一封信。

问：谁给谁写信？

这里的问题是要理解“让”所表达的语法意义。解决的办法是在听前进行热身练习。（下面章节详谈）

二、语境和文化背景方面

任何民族的语言和该民族的文化都是相联系的，只有熟知目的语国家的文化习俗才容易理解有关的内容，听力课尤为如此。留学生都有这样的体会：人们日常生活或共有的内容相对比较好懂，困难的是涉及中国文化方面的种种。

例如：

王梅从美国回来了，今天晚上我们给她接风。

我小时候住过的四合院跟这个很像。

小王，什么时候吃你的喜糖啊？

老赵在家可是个“气管炎”（妻管严）。

中国人朋友之间不分你我，如果丁是丁，卯是卯，那就有点儿不够“哥们儿”。

上面句中画点儿的部分都是学生不熟悉的、反映中国习俗的词语，听起来有困难。

另外，固定词组和惯用语、成语也是在听力语料中常出现的，这类词语的意思单从字面上体会不出，要通过上下文语境去理解，例如“小王心里像十五个吊水桶，七上八下”。形容小王心里忐忑不安。再比如“我每次放假回家都为买礼物头疼”，学生懂感冒头疼，在这句话中“头疼”的意思就比较隐晦，它是感到麻烦的意思。文化因素影响听力的例子几乎比比皆是，小到一些有关文化的词语，大到一个情景。学生看到中国人请客，几个食客面红耳赤争着抢着付钱时，真不知道他们在做什么，还以为打架呢。因此应根据所听内容，对涉及的中国民俗习惯、文化历史作必要的解释。

三、听的内容方面

一般听力课的内容题材广泛，信息丰富。即使叙述一件事的简单过程也会涉及人名、地名、时间、年龄、价格、数量及号码，有时还有数字的计算。这些对初学者是比较困难的，他们常常反映说“记不住”。

例如：一斤苹果二块五，桔子两块一斤，香蕉三块二一斤。

问：我买两斤苹果、两斤橘子、两斤香蕉，多少钱？

例如：我爸爸三十年前就对京剧感兴趣，那时他才二十岁。

问：她爸爸今天多大年纪？

遇到上述问题时，教师要培养学生养成边听边记的习惯，记的时候可用阿拉伯数字，可以用汉字或拼音，甚至可以用自己的母语。

四、学生方面

（一）听力的特点是说话人传达的信息是稍纵即逝的。学生反映说老师讲的故事容易听懂，这是因为与学生面对面交流中，学生可以看到老师的口型、表情和一些肢体语言，这些对学生理解语言是很有帮助的。而在课堂上听录音时是被动的，遇到障碍容易产生焦虑感，失去听懂的信心。因此要创造轻松愉快的课堂气氛，训练学生抓关键、跳障碍等听力技巧，不断提高理解程度，提高听的兴趣。当然录音声音应该清楚，语速恰当。

（二）听力理解要求学生精神高度集中，所以听的时间不宜过长，否则极易产生“听觉疲劳”，一般以一个课时（50 分钟）为宜。重要的是听力课的语料要有趣味性，接近生活交际。

（三）教学方法要灵活多样，生动有趣自然能吸引学生的注意力。教学中对所听内容进行联想猜测是开发学生智力的好方法。（下面章节详谈）

（四）课堂上通过一定的检查方式检测学生理解程度，把听和说或听和写结合起来交叉进行，可以激发学生的思维。如果能引导学生对不同的理解、猜测进行讨论更能深化理解，活跃课堂气氛。

课堂中如发现多数学生注意力不集中，可以利用一点时间唱唱歌，做做体操，休息片刻。

第三节　听力课的教学任务

任何一种语言的习得都离不开听、说、读、写的训练。听力课是一门提高学生听音理解能力的技能训练课，也就是专门培养学生听的技巧。我们认为对初级阶段学生听力课教学应着重培养以下几种技能：

一、辨音能力

前面谈到语音辨别是学生听力的一大难点，在听力训练中培养学生分辨声母、韵母及声调是非常重要的。特别是近似的音和调是听力难点。例如，变调练习：

shíqī（十七） shíyī（十一）	shūbāo（书包） shūbào（书报）	wǔshù（武术） wūshù（巫术）
Hànyǔ（汉语） Hányǔ（韩语）	qìchē（汽车） qíchē（骑车）	mǎile（买了） màile（卖了）

听者首先接受的是一串串语音刺激，然后进行编码，因此听者首先要有分辨语音的能力，否则会造成理解错误。如果辨音能力极差，听力理解就无法进行。这种语音能力要靠平时的训练。例如：

b—p	z—zhi	u—iao
bóbo（伯伯） pópo（婆婆）	zǔlì（阻力） zhǔlì（主力）	xiūxi（休息） xiāoxi（消息）
i–ü	**d–t**	**j–zh**
yǒuqì（有气） yǒuqù（有趣）	dǎnzi（胆子） tǎnzi（毯子）	zájì（杂技） zázhì（杂志）

二、抓关键、跳障碍的能力

听力有专门的技巧，抓关键、跳障碍就是技巧之一。即在听“话”的时候，要排除冗余成分，抓住关键内容，抓住说话人传达的最重要信息。

例如：

A：你爱人出差了吗？

B：他上个星期到乌鲁木齐参加学术讨论会去了。

我们想知道“他做什么了”，听明白“去参加（学术）会议”就达到目的。至于“乌鲁木齐”这个词因不是听话人想捕捉的信息就可以跳过去。当然根据“去××”的格式也可以猜出这是个地名。

再看下面一段听力材料：

我家有一大一小两个朋友。我不是怕他们抽烟要花钱，尽管每月都要花好几百的烟钱。我担心的是儿子才这样年龄，这样下去，不但危害自己的健康，还会影响今后的事业和幸福。

这段话中听者要抓住的主要信息是“母亲担心儿子抽烟危害自己的健康和幸福”。其他都是非关键的内容。

在听的过程中学生会遇到一些生词，凡是能猜的词，尽量让他们自己通过上下文的语境去猜，以便能跳过这个障碍，不影响理解。例如：

“后来，我考上了一所业余大学学习英语。学校是借郊区的一所中学的教室，晚上学习。”

学生通过“借郊区的教室，晚上学习”就能猜到“业余大学”的意思了。

三、联想猜测能力

正如一位美国教学法专家说的“理解语言的过程是一种猜测、估计、预想的积极相互作用的过程”。心理学家指出，联想是指当听者接受一个信息后，能很快地跟其他相关的信息建立起联系的一种心理活动。上节谈到了根据上下文猜测生词词义，其实根据上文的信息凭想象可以对即将接受的信息推测估计，预知下文。例如：

“我知道努力了，三年里我没看过一次电影，没去过一次网吧，更没出去旅游过。去年我参加了一次北京的英语比赛……”

学生不难猜测到这次比赛的结果是“我得到了优异的成绩”。

有时也可通过关联词语来预测。当听到“不但”就可预知下面接的是“而且”，可以预知下面的意思比“不但”后的意思更进一层。当听到“可是”时可以猜到即将听到的是与上文相反的意思。这种预测能力的训练可使听话人的判断先于话语，加快听话的速度，使理解变得更加主动。

四、记忆储存能力

听力理解是大脑理解、思考、记忆的过程。理解与记忆几乎是同步的，只有理解了才能记忆。记忆储存在大脑的信息越多，越能加快理解的速度，增加理解的深度。俄国生理学家谢切诺夫说过“一切智慧的根源在于记忆”。可见记忆的重要性。

心理学家把记忆分为短时记忆和长时记忆。听力材料经过再现重复可以转化为长时记忆，储存在大脑中，使之再参加解码和编码，如此循环往复，听力就会得到不断提高。因此在听的过程中对重要的信息可板书提示。这都是加强记忆训练的好方法。

第四节　听力课的类型及训练方法

一、听力课的类型

在初级阶段听力课主要有两种：

一种是附属性听力训练。早期对外汉语教学只有一本书，一门训练课解决学生听、说、读、写四个问题，但是，一本书包揽语言知识的讲授与言语交际技能训练显然有其不足之处，特别是技能训练不够。因此听力课成为一门独立的课程，以侧重培养学生听音理解为主要目的，它是在综合课的基础上，又设课于综合课之后，（即上完某一综合课紧接着上听力课），学生在综合课上掌握了某些语法和词语后，进行听的训练，所以此类的听力课是附属性听力，一般都配有独立的听力教材。听力课的一个重要原则是给学生可懂输入，从学生语言知识水平出发，着重听力技能的训练，经过这样的长期实践，学生听的能力会不断提高。因此附属性听力训练是比较合理和有效的。本节重点介绍的是这种附属性听力训练的方法。

另一种是综合型听力课。这是独立开设的一门听力课，与综合课没有关系，有自成一套的词语与语法训练系统。这类课不仅仅要进行听力技巧训练，还要担负新词语与新语法规则的讲练工作，一般综合型听力课每次都要围绕一个主题，要准备相关的图片、照片、图表、录像等。

二、听力课的训练方法

（一）听力前的训练方法

听力前的训练，也叫“听前热身”。为帮助学生较快进入状态，我们利用 15 分钟左右的时间进行快速听、说训练。练习的内容主要是综合课刚学的语音、词语和语法难点。这种复习等于重复“输入”练习，可以激发学生记忆，起到预听的作用。

以《汉语听力教程》第 23 课为例，本课内容以方位词的用法为主，因此重点复习的是方位的表达法。教师课前准备了一张图（如下图），教师问，学生看图回答：

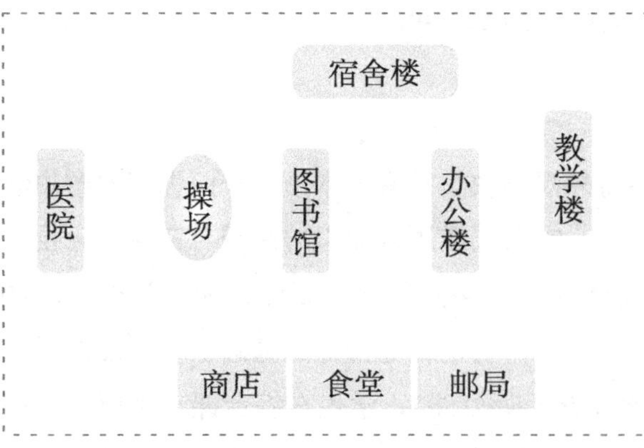

教学楼在哪儿？
办公楼西边是什么地方？
图书馆在什么地方？
学校有宿舍楼吗？它在学校的北边还是南边？
操场是不是在医院的东边？
学校南边有食堂吗？
邮局在什么地方？

又比如“被”字句，教师在听录音前可做如下听答练习：

昨天晚上夏子被安娜的同屋送到医院去了。

问：昨天晚上谁病了？

上星期天玛丽被几个中国朋友请去吃饭了。

问：谁请谁吃饭？

我看见一辆小汽车被大卡车撞坏了。

问：什么车撞坏了？

如果遇到一些难词、生词和有文化背景的问题也可适当讲解。比如听《买房子比买汽车难》，这篇文章中的“商品房、贷款，单位都给了他们房子（单位福利分房）”都要作必要的解释，扫除听的一些障碍。

（二）收听阶段的教学方法

1. 句子的理解部分

句子的理解主要涉及词语和语法，内容并不复杂。因没有上下文，理解起来比较困难。

一般是先让学生逐句听一遍后做选择或判断练习，教师可把学生选择的不同答案写在黑板上，请学生带着到底哪个正确的疑问听第二遍，对先前的选择作出修正。例如：

这件衣服颜色、肥瘦都很合适，要是再长一点就好了。

问：这件衣服哪儿不合适？

A 肥瘦不合适　　B 颜色不合适　　C 长短不合适

一些学生对“要是再长一点就好了”不甚理解，影响正确选择。此处就需要教师讲解。例如：

安娜，你要是见到大卫的话，问他收到玛丽的信没有？

问：信是谁写的？

A 安娜　　B 大卫　　C 玛丽　　D 说话人

学生听完第一遍后会有不同的答案，教师应提示学生，这句话中提到几个人？谁在跟谁说话？把他们的关系搞清楚后，句子就不难理解了。例如：

昨天晚上睡是睡下了，可是怎么也睡不着。

问：这句话告诉我们什么？

教师可根据学生的困惑，训练学生概括能力。用“失眠”一词概括句意。

由此可见教师的讲解是必要的，有的教师容易走入一个误区，认为既然是听力课就要让学生多听，听一遍听不懂就听两遍、三遍、四遍，反复地听。教师成为按键的工具，学生对此也有意见，他们反映说“这样与自己在宿舍听录音没有两样，反正书后有答案”。我们认为讲解是听力课的重要一环，听力课应有教师的讲解、分析、说明。所谓“听”不仅是只听录音磁带，也包括教师的讲解。这样做可以减轻听力的难度，增强学生的信心，也可以一方面复习旧有的知识，另一方面传授新的知识。但是教师的讲解也不是越多越好，毕竟是听力训练课，讲解要起到画龙点睛的作用。下面谈到对话及语段的训练也是如此。例如：

妈妈跟邻居说了很多好话，邻居才原谅了我。

问：为什么邻居原谅了“我”？

这句话中学生要明白的关键词是“好话”，可以引导学生根据“邻居才原谅了我”猜测出“好话”一定是表示歉意的话，这样培养学生猜测能力。

2. 听对话的训练

对话式语段的特点是口语生活化，句式比较简短。由于对话式语段已不仅仅是一种语言结构，还是一种交际行为，因此要弄清楚说话时的语境，弄清楚说话人之间的关系，说话发生的时间、地点，说话人的语气及言外之意。这样有助于理解。例如：

女：哎，老李，你在家。今天你怎么回来的比我还早呢？

男：早什么啊？我是去别的公司路过这儿，顺便拿点儿东西。

根据内容，教师引导学生注意“你在家”，从而猜出说话人是夫妻关系。再通过男的对“回家早”的否定，得知他并不是下班回家，而是回家“拿点儿东西”。例如：

女：马丁最近找了个理想的工作。

男：是啊，他在北京跟一个上海姑娘结了婚，现在在天津的新家度蜜月，他说要做一个合格的中国女婿。

问：马丁是哪儿的人？

A 北京　　B 天津　　C 中国　　D 外国

两个谈话人可能都是外国人，他们谈论的是他们的朋友马丁，要选择正确答案，抓住关键词语“合格的中国女婿”，据此可以判断马丁不是中国人，而是外国人。

有时答案并没有直接出现在对话中，听者要根据自身经验，体会出说话人隐含的言外之意。例如：

女：你第一次表演汉语节目有什么感觉？

男：表演之前一句一句都背得很熟，可是到台上一下子全忘了。

问：男的为什么全忘了？

人们一般都有这样的体验，如果精神太紧张会忘掉应该说的话。所以教师可引导学生谈谈自己经历过的紧张状态，很容易找出男的为什么会“全忘了”的原因了。

3. 语段的训练

语段往往有比较完整的内容，所谈及的内容比较广泛。语段含有的信息量较大，既有事件的主要情节和论点，又有细节和论据。要调动学生抓关键、跳障碍，利用推测、判断，把握和理解内容，综合性地依靠听力训练的技巧。要让学生了解出现的人物和他们之间的关系，了解发生的时间、地点、前因后果。例如：

聂耳是中国一个有名的音乐家。他很小就爱好音乐。有一天晚上妈妈带着他和哥哥们一块儿去散步，回到家里已经很晚了，该睡觉了，可是聂耳却不见了。妈妈和哥哥到处找都找不到他……

这时老师停下来问学生“聂耳到什么地方去了”，学生可能有各种有意思的猜测，但教师要提醒学生：聂耳是有名的音乐家，从小爱好音乐。学生据此多数都猜出：聂耳可能练琴去了。教师继续放录音：“第二天上午才知道原来他到附近河边练琴了。”猜对的学生异常兴奋。教师继续放录音：“那么晚了，你为什么去练琴呢？妈妈问。”这时教师再停机问“聂耳为什么夜里练琴”，学生都争先恐后踊跃回答。当教师继续放录音“妈妈，聂耳说，这几天学校太忙，白天都没有时间练琴，只好在夜里练了”。此时猜对的同学欢呼雀跃，而其他同学也留下了深刻的印象。接着学生很感兴趣地听完全文。教师还向学生介绍了聂耳创作的《义勇军进行曲》已成为新中国的国歌，学生很感兴趣。

还有一个是讲退休警察和退休女歌唱家的有趣故事：（见《汉语听力教程》第 2 册第 126 页第 12 课）

首先听一遍录音了解大概的内容。教师问两位主人公是做什么的，学生清楚了一个是退休警察，一个是退休的女歌唱家。再听一遍录音前提示学生他们之间发生了什么矛盾。最后听一遍问他们怎么变成了好朋友。这时要提示学生注意抓细节：女歌唱家送给老警察一束表示和好的鲜花，老警察送给歌唱家一套钓鱼工具，并表示要相互学习。这样分层次，一层一层听起来清楚明白。

以上听的是有情节的故事。如果听说明文或议论性短文，一般都是陈述或讲明一个道理，开头往往是指出问题，中间是对问题的分析论证，结尾是结论或提出解决办法。

例如：《一慢二看三通过》（见《初级汉语听力课本》第 118 页第 62 课）

在许多城市的十字路口，人们常常看到这样的标语：“一慢、二看、三通过”，意思是：汽车开到这里要慢下来，看看有没有红灯，有没有过马路的人或车。如果没有，再慢慢开过去。十字路口车多人多，最容易发生交通事故。这“一慢、二看、三通过”的标语就是为了提醒人们注意交通安全，不要着急通过。目前的情况是，大部分汽车司机都能做到“一慢、二看、三通过”，可是有一些骑车的人，特别是一些年轻人却常常不遵守交通规则。汽车司机和交通警察对这些年轻人都感到头疼。

教师首先引导学生说他们在十字路口常常看到什么路标（可板书一……、二……、三……），然后猜测一下“一慢、二看、三通过”这个口号是什么意思？最后讨论为什么要提出这个口号？学生带着猜测和预测的结果听录音，这样学生能精神集中，积极思考寻找答案。然后教师对一些重点词语“慢下来”、“提醒……”、“感到头疼”进行解释。

例如：《火车站的广播》（见《初级汉语听力课本》第83页第57课）

旅客同志们，欢迎您乘坐13次列车。本次列车是从北京开往上海的特快列车。列车的餐车在5号车厢，餐车从早八点到晚八点为您服务。旅客同志们，列车就要开车了，送亲友的同志们请您下车。

首先提示学生要听的是火车站的广播。要求学生拿出笔记本准备记录。为了使学生对广播内容有个大概了解，先全文听一遍。三段广播相对独立但又有联系，教师可在听完第一遍后提出如下问题：

13次列车从什么地方开往什么地方？

什么时候达到目的地？

列车有餐车吗？

列车在哪个车站要停车？有旅客下车吗？列车在此站停车多久？

请学生带着问题听第二遍，注意要求学生抓主要内容，回答教师上面提出的问题。最后一段一段听，要求学生抓细节。比如，三段分别是什么时候广播的？餐车什么时候为旅客服务？北京到上海需要多长时间？在南京停车时广播特别提醒旅客注意什么？

(三) 听后小结

经过听力训练之后，教师应引导学生对听的语料进行整理，使学生获得的新信息，特别是词语、语法句式、习惯用语等得到进一步复习，以变成长时记忆。如，前面例子中的“从（由）……开往……”、“从……到……”、“随时”、“车停稳”、“照顾好……”、“带好……”等。这样经过反复的训练，学生的听力理解能力会得到逐步提高。

第十三章　怎样教阅读

第一节　阅读训练的目的及任务

对外汉语阅读训练的目的和任务包括三个方面：（1）培养阅读理解能力；（2）培养阅读理解技巧；（3）通过培养阅读能力来全面提高学生的语言水平，并且强调要根据学生的水平来具体确定教学目的（吕必松，1996）。不同的水平阶段有不同的目的。这里我们谈的是从零起点开始的初级阶段阅读训练，中高级阅读不在这里论述。

阅读也是一种语言交际，其特点是进行书面交际，因此阅读训练离不开汉字。汉字形、音、义兼备，相对于拼音文字，每个汉字都像一幅图画，对母语为拼音文字的学生来说，认读汉字是一个很大的困难。有的学生怀有畏难心理，这是学生阅读的最大障碍。因此对初级阅读的教学应有步骤，从浅入深，由易到难，逐步进行。

第二节　如何进行阅读教学

一、阅读教学的阶段性

（一）第一阶段

从零起点开始，这个阶段主要训练学生认读汉字、认读词组的能力。对以拼音文字为母语的学生来说，识记汉字有很大的困难，但汉字是汉语书面语的符号，提高汉字认读能力是阅读的基础。人们常说“要阅读，识汉字”，就是这个道理。因此通过识字认字帮助学生了解汉字形、音、义的特点和汉字部件、汉字结构，帮助建立汉字音、形、义之间的联系，熟悉汉语视觉形象，成为这个阶段的教学内容。此阶段除汉字的认读外，还要进行词、词组的认读理解训练。这是培养阅读能力的第一步。

具体做法，可用卡片闪现帮学生阅读生词、词组，或教师朗读，学生模仿等。

（二）第二阶段

学生掌握一定数量的词语和最基本的语法后，可开始阅读单句、小语段、短课文。这个阶段首先解决“断词”（切分）问题。“汉语书面语和拼音文字不同，书写时字字相连，词与词之间没有间隔标志，它的语法关系和意义在形式上没有任何标记。外国学生在阅读的时候常一个一个字地点读、辨认，或者把不属于一个词的几个汉字当做一个词去理解。虽然认识每个字，却不懂文章的意思”（沈兰 2005）。所以教学生“断词”（切分）就尤为重要。例如切分下面一段话：

我 / 叫 / 张华，我 / 是 / 中国人，他 / 叫 / 马克，他 / 是 / 我 / 的 / 朋友，我们 / 一起 / 学习 / 汉语。

具体做法：首先要求学生将所学的短文正确“断词”，看切分得是否正确。在此基础上让学生大声朗读。心理语言学研究告诉我们：眼、口、耳并用，调动大脑的视觉、听觉神经，可以加强认知记忆，所以识记汉字离不开朗读。这是这个阶段检查学生阅读能力的有效手段。例如：

A：你们 / 好！

B、C：你 / 好！

A：你们 / 吃 / 什么？

B：我 / 吃 / 饺子。

C：我 / 也 / 要 / 吃 / 饺子。

A：喝 / 什么？

B：我 / 要 / 啤酒。

C：我 / 要 / 矿泉水。

A：好。

朗读后，教师可通过提问方式检查学生理解的情况。问题从浅层次开始，学生可以直接从材料中找出原句回答，也可以鼓励学生作简单概括。这样做可以了解学生理解的情况，又让学生通过听说加强对材料的视觉印象。初级阶段学生有较强的表现欲，提问问题不但给他们提供展示学习成果的机会，也活跃了课堂气氛，激发了他们阅读的兴趣。例如：

教师提问学生回答：

① B吃什么？（饺子）

② C吃什么？（饺子）

③ B喝什么？（啤酒）

④ C喝什么？（矿泉水）

⑤ 猜猜他们在什么地方吃饭？（饭店）

⑥ 猜猜A是谁？（服务员）

（三）第三阶段

默读阶段。随着学生词汇量的扩大、语法知识的增加，要求学生默读短文，而不再提倡前两个阶段的朗读。这个阶段可视为阅读的开始，强调加强学生视觉训练，培养学生阅读理解的初步能力。阅读能力的提高有赖于以下几个方面：

1. 积累词汇，扩大词汇量。我们知道词汇量的大小直接影响阅读速度和理解能力，所以这一阶段一要多接触阅读材料，从中吸取词汇。二要引导学生猜测词义。在阅读中遇到生词，我们不主张立刻给予解释或让学生马上查字典，培养学生利用汉字知识、汉字构词法和上下文语境等猜测生词意义。例如下面的短文：

玛丽每天早上都打太极拳。她打得非常认真。教她的老师说，玛丽学得很快，动作也很准确。玛丽说她很喜欢中国武术，以后她还要学习太极剑。

山田对中国的气功很感兴趣，他正跟一个中国老师学习气功。每天早上，他都在花园后边的树林里练气功。他说那儿人少、安静，空气也好。

在这段短文中，“准确”是生词，但学生学过“她发音很准”，据此可大致猜测出“准确”的意思。“太极剑”也是生词，但知道“太极拳”的意思，可以推测“太极剑”也是中国传统的健身运动。至于“气功”，根据文中“在花园后边的树林里练气功”，可以知道这也是一种需要空气好、安静环境的健身方法。学生读完这段短文后，了解外国学生喜爱中国传统健身运动的情况就可以了。

2. 对句子、语段的理解训练。学生阅读理解一般遵从从词——词组——句子——语段（篇章），即从微观到宏观理解的顺序。在这个阶段主要是长句和复句的理解。长句的附加修饰成分比较多，首先要训练学生抓主干，即抓住主、谓、宾，其他部分就容易理解了。例如这样一个长句：

请这位懂京剧的中国朋友给我们讲讲这个戏的意思吧。

这个句子的主干是“请……朋友……讲……意思”，我们可以通过提问：请什么样的朋友讲这个戏的意思？请这位中国朋友给谁讲？请中国朋友给我们讲什么？了解学生对这个句子的理解情况。

有些长句属于复句范畴，只要学生掌握连接主从句的关联词语所表示的不同语法意义和不同的语法功能，也就不难理解了。例如：

我不是去杭州就是去桂林旅行。（表示选择）

他不但会说英语，而且汉语说得也不错。（表示递进）

虽然今天风很大，但是天不太冷。（表示转折）

因为玛丽回国了，所以我们不能一起去敦煌了。（表示因果）

汉语中有不少不用关联词语的复合句，即所谓“意合句”。因为这类复句间没有明显的形式标志，即关联词语，学生理解起来比较困难。对此，应训练学生先搞清每个句子的意思，再分析它们之间的关系。可做这样的练习：在下列句中的括号内写出隐含的关联词语，检测学生对句子之间关系意义的理解。例如：

安娜今天（因为）感冒了，（所以）不能来上课。

他（虽然）年纪很小，（但是）非常勇敢。

（要是）你不想去，我（也）不想去了。

你（如果）要去看这个电影，我（就）陪你去。

在单句中对关键词语的理解，也是我们阅读教学中的一个重点，特别是多义词的理解。例如：

他学汉语学了三个月了，个个句子他都翻译得很准确。对划线词语意思的选择：

A 一个　B 两个　C 每个　D 多个（正确答案为 C）

办喜事时，他们的新房很简单。

A 新盖的房子　B 新买的房子　C 刚刷过的房子　D 结婚用的房子

根据上文“办喜事”时（即结婚时），可以猜测 D 是正确答案。

（四）第四阶段

这个阶段可以看做真正意义上的培养学生阅读理解能力。这时阅读的材料是具有连贯思想内容的文章，要求在理解词语和句子的基础上掌握篇章的内容，所以此阶段主要是培养学生阅读语篇的能力（当然初级阶段语篇不宜太长，内容不能太复杂）。

首先抓段落的中心思想。一般在段落的开头或结尾都有提示段落中心思想的句子，可提示学生特别加以注意。例如：

年年月月都有星期天，书画家的星期天是怎样度过的？电视片《书画家的星期天》将给观众有趣的回答。《书画家的星期天》分三集。12 月 22 日、24 日、28 日在北京电视台陆续播出。

这段文字的主要内容是：

A　介绍一个书画家的星期天

B　告诉你星期天的安排

C　预告一个电视节目

D　推荐一本杂志

有些段落的中心意思不是用一两个句子直接表述的，而是在段落间隐含着，因此也要训练学生通过阅读材料进行归纳概括，找出中心思想。上述例子就是如此。

在掌握篇章的主要思想后，要训练学生捕捉内容的细节，真正把握篇章所传达的信息。在阅读课上对所学材料教师应采用精读的办法。泛读、速读（也需训练，另章阐述）时对不懂的地方可以跳过去，而精读在读不懂的难点处就必须努力解决。在解决疑难问题的过程中阅读能力就会逐步提高。所以这种精读是一种“纤屑不遗”的阅读。例如：

……张华他也很喜欢中国的民族音乐，《春江花月夜》……等都是他喜欢的曲子。……他常约一些朋友到家里唱歌，大家说他唱得够水平，一点儿不比歌星们差。（意思是他唱得达到很高水平，跟歌星差不多。）

通过精读，学生就是这样一点一点积累词汇，加深对句子的理解，逐步了解所读材料的主要事实和信息，进而根据材料进行引申和推断，领会作者的态度和情绪。

二、阅读课教学的程序

第一步，介绍阅读课文有关文化背景及阅读重点；

第二步，学生自己阅读，了解材料的主要内容，有不懂的地方留下问题，等教师解释；

第三步，教师串讲课文，采用启发式对一些重点难点进行讲解；

第四步，教师通过判断正误、选择正确答案等练习，了解学生对材料的理解情况。

例如：

在回答“你认为当前男女找对象的主要条件是什么”的问题时，有78.6%的人回答是对方的人品；有7.2%的人认为是对方的文化程度；有6.2%的人认为是对方的家庭条件……城市中择偶要求注意人品、文化程度、外貌的多于农村，农村择偶要求对方家庭条件的多于城市。

工人、农民、干部、在学校的学生认为择偶的主要条件是人品，从事卫生、文艺工作的人择偶主要条件是外貌。

对文中画线的词语进行必要解释后，可让学生做以下选择题，以检查是否真正理解：

1. 人们一般认为择偶的主要条件是什么？

A 文化程度　B 工作条件　C 道德品质　D 家庭条件

（正确答案 C）

2. 下列哪一类人认为择偶的主要条件是外貌？

A 教师　B 护士　C 司机　D 研究人员

（正确答案 B）

3. 这段文字没有谈到的择偶条件是：

A 经济条件　B 职业条件　C 城乡差别　D 年龄情况

（正确答案 D）

除了用选择答案检验学生理解是否正确，还要了解学生通过什么样的话语得到了这种信息。两相对应就可以不断提高学生阅读水平。

第三节　关于阅读技巧的训练

一、精读与泛读

在上节中我们谈到了“纤屑不遗”的精读，在这里不再重述。精读属于发展式阅读，主要是培养学生掌握基本的阅读技巧，培养阅读理解能力。

泛读是一种“提纲挈领式”的阅读方法，主要是阅读大量的语料（生词较少，句法较简单），激发阅读兴趣。泛读可以复习精读课上学过的语言知识，还可以扩大学生的知识面，增进对目的语国家的了解。此外，泛读也是培养学生良好的阅读习惯、训练阅读技巧的重要手段。精读也是为了泛读，因为将来学生用汉语阅读大部分是泛读，不可能都是精读。大量的阅读可以不断培养语感，少量的阅读是达不到的。因为泛读材料量大，就只能靠学生在课外阅读即家庭阅读，课上只是检查阅读情况、答疑。目前能引起学生阅读兴趣、可获取大量信息、适应各种汉语水平的泛读材料比较少，需要加强泛读材料的编写，尽可能使学生接触真实的语料。

二、培养快速阅读

现在一般学生阅读速度较慢，一篇文章需要读很长时间才能读懂。学生是根据自己的需要检索阅读材料，这需要培养快速阅读能力。在教学中，我们发现影响阅读速度的原因有以下几个方面：

第一，学生摆脱不了“指读”和“口读”的不良习惯，尽管这种习惯在阅读初级阶段是必需的。但是只有默读扩大视幅，才能有速度。

第二，学生遇到生词或句法问题就停滞不前，应培养学生跳跃生词障碍的能力，抓关键，跳障碍，逐渐形成快速阅读能力。

第三，对句法结构掌握不牢。在阅读过程中回视太多，也影响了阅读速度。一方面可以与综合课配合，加强对学生句法结构的理解与应用，同时加强泛读教学，通过大量阅读使常用词语和常见句式反复出现，使对汉语的叙述方式、语法结构的理解得到巩固和强化，无疑对提高阅读速度有好处。

第四，文化因素的影响。文化差异也可以导致理解的偏误和阅读速度。例如：“老师们那种燃烧自己，照亮学生的红烛精神，永远值得我们学习。”中国人向来有用红烛比喻无私奉献的教师的传统，懂得这个文化背景就不难理解了。

三、培养快速阅读的几种方法

除了前面讲的快速认读词或词组外，在初级阶段还可以速读短句，目的是扩大视读的力度，为速读文章打下基础。

（一）速读句子就是用快速的形式（用投影更好），把一个长句写在一个长纸条上，然后按意群折叠起来（也叫“折叠式速读面”见图 1），然后一段一段在学生面前闪现，闪现一二秒钟后马上让学生读出来或写出来。每段文字由三四个字到七八个字逐段闪示，最后闪示出来的是全句。可以横式排列也可以竖式排列闪现（见图 2）。

例如：

① 在学校/取钱/很方便。（一折为三）

② 学校/有银行/，银行外边/还有一台自动取款机/，二十四小时/都可以取钱。（一折为六）

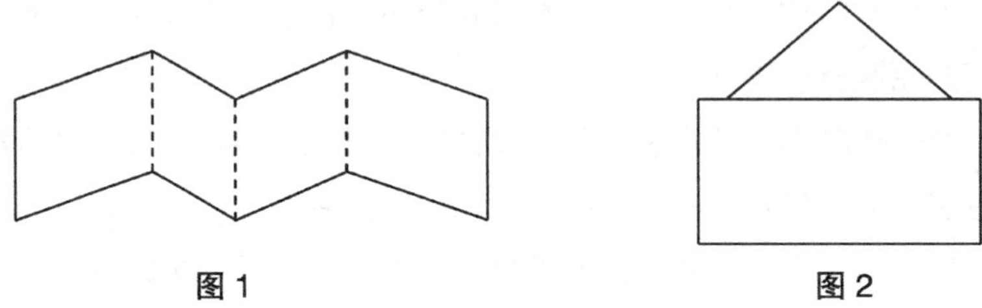

图 1　　　　图 2

此句较长宜采取竖式闪现，教师准备以下几张卡片：

A 在学校	B 学校	C 银行外边	D 二十四小时
取钱	有银行	还有一台	都可以
很方便		自动取款机	取钱

这样的方法，既培养学生正确切分板块，又可以让学生养成以意群为单位（板块）视停的阅读习惯（岳维善 1993）。

（二）限时阅读

按照教学要求，让学生在规定的时间内读完并做练习，了解学生理解的程度。材料内有生词，不要求学生查词典，靠上下文进行猜测。例如：

怎样使活鱼保鲜时间长一些呢？可以把活鱼放在一个盒里，再找一个塑料瓶，装上半瓶水，封住瓶口快速摇动，使大量空气融入水中，然后把瓶中的水倒入鱼盒里，盒里加满这样的水后，鱼因为得到充足的氧气会比较活跃。当发现鱼翻白了，可以倒出一些水，再用上述方法换水，鱼很快又恢复活力。

本文 130 字，限定时间 1 分钟（不包括做练习的时间），读完后选择正确的解释。

① 本文讲的是：

A 怎样养鱼 B 怎样给鱼换水 C 怎样使鱼活的时间长一些 D 鱼应该放在盒里

(正确答案 C)

① 不断摇动装水的瓶子，是为了

A 把瓶里的水倒进盒里 B 让水中有更多的空气 C 容易往瓶子里装水 D 倒出一些水

(正确答案为 B)

③“鱼翻白了”的意思是

A 鱼快死了 B 鱼变白了 C 鱼很活跃 D 鱼恢复了活力

(正确答案为 A)

学生借助习题进行练习，完成练习题就可以了。

第十四章　怎样教写作

第一节　初级阶段是否要开设写作课

写作训练是对外汉语教学的重要内容之一。它所涉及的教学内容比较复杂，学界对写作课的教学目标、训练层次和写作课教学定位有不同的看法和做法，目前国内关于写的训练有以下几种不同的安排。

一、“写”的训练与综合课融合在一起

我们知道综合课的基本任务是传授语言知识，核心任务包括听、说、读、写的各项技能的综合训练，因此“写”的任务就与综合课连在一起了。一般综合课都有关于“写”的练习，如模仿造句、连句成段、笔头回答课文问题，完成会话，写短文等。这种训练依附于综合课，比较简单易写，对学生“写”的训练很有益处，因此有人不主张在初级阶段单独开设写作课。但综合课对“写”的技能训练有限制，不能满足学生进行书面交际的需要。

二、单独开课

20 世纪 80 年代，功能法兴起，专项技能训练加强之后，写作课同听力、阅

读、口语技能课一样也单独设课。但“写”的训练难度比较大，需要一定的条件：学生应具有一定的词汇量，会写汉字，掌握基本的语法。因此很多学校对于零起点的留学生初级阶段不设写作课，在初级阶段后期或中级阶段设课；有的院校规定以达到 HSK（汉语水平考试）三级为学习写作课的起点。这种设课实际上还是依附于综合课，受综合课的制约，处于配合性位置，到中高级阶段写作课才显示出其课型特点。

三、从零起点开始就设汉语写作课，独立于综合课

这是一种任务型的教学方案。“采取循环递进的方式，提高学生在书面表达方面叙述、说明和议论的能力。初级阶段旨在帮助学生把学到的汉字、语法、词汇方面的汉语知识导入到书面表达中；……”（详见《体验汉语写作教程》）这体现了以任务为中心的体验式教学的理念，是值得关注的。

我们认为可根据教学对象的特点和教学总体设计采取上述不同的做法，但目前写作课教学多采用第 2 种方法（单独开课），这方面的教学经验比较丰富，可供参考的材料也比较多，本节介绍的怎样教写作课就是这种情况，其他情况从略。

第二节　写作课的教学目的及要求

一、外国人用汉语进行交际只会听、说是不够的

在中国工作和生活很多时候需要书面交流，如有的人需要给同伴留便条，有事、生病写请假条，需要租房子，转让物品，请辅导老师，找语言伙伴（speech partner）或寻找失物，填写表格等，都离不开书面表达。在初级语法阶段，一般以句型结构为主，多以单句表述。写作是以语段为出发点，需要专门进行训练。有写作需求者越来越多，因此加强写作教学，满足他们书面记叙事件、说明因由、发表自己见解的需要，具有较强的实用价值和交际价值。

二、"写"是最难的

在对外汉语听、说、读、写四项技能训练中，"写"是最困难的，学生掌握最差的也是"写"。这是因为对写的技能训练不够，主要的瓶颈就是汉字，汉字掌握不好直接影响写作，写得越少，汉字运用就越差，产生恶性循环。写作课多在高年级开设，使学习者听、说、读、写四种技能不能均衡发展，特别是"写"的技能严重滞后，影响交际能力的发展和提高。比如已经学到初级后期的学生竟然写不通一个通知。我在一个班听课时看见学生在黑板上写了这样一个通知：

明天晚上七点全班大家去郭林吃饭，请你们六点半在学校大门口约会去饭馆，你们不要忘记。

这是这个班的班长写的，除了个别用词不当，这个通知的书面格式也是不规范的，另外书面语的运用也欠缺。下课后我对写通知的班长说你写得不好，还有错误。我帮你改正，于是改成这样：

通　知

明天晚七时全班同学去郭林餐馆聚餐，请大家六点半准时在校门口集合，不见不散。

2008.5.12

这个通知中没有生词，没有复杂的句式，关键是学生不知用什么格式写，这就需要加强训练。

三、培养学生的书面表达能力

通过写的训练，培养学生的语法、词汇综合语言能力，进一步提高学生语篇能力。学生平时在口语会话中有不错的表达能力，但要写一段话，错误就很多。主要问题是句子语法不正确，词语搭配不当，词不达意，句子与句子的连接不符合汉语习惯等。有的学生用母语写作可能是高手，但是用中文写作读起来非常别扭，有的文章只是将一个一个正确句子堆砌在一起，缺乏书面表达应有的逻辑性，例如：

我叫拉娜，我是从俄罗斯来的。我是十八岁。我在莫斯科出生。我的家有三口人。我的妈妈和爸爸。现在妈妈不工作。现在爸爸在大使馆工作。十一月妈妈和爸爸去莫斯科。现在我是北京语言大学的学生。我学习过一年汉语，我还学三年汉语。

这篇文章经过修改后是这样的：

我是从俄罗斯来的拉娜。我出生在莫斯科，今年十八岁。我的父亲在大使馆工作，母亲陪伴着他，今年十一月他们就要回国了。我已经在北京语言大学学了一年汉语，还打算继续学三年。

经过修改文章显得通顺多了，学生写的能力也得到提高，据此来看，初级阶段开设写作课是非常必要的。

写作课应指导学生获得写作应具备的知识与能力及汉语写作的基本技巧。

写作课与其他课型如听力、阅读技能的培养不同，它是以培养语篇书面表达为目的的。写作教学离不丌词汇、语法点的教学，但它是置于语段、语篇的框架中，重点是安排语篇训练项目，如怎样写应用文，怎样写各种题材和体裁的短文，语篇中的词汇运用，语法的运用，语句语段的衔接，甚至标点符号的运用等。

四、训练学生书面表达符合汉语习惯

汉语书面表达有其独特的篇章结构、表达格式、连接方式。学生受其母语影响写出的文章不符合汉语思维习惯，给人一种“洋腔洋调”的感觉。请看下面留学生写的一段文章：

饭馆的顾客停留到晚上十点以后，就要开车，走路或者坐出租车回家，如果地铁停止了。

最好改成：

在饭店用餐时间超过晚上11点的顾客，如果那时地铁已经停止运营，就得自己开车、步行或者坐出租汽车回家。

此段话不单有语病问题，还有语段连接等问题，就需要通过写作训练加以解决。

第三节　初级阶段写作课教学内容与方法

一、初级阶段写作课训练内容

（一）写作知识技能训练（单项训练）

1. 正确使用标点符号

特别注意中文句号（。）的正确写法，不要写英文的“.”。经过训练学生不难掌握。

2. 组句成段

在初级阶段中期学生对基础汉语语法有了初步了解，但在语言表达上还缺乏实践的运用。我们要帮助学生把所学的词汇语法等运用到书面表达中，引导学生从成句的表达提高到成段的表达，为写作短文打下基础，因此语段的教学显得格外重要。例如：

自行车不会产生污染。自行车不用汽油。骑自行车非常方便。骑自行车还可以锻炼身体。想到哪儿就到哪儿。

汉语中有一种流水句的表达方式（即意合法的句子），不靠关联词语，主要靠句子与句子之间的逻辑关系。实际上是隐含着关联词语，如果说出来反而显得累赘。这是汉语的一个特点。教师应提醒学生注意这个特点，上面几个句子可以组成下面语段。（括号列出隐含的关联词语）

（因为）自行车不用汽油，（所以）自行车不会产生污染。骑自行车非常方便，（因此）想到哪儿就到哪儿。（另外）骑自行车还可以锻炼身体。

当然汉语句子与句子的连接也可以用关联词语（有时是不可或缺的），因此在组句成段的训练中引导学生正确运用关联词语是一个重点，通过关联词语使句子与句子之间的逻辑关系更清楚，在说明文中尤显重要。例如：

还必须掌握每个词在交际中的用法，了解它在此时此地的意思。

只了解一个词的表面意义是不够的。

一种语言的词汇，除了表面意义以外，还有语境义、交际义和文化义等。

学习一门外语，就要了解这种语言的词汇。

这里，要添加关联词语"因为……所以……""……但是……"等。上面的句子可以组成：

学习一门外语，就要了解这种语言的词汇。但是，只了解一个词的表面意义是不够的。因为一种语言的词汇，除了表面意义以外，还有语境义、交际义和文化义等，所以，还必须掌握每个词在交际中的用法，了解它在此时此地的意思。

整段语句通顺、语义明了，逻辑清楚，读者容易理解。

3. 组段成篇

语段是篇章的基础。语段与语段之间是纵向关系，这种关系比较松散，连接方式也比较简单，掌握起来相对也较容易。但也要引导学生注意段与段的衔接与连贯的训练。

4. 简单应用文写作

初级阶段由于语言水平的限制，写大的文章难以获得满意的效果，可以训练写应用文，一方面它具有普遍的交际价值，另一方面可以降低写作的难度。训练项目的交际价值、实用性可以激发学生的学习积极性，学了就可以用。应用文写作在初级阶段的内容可以有：

（1）各种便条、留言

（2）请假（病、事假）条

（3）各类启事：如租房，转让自行车等物品，请辅导老师，找语言伙伴，寻物、招领启事等

（4）填写各种表格

（5）写个人简历

（6）写通知、海报等

（7）一般书信

5. 写简短的记述文

一般不能少于 600 字。可以写“介绍自己的家庭”“介绍自己的兴趣爱好”“我在中国最喜欢吃的东西”“介绍北京的天气”“难忘的生日”“愉快的旅行”“我最喜欢的中国朋友”“学习汉语的心得”等学生感兴趣的题材。

6. 写简单的说明文、议论文

可以是环境处所的描述等简单的说明，例如“我的房间”“美丽的校园”“家乡的四季”“最喜欢的一条街”“常去逛的一个公园”等。还可以简单说明对某事的看法或态度。例如“抽烟对人有什么坏处”“锻炼身体有哪些好处”“我们身边有哪些污染”“交通事故如何避免”“骑自行车好还是坐汽车好”，等等。

二、初级阶段写作教学的原则及方法

（一）由浅入深渐进式教学

初始应以语言结构的训练为主，在写作形式上由句子的表达进而到语段直至语篇的表达。从单项训练开始逐步过渡到语篇形式的写作。每个教学阶段应围绕一个中心任务，比如有的阶段侧重了解应用文的格式和语言特点，有的阶段侧重句子之间衔接、按时间顺序的叙事、时间词语的运用，有的阶段侧重对事件或问题的看法、态度及有关词语的运用。体现以任务为中心，先易后难，循序渐进的原则。

（二）听后写或读后写，先口头后笔头

学生做“听后写”或“读后写”时要把刚才听到的或读到的内容再写出来，可不要求学生原句照搬，只要语句通顺、符合汉语表达习惯、上下文正确连接就可以了。可以降低命题作文的难度，避免学生因不知写什么内容而挠头。写作课训练的重点是使他们的书面表达符合中文的语法、中文的习惯，“听后写”“读后写”是训练学生书面表达能力的好方法，但注意“听后写”“读后写”的文章不宜过长、过难。训练可以从简单的几十字到一二百字，逐步加强难度。请看下面几个故事：

寄 信（听后写）

爸爸写了两封信，让小明去寄。过了一会儿，小明回来了。爸爸问：“你把信寄出去了吗？”小明说：“寄出去了。爸爸你把邮票贴错了，国内贴了两块钱，国外贴了两毛钱。”

爸爸问小明：“好孩子，你把邮票换了吗？”小明回答说：“邮票拿不下来，我就把里边的信换了一下。”

阿凡提的故事（读后写）

一天，阿凡提正在路上走，几个人过去叫住他。

“阿凡提，你懂的东西特别多，你说，我们应该把什么事情记住，应该把什么事情忘掉？”

阿凡提想了想，回答说：“要是别人为你做了一件好事，你应该记住；要是你为别人做了一件好事，应该立刻把它忘掉。”

这类故事作“听后写”或“读后写”的材料，短小、隽永、有趣，能激发学生写的动力。

除了“听后写”“读后写”以外，还可以“看图写话”。教师提供几幅画或一组意义有关联的图片，请学生先说一说图画所表示的内容，必要时教师可提示一些有关的词语，然后请学生把看到的图片内容用一段话写出来。

请看下面三幅图，然后从小词库里选择词语写在图片下面。（约3分钟）（陈作宏2007）

唱歌、运动、玩儿游戏、踢足球、
上网、钓鱼、弹吉它、看书、旅游、
音乐、风景、电脑、安静、热闹

图 1　　图 2　　图 3

学生根据提示词写出下列句子：

图 1 约翰爱好音乐，他又会唱歌又会弹吉他，音乐让他很快乐。

图 2 约翰很爱旅游，他觉得旅行的时候，除了可以看到很美的风景以外，还可以学到许多知识。

图 3 约翰喜欢安静。有空的时候，他经常在家看书，他特别喜欢看小说。

这时，教师应进一步引导学生组句成段，写成一篇小短文：

约翰的爱好

约翰的爱好很多，他最大的爱好就是音乐，他又会唱歌又会弹吉他，音乐让他很快乐。他的另一个爱好就是喜欢旅游，他觉得旅行的时候，除了可以看到美丽的风景以外，还可以学到许多知识。

平时没有课的时候，约翰喜欢一个人在家安静地读书，他特别喜欢看小说。

对约翰爱好的描述跃然纸上，学生享受到写作的快乐，提高了写作的能力。

（三）一读、二写、三批、四改

一读、二写、三批、四改是写作课教学中的一种普通做法（何立荣 1999）。下面分别加以说明：

一读

意思是阅读示范，以读促写。对于各种体裁的写作，教师要提供范文。比如应用文，其特点之一是比较形式化，呈现不同的应用文，将其格式、语言特点加以比较，学生模仿起来也就比较容易。

范文的选择应该多样化，难度上要有控制，应该比综合课、口语课的题材更广泛些、容易些。范文要使学生感兴趣，感到亲切，便于模仿，切忌过长过难，离学生生活太远。我们举几个范文供大家参考。

请　假　条

张老师：

您好！对不起，我今天感冒了，身体很不舒服，发烧，咳嗽，嗓子很疼，不能去上课。我想请一天假，希望您批准。

安娜

2008 年 9 月 15 日

教师应讲解请假条如何写：

1. 格式：给某某老师，请假人写在右下角，年、月、日写清楚。
2. 写清楚请假的原因，请几天假。
3. 希望得到老师的批准。

求　　租

本人现在北京大学读硕士研究生，需租用二居室（或一居室）楼房一套。有独立厨房、卫生间的平房也可以考虑。位置可在中关村、清华园、五道口附近。租金面议。联系电话：68943017。找玛丽。

求租启事，应先写明什么人要租房，对要租的房子有什么要求，想租什么地方的房子，租金多少，怎样跟租房人联系。

我的过去和未来

我叫田中美香，我是日本人。我是1985年在东京出生的，从出生到现在，我一直住在东京。我1991年上小学，那时候，我学习很努力，也喜欢帮助别人。2003年我考上大学，开始学习汉语，我希望以后能去中国留学。在大学我认识了我的男朋友，我们经常约会，一起聊天，一起看电影。虽然我很爱我的男朋友，可是我现在不想结婚，我打算30岁结婚。

我明年毕业，毕业以后，我想去中国留学，然后回国当一名中文翻译。

这篇范文叙述清楚，语言通顺。教师提示学生应先写过去的情况：哪国人，住在什么地方，然后记叙从小学、中学，到大学的学习生活情况，最后是未来的打算，如将来做什么工作。按时间先后写，脉络非常清楚。

通过阅读范文，了解中文写作的格式和一些技巧，促进下一步学生自己写作。

二写

通过阅读范文的练习，为写作打好了基础。应用文的写作格式也已掌握，就可以模仿范例写各种应用文了。应用文有格式限制比较容易写，其他文体的作文就相对难一些，因此写之前要做热身准备。包括两个方面：一是写作提纲，主要表达的内容。二是词汇的准备。这里我们介绍《体验汉语写作教程（初级1）》的做法：确定写“一件你喜欢的东西”。

先填写如下表格：

最喜欢什么东西？	自行车
别人送的还是自己买的？	十五岁生日　爸爸买的　礼物
这件东西是什么样的？	蓝色、漂亮、普通的、不是名牌
（颜色、大小、牌子等）	质量好、很快、不贵
为什么喜欢	去学校、去公园、方便、锻炼身体

根据表格可以先写某些句子。例如：

我过生日的时候，爸爸给我买了一辆自行车。

这是蓝色的自行车，虽然不是名牌，但是质量非常好。

我经常骑自行车去学校上课，有时候也跟朋友骑自行车去公园。

最后教师启发学生发挥自己的想象把文章写得幽默活泼一些，运用关联词语把这几小段串成一篇短文。此时帮助学生建立一个小词库是非常必要的，除去必要的词汇，还可以提示学生增加一些必要的关联词语：如"一……就……""对……来说……"，被字句等。

在此基础上写出下列短文：

张力最喜欢他的自行车

许多中国人很小就会骑自行车，张力十岁就会骑车了，可是那时他没有自行车。他十五岁生日的时候，爸爸给他买了一辆蓝色的自行车。这辆车很普通，因为不是名牌，所以不太贵，但是颜色很漂亮，而且质量也非常好。

有了自行车以后，他经常骑车去学校，又快又方便。有时候，他也和朋友一起骑车去公园玩，他觉得骑自行车是很好的运动。但是很可惜，两年前，他的自行车被人偷走了。

（上文引自《体验汉语写作教程》初级1第13课《我最喜欢的东西》）

在让学生动手写之前，要做必要的准备。如上所述，建立小词汇库（所写内容涉及的词语）、写作提纲（填写表格）、组织材料：句与句、段与段连接的关联词语（如：不但……而且……，即使……也……），这样写出的文章不是单句的堆砌，而是符合逻辑的表达。所以应训练学生动笔写之前做好准备：①写前的各种准备，包括建立小词库、先讨论要写的内容、拟定写作提纲、准备必要的语言形式，如重要的关联词语。②把写作提纲写成一个一个完整的句子。③动手写：将一个一个句子用关联词语连接起来。④与老师提供的范文进行比较，整理自己的作文。

当然写作课在确定一个中心题目后，可让学生发挥自己的主观能动性自由写。可选择如下题目：我最好的朋友，我最喜欢的一种食物，最难忘的一天，自己的兴趣与爱好，介绍一个地方、暑期的计划或打算……每一次围绕一个单元，从易到难，从少到多，逐步培养学生写作能力。

三批

“批”即对学生的作文进行批改。这个环节是非常重要的。特别是对初级写作的学生，由于对学过的东西掌握不好，在写作中常会出现语法错误、词语搭配不当、词不达意、句子段落的衔接不符合中文习惯等问题。有人统计语法词汇类错误占60%左右、语用错误占22%左右，因此批改学生作文是非常重要的环节。帮学生梳理所写的文章，改正语法词语等方面的错误，就会不断提高学生的写作水平。

另外，批改作文应以语段为单位。有时我们会发现每个句子基本正确，但放在一起看就显得非常零乱。（详见第二节　三）

语病的分析应着眼于语段，语句错误的纠正容易发现，容易改正，但是语段句子与句子之间的问题更深一层，需要在语段内逐层分析改正。语段的问题主要有以下几方面：

首先，句子的连接缺乏内在逻辑性，逻辑不清，也就是句序问题。（见前例）

其次，句子成分的省略。在连续表达时，句子中某些成分该省略而不省略，是外国学生运用汉语时常犯的毛病。主要表现为主语、宾语在同一语段中重复出现。例如：

我爸（他）上月刚退休，（他）退休前他是一个公司的经理，（他）一年到头难得有时间休息，所以（他）现在一下子闲下来，他老是坐立不安，（他）觉得闲着可不舒服了。（括号内应去掉，下同）

还有就是语句重复，文章不利落。例如：

安娜住在燕京宾馆，她是上个月刚来北京（住在燕京宾馆）的。她每天坐车（从燕京宾馆）到学校上课，觉得很不方便。一个中国老师告诉她中国的自行车很便宜，花不了多少钱就能买一辆（自行车），于是她买了一辆（自行车）女车，从此她可以骑车（从燕京宾馆）到学校了。

此篇重复“燕京宾馆”“自行车”太多，显着语句啰唆。

最后一种是语义不连贯，句子表达不清。有的学生的作文语义松散，上言不搭下语，从单个句子分析改正很困难。这主要受作者思维逻辑的影响，还未建立用中文思维的习惯。需要加强语篇衔接、连贯方式的训练。

四评

对学生写作的评论与批改是紧密联系在一起的。评论的目的在于指出错误的同时，也指出学生写得好的地方和写作的进步，这对于增强学生写作信心、学好汉语是非常重要的。我们常常发现，学生在收到老师批改的作业后，首先关注的是老师的评语，可见老师的评语对学生多么重要。

1. 评语可采取眉批和总批。有些句子、段落写得不错，可加以评价，一般有针对性地写些意见。总评是在全文后对整篇文章的评价。

2. 评语力求写得具体，实事求是。最好不要只写“很好”“有进步”这样抽象的评论。对于写得比较好的段落或文章可在全班交流，促进学生互相学习。

3. 对学生写作评价可以采取学生反馈和师生面谈等形式对学生进行指导。

4. 对学生的写作能力作出评定，注意处理好评分，特别是分级评分标准。

第十五章　怎样教口语课

第一节　对口语课的认识

口语课是一门语言单项技能课。对于留学生来说，他们学习汉语的目的很大程度上是想说一口地道、流利的口语，因此对口语课寄予了很大希望。但是口语课怎么上才能提高学生“说”的能力，不同的认识会产生不同的效果。

一、何时开口语课的问题

目前在初级汉语教学中关于什么时候开设口语课，主要有两种类型。

（一）从零起点就开设口语课

这种观点认为，听、说、读、写是学生学习汉语要掌握的四项基本技能，而“说”是学生希望马上见成效的课，应该从最基础开始，因此从学习汉语的第一天起就要有口语课。

如果从零起点开设口语课，要看所在教学机构的课程设置。如果课程设置是“综合课+小四门（听、说、读、写）”，那么口语课则是作为一项专门技能课来训练的。如果是只开一门口语课，主要是通过口语课提高学生的听、说能力，那么这种口语课就不仅仅是训练学生的听、说能力，还要包括语言知识的学习。因此如果从课型来说，我们认为口语课应该是作为一项专门的技能课来开，它应该跟听力课、阅读课一样，要进行专门的训练。

（二）学生掌握一定的语言知识以后再开设口语课

这种观点认为，口语课的教学目的是培养学生的言语交际能力，而言语交际能力的培养必须以具备一定的言语能力为前提和基础，言语能力主要指言语的基本知识和技能，因此口语课要在学生掌握一定的语音、词汇、语法等知识和技能后再开设，这样学生就会运用所学的知识和技能进行交际练习。

学生应该掌握多少语言知识才开口语课，目前没有统一的标准。有学者认为掌握 1000 左右的词汇和相应的语法再开口语课。这种设课主要参考了《汉语水平等级标准》关于“说”的标准，即一级：语言范围，甲级词 1033 个，甲级语法 129 项的 90%；言语能力，初步会话能力。就是说，学生掌握了 1000 多词语才能进行初步的会话能力，因此我们要在学生达到这个标准后再进行口语训练。

（三）口语课应该作为一项专项技能课单独开课

口语课的目的是训练学生的言语表达能力，因此我们主张单独设课，并在学生具备了一定的语言能力以后开课。如果有些院校不具备单独开课的条件，只有一门口语课，我们认为也应该把它上成以听、说为主的口语课，而不是培养综合能力的综合课。

二、口语课的性质问题

口语课的主要任务是通过各种方式的训练，培养学生用汉语进行交际的能力，是实践性很强的一种课型。学生在口语课上要对所学的语言项目进行大量练习，而且这种练习应该是在他们主动参与的情况下进行的。因此口语课是以学生为中心的言语技能训练课，学生是教学活动的主体，教师在口语课中的作用是“导演”而不是“演员”。教师在口语课上必须有目的、有计划、有重点地向学生传授有关言语交际的基本知识，努力创设交际情境，有效地组织学生在这个情境中进行各种会话练习，促使学生将教师所传授的知识通过训练和情境练习转化为他们的言语交际能力。

但是，有些老师由于对口语课性质和特点认识不足，往往把口语课上成综合课。课上以教师讲解为主，学生主要进行一些机械模仿、跟读、替换练习等操练，表面上热热闹闹，实际上还是灌输式的教学套路，不利于学生积极性、主动性的调动和交际能力的培养。因此教师要对口语课有一个明确的认识，只有这样，才能处理好教与学、讲与练的关系。

第二节　口语课教学的目标和内容

一、口语课教学的目标

口语教学的目标是培养学生的口头交际能力，交际涉及语言机制、功能以及社会和文化准则等知识。对于初学汉语的外国学生来说，口头交际能力需要经过有计划地培养、反复地实践才能获得，因此口语课的教学目标要有一定的层级性。根据“汉语水平等级标准”的要求，“说”的训练要分为五个层级，具体如下面的表格：

	一级	二级	三级	四级	五级
话题内容	能应付最基本日常生活、简单社交，有限学习需要	初步满足最基本日常生活、社会交际，一定范围内的学习需要	基本满足一般性日常生活、社会交际、学习和一定范围内的工作需要	满足生活、学习、各种社会交际活动和一般性的工作需要	满足较高层次的学习、社会交际活动和带一定专业性的工作需要
语言范围	甲级词1033个、甲级语法129项的90%	甲乙级词3051个，甲乙级语法252项的90%	甲乙丙级词5253个，甲乙丙级语法652项、点的85%	甲乙丙级词及丁级词的50%共7000词，甲乙丙级语法及丁级语法的50%，共910项、点的80%	甲乙丙丁四级词8822个，甲乙丙丁四级语法1168项、点的75%

	一级	二级	三级	四级	五级
言语能力	初步会话能力	基本的会话能力	一般性会话能力	就各种话题进行流利交谈，具有规范性、多样性、得体性	针对不同对象就各类社交话题进行流利交谈、具有专业性业务交涉、谈判，即兴发言的能力

教师在设计教学时，一定要注意分析各个层级的教学目标以及学生的实际情况，设计教学活动。

口语教学作为一种“产出式”技能，它是一种综合技能。具体表现为声音表达的准确性，言语表达的正确性、流利性，语用表达的得体性和创造性。口语表达既要求准确、流畅，更要求得体和创造。因此从目标上来说，准确、流畅、得体和创造同等重要。

二、口语课的教学内容

口语表达方式很多，根据不同的表达进行不同侧重的训练。

（一）叙述性训练

这种训练可以选一个题目讨论后，以小组为单位进行汇报。也可以复述或讲有意思的故事，训练口语表达的准确性和流利性。

（二）说明式训练

说明式训练是对某事物进行描述，如：看图说话；也可以是介绍某个实物，如：一瓶花、一座房子。

（三）讨论式训练

确定某个题目并对此发表自己的看法。或对某个座谈会（例如，怎样学好汉语）准备谈自己的意见，或展开不同意见的讨论，在讨论中采取必要的交际策略。

（四）交流式训练

一种是表演小品，根据不同角色事先做好准备，这种方法最能锻炼学生的口语表达能力，是一种真正的活用，学生印象深刻，持久不忘。

一种是开小型座谈会，确定甲方乙方各持的观点，做好充足的准备，这种方法既能锻炼口才，又能展示个人的才智。

当然上述有些方法应是高年级训练的内容，如果用在初级阶段，可以简化表述内容。

第三节　口语课的教学方法

一、口语教学的一般过程

学生的言语交际能力主要是一种技能，是学生运用所学的知识在新的情境中办事的能力。为了获得交际能力，学生首先通过学习获得语言知识，再通过训练使知识向技能转化，然后通过情境练习达到应用的水平，最后在真实的社会环境中实际运用。因此口语课的教学过程可以分为以下几个环节：知识的学习、知识向技能的转化、技能的限定性运用和知识、技能的综合运用。

（一）知识的学习

教师在教学中首先要向学生传授一些汉语的基本知识，这种基本知识应该是适合于口语交际的。这些知识学生只要懂了、理解了就可以，不需要讲解为什么，更不需要讲解系统的语言知识。讲解中注重知识的功能和意义，而不是形式。也就是说，口语课上教师传授的汉语基本知识很可能是不完整的、不系统的，但却跟实际交际需要密切相关。

（二）知识向技能的转化

在这一环节，教师通过创设相同或模拟情境训练学生，在实践中将知识转化为口语交际能力，也就是教师要设计练习，通过反复操练促进能力的获得。比如，教师在课堂上讲解一定的语言规则，这只是学习的开始，只有通过练习使学生能在具体的交际情境中使用这些规则，才能使学生真正掌握这一规则。教学中常见的练习方式有：

1. 跟读、朗读

语言教学一种重要方式就是重复，通过重复使学生熟悉汉语的语音、语调，熟悉汉语一些最基本的口语表达方式，帮助他们建立正确的语言习惯。

2. 问答

口语交际最基本的会话都是建立在问与答的基础上，因此在课上应训练学生问答能力。具体方法有：

（1）替换式问答

A：下午我去书店，你去不去？

B：我不去。

替换：王府井、机场、友谊商店

（2）创设情境问答

师：安娜是哪国人？（课文句）

生：美国人。

师：戴安娜是哪国人？（情境）

生：英国人。

师：姚明是哪国人？（情境）

生：中国人。

这是一种根据课文所学的句型，创设真实情境训练学生学以致用的能力，这种练习由于与学生熟悉的内容相联系，学生的积极性高。

(3) 结合实际的问答

师：今天星期几?

生：今天星期五。

师：你属什么?

生：我属马。

师：你是怎么来北京的?

生：我是坐飞机来的。

师：你今天早上是坐电梯上来的还是走上来的?

生：走上来的。

这种问答需要教师掌握学生一些基本信息：个人背景、相关的文化背景、已有知识、个性特点等。问答时既要考虑所学生词和句型的复现，还要结合学生的实际，这是一种学生比较感兴趣的操练方式。

问答除了教师问，最重要的是训练学生之间问问题，或者学生向老师问问题。训练的方法之一是让学生模仿教师问问题，再有就是教师提供情境引导学生问问题。

(三) 限定性运用

这一阶段教师不再进行机械的重复和问答训练，而是创设情境运用所学的词汇和句型。因为是在课上进行的练习，不可能达到完全真实，因此我们要设计一些控制的或半控制的活动，训练学生的运用能力。常见的活动有：复述、看图说话、角色扮演、游戏、演讲、辩论等。

(四) 真实情境的运用

学生学习语言的最终目的是能把课上学的内容迁移到真实的社会生活中去，能在目的语环境中自如运用。这一阶段的教学可以说是课上教学向课下教学的延伸，即让学生走进生活，在实践中应用并检验学习的结果。培养学生的口语交际能力紧紧依靠课内是不够的，还必须引导学生运用课内学到的口语交际知识，积极主动地在平时的社会生活中进行实践，把课外作为课内活动的延伸。具体可以采取任务布置的方式。比如，学了“飞机三点半到”以后，可以布置一个课下任务，让学生去咨询一下订票去上海，学生可以采取打电话、上网、亲自去问等方式，第二天向全班同学汇报。

二、任务型口语教学模式

第二语言教学的最终目标是培养学生综合运用语言的能力，而综合语言运用能力的形成必须建立在学生认知、情感、行为整体发展的基础上，具体涉及语言知识、语言技能、情感策略和文化意识等方面。

任务型教学是使学生通过运用语言完成任务的方式学习语言。通过任务型学习，学生不但掌握了语言知识和技能，而且还学会了社交方法，提高了处事能力。为完成任务而进行的对话和合作，也增进了学生之间和师生之间的思想和情感交流，形成了积极的学习态度。此外，任务教学是通过学生的自觉组织、主动参与才实现的，也培养了学生自主学习和驾驭复杂问题的能力。因此任务型教学能把综合语言应用能力的培养落到实处。

任务型口语教学的教学步骤（程可拉、刘津开 2005）（以姜丽萍主编《体验汉语基础教程》（上册）第 13 课《我想吃包子》为例）：

（一）确定任务

教师首先提出主题和任务，激活相关的词汇和短语，帮助学生理解任务的指令以及做好执行任务的准备。

1. 导入主题

教师帮助学生回忆和激活与去食堂吃饭有关的情境、词语和短语。

2. 语言活动

（1）两人一组对词语进行分类，哪些是主食、哪些是菜、哪些是喝的。见下表（让学生填表）。

主食	菜	喝的
馒头	肉	汤
米饭	鸡蛋	咖啡
包子	带肉的菜	牛奶
饺子		
面条		

（2）找出与上面分类不相关的词或短语。例如，食堂、师傅、筷子等。

（3）短语与图片匹配。教师准备一些与主题相关的图片。教师把所有短语的顺序打乱，然后把这些短语写在黑板上，让学生将短语与图片进行匹配。

（4）挑战记忆。教师把重要的主题词写在黑板上，如：主食，然后鼓励学生大声说出与主题相关的词和短语，如米饭、馒头、面条、饺子、包子等，帮助学生记忆。

3. 下达任务指令

教师下达的任务指令要简单、清楚、明白，要让所有学生都能听懂，要确保学生了解任务的要求、目标以及结果。比如，何时开始，每个人该做什么，完成任务需要多长时间以及结果会是什么，等等。

（1）三人一组上台表演在食堂买饭。A、B 是留学生，C 是食堂的师傅。

（2）A、B 每人要买三种东西，其中两种吃的，一种喝的；C 要介绍食堂的东西，比如，什么好吃、什么好喝、什么东西便宜等。

（3）给 10 分钟准备时间，可参考下列句型和词语。

句型：你去哪儿吃饭？

我去……，你呢？

我也……

你吃/喝……

我想吃/喝……

我要……和……

我觉得……太……

词语：馒头、米饭、包子、饺子、面条、菜、带肉的、咖啡、牛奶、茶、可乐、鸡蛋汤、苹果、食堂、师傅、常常、筷子等。

（4）要求表演的学生发音清楚，表达流畅，无重大语法错误，交流自如。

（二）制订计划

从制订计划阶段，学生开始接触和使用语言，即用语言来做事。

1. 分组。学生首先按照要求分成三人一组。

2. 分配角色。他们要商量谁扮演师傅、谁扮演 A 和 B。

3. 确定角色的任务。即 A 和 B 分别要买什么，商量着怎么买。C 如何组织语言介绍他今天重点推介的东西。

4. 三个人一起模拟去食堂买饭的情境。

5. 教师巡视，如果学生有需求，教师给予恰当的帮助，如果学生不提出要求，教师最好不要主动去帮助学生。教师鼓励学生相互帮助，相互“编辑”对方的草稿。在计划时间结束时，教师要知道哪组较好，一般让比较好的组先表演。

制订计划阶段是学生进行协商、合作和交流的过程。学生会根据自己的角色和身份与别人进行主动的交流和互动。为了使交流能够进行下去，他们需要学会与人合作，使用一些交际手段和策略，需要把握好启动话题、调整话题、结束话题的时机。在这一阶段，由于学生不需要面对全班学生，也不用担心教师会随时纠正自己的语言错误，所以他们可以大胆地使用语言，自由地进行对话。他们的目标只有一个，那就是如何完成任务，获得结果。

（三）执行任务

每组向全班汇报他们完成任务的情况。在听汇报的过程中，学生可以比较不同组的口头报告，了解其他人在处理同一问题时所采取的不同方法、途径和步骤，也可以比较他们是如何用不同的语言形式来表达同样的意义的。

教师的主要角色是主持人：安排哪组先汇报、提示下面是哪组作准备。如果哪组超时了，教师要适当地给予提醒，结束时进行简短的评价（主要是鼓励）。

教师预留的汇报时间应该是班上每组都能表演完的时间。

（四）总结和反馈

全班都汇报完之后，教师要对所有的报告作出总结。总结应该首先关注报告的内容，然后才是语言的形式。

1. 总结时，教师应尽量挖掘学生的优点，多给学生正面的反馈。教师应该对每组的优点都要给予积极的评价，使每组都觉得有其独特的地方。

2. 学生互评哪组表演得好，

3. 对于表现好的组给予一定的奖励（有奖品）。

4. 教师要对有关这一主题的语言表达式进行总结（语言聚焦），并进行练习。

第十六章　关于测试与评估

第一节　测试与评估的意义和作用

一、测试与评估的意义

测试和评估是对外汉语教学的一个重要组成部分。

作为语言教学，全部教学活动由总体设计（包括教学总计划、教学大纲、课程设置）、教材编写、课堂教学和测试评估四大部分组成，总体设计是指南，是法规，测试、评估和其他环节一样是直接受教学总体设计支配和制约的。

二、测试与评估的作用

（一）通过测试，客观、公正地评定学生的课堂学习成绩，全面检查学生掌握汉语言知识和技能的情况。

（二）检测教学效果，对测试效果进行分析、解释，发现教学中存在的问题。学生成绩的优劣取决于多方面的因素，因此测试结果不能看做是评价教学效果的唯一依据，但它仍是评估教学质量的重要手段。通过测试可以发现教材和教学方面的各种问题和不足，以便不断改进教学，提高教学质量。

（三）对教和学两方面都会起到监督和促进作用

测试对"教"的作用表现如下：科学统一的测试方式和项目，可以督促和引导教学全面贯彻教学大纲，在教学中注意培养学生听、说、读、写四会的能力。通过强调或增加某些测试项目的方法，督促、引导教师在教学中采用或创造新的教学方法，对改进课堂教学起到了积极的引导作用，对于教师自身业务的提高具有重要的意义。

测试对“学”的作用：可以督促并引导学生采用正确的学习方法，对学生的学习起到一定的示范作用。测试不能过于频繁也不能完全取消，应按教学计划进行。测试试题项目要根据教学要求精心设计，如果试题不当，容易误导学生，因为有的测试题中有许多分析句子的项目，结果容易引导教师和学生关注语法分析、死记语法名称，从而忽视或削弱学生应用语言进行交际的能力。（刘英林 1983）

第二节　测试与评估的类型

一、学能测试（潜力测试）

学能测试的目的是考察测试对象学习外语的潜在能力。这种测试一般在教学之前进行，目的是考察测试对象是否适合或在多大程度上适合学习外语，如听音能力、记忆能力等，适用于选拔有特殊要求的外语人才。

二、水平测试

在中国有汉语水平考试（HSK），是专门针对外国人、华侨和国内非汉族人设立的一种标准化考试，“目的是鉴定测试对象的外语水平。这种测试跟教学过程本身没有直接的联系，测试内容和测试方法以能够有效地反映测试对象的实际语言水平为原则，而不以某一特定的教材或某个具体教学单位所使用的特定教学方法为依据。水平测试的直接作用是证明测试对象的外语或第二语言水平是否能适应某种需要，间接作用是为评估教学、调整教学要求、改进或改革教学内容和教学方法提供参考”（吕必松 1989b）。HSK 由国家汉语国际推广领导小组汉语水平考试中心研制，它包括基础汉语水平考试，初中等汉语水平考试和高等汉语水平考试。参加汉语水平考试的考生，凡是考试成绩达到规定标准者，都可以获得相应等级的“汉语水平证书”。

三、成绩测试

目的是在教学过程中考察学生的学习成绩、学生对所教内容掌握的程度，评估教师的教学效果，从而及时发现教学中的问题，予以改进。成绩测试的内容及方法应与课堂教学内容、教学方法相一致。成绩测试包括平时教学单元测试，教学阶段测试以及期末、学年测试等，试题可由教师或教研室统一拟定，现在一般都采用成绩测试。

四、诊断式测试

除了零起点的学习者外，还有一些学生学过一些汉语，为了解这样的学生已经掌握了什么、没掌握什么，就需要通过诊断式测试，以便按他们不同的汉语水平编班或作为教师开展新教学的参考。这种测试可以随时进行。

第三节　试卷编制和试题编写

一、试卷编制和试题编写的原则

（一）既要根据教学大纲的要求又能凭主观经验出题。注意效度，即能否测出学生真实的语言水平，这是最重要的，也相对比较困难。学生说“太难”或“太容易”，都反映了试题的有效性出了偏差。要及时研究分析，掌握好试题的难度。

（二）试题应能全面考察学生运用汉语进行交际的能力，不能只重视那些靠死记的知识，如默写课文的句子等，要测试学生活学活用汉语的能力，即听、说、读、写的各项技能，可采取一些技能测试，如综合课测试、阅读测试、听力测试、口语测试等。

（三）试题应有一定的均衡性。考试内容在试卷上能体现循序渐进、由易到难。试题难度能体现上、中、下不同的水平，学生通过这样的测试能看到自己的真实水平，又能看到自己的不足，调动学习积极性，增强进一步学好汉语的信心。对教师来说可以了解学生掌握汉语的不同程度，做到知己知彼，研究不同程度学生学习上的难点，在教学上要有针对性地改进教学方法，提高学生的整体水平。

（四）试题要注意多样性，力求避免千篇一律，但也要注意只求多样性、与教学完全脱节的问题。在教学的不同阶段，依据教学要求和教学重点，设计不同形式的试题，如对于初学者，掌握汉语句子的次序是个重点，我们可以编制组词成句的试题，如“得、汉字、玛丽、写、很好（玛丽汉字写得很好）”。到中期时，应有完成情景对话的试题，最后应有根据所给题目写一段话的项目。

（五）试题要准确无误，答案保证唯一性（只能有一个答案）。

（六）测试要设计合适的试题和试卷。要从测试结果中获得有助于改进教学的反馈信息是不容易的，得经过长期科研和实验，逐步总结经验，才会使测试和评估更具科学性。但是测试也有它一定的局限性，因为学生的各种主观原因如临场考试紧张、忽遇身体不适等都会影响测试结果的真实性，所以测试不是评估学生学习成绩的唯一手段，还是要考察平时学生运用汉语进行交际的能力，鼓励学生进行自测与自我评估。

二、试题举例（仅供参考）

（一）综合课（笔试）

1. 给（　　）中的词语选择适当的位置。

例：我下 A 课就去 B 买 C 飞机票。（了）

2. 选词填空。

例：这本书我以前看过，写得很有意思，我（　）想看一遍。（又、再、还）

3. 组句。

例：学、汉语、了、月、我、个、三、了（我学了三个月汉语了。）

4. 用（　　）中的词语完成句子。

例：现在是秋天，秋天是北京最好的季节，________。（越来越）

5. 根据所给情景写对话。

例：A：这儿可以抽烟吗？

B：________________。

A：能用用您的手机吗？

B：________________。

6. 综合填空。

例：昨天我朋友从美国回来（　　），他（　　）我打来（　　）一个电话。让我马上到他家去（　　），我到（　　）他家，他（　　）整理东西呢。他（　　）箱子里拿（　　）来一件衣服，说是送我（　　）礼物。我非常（　　）他。我们在（　　）聊（　　）很长时间，从他那儿回来的时候（　　）是晚上十点多（　　）。

7. 任选下列中的一个题目写一段话（要求100字左右）。

例：我的朋友；我的汉语学习；介绍我们国家的一个城市；在中国遇到的一件小事

8. 将下列对话改写成一段话。

例：A：师傅，我要修车。

B：你的车怎么了？

A：车闸坏了，请给修一下。

B：放这儿吧。

A：什么时候能修好？

B：下午吧。

A：能不能快点儿？我下午要骑车去香山。

B：那你中午来取吧。

（二）综合课（口试）

1. 朗读：朗读综合课课文的一段。

2. 回答问题（根据实际情况回答）。

3. 情景表述。

4. 成段表达（根据所给题目，任选一题，至少说10个句子）。

比如：我参加过的一次生日晚会。

我在中国的一次旅行。

请说说中国人在宴会上的规矩。（根据课文）

（三）阅读

1. 选择与下列句子意思相近的解释。

例：我对故乡有着极深的感情。

A. 我对农村有很深的感情。

B. 我非常热爱自己的老家。

C. 我对城市的感情很深。（答案：B）

2. 阅读下列句子后回答问题。

例：这里的学习空气很浓。

问：这里的人喜欢学习吗？

3. 阅读下面一段话选择正确答案。

例：笑是精神愉快的一种表现，一般来说，它对身体有益，笑可以促进食欲，但有时笑又是有害的，例如进食时大笑，容易使食物进入气管，工作中大笑打闹，易造成意外事故。

问：根据这段话，什么时候最好不要大笑？

A. 工作感到很累时

B. 听到一个有趣的故事时

C. 吃最喜欢吃的东西时（答案：B）

4. 阅读短文后判断正误。

例：小梅从小失去了父母，是由农村的姑姑养大的，在高中的时侯，徐老师看到她生活很困难，就主动每个周末把小梅接到家里，让孩子吃上几顿好一点儿的饭菜，增加她的营养。一个星期六小梅又来到徐老师家里，吃过午饭后，徐老师让小梅带着上小学的女儿贝贝上街寄信，并且给了每人 10 元钱的零用钱。

路上，贝贝把 10 元钱都买吃的了，她奇怪地问："小梅姐姐，你怎么什么都不买呀，我妈妈不是也给你 10 元钱了吗？"小梅笑着说："我什么都不需要啊。"

寄完信，两个小女孩回到家里，晚上当小梅走了以后，徐老师才在自己书桌上发现了 10 元钱。

根据这段短文内容判断正误：（正确划√，错误划×）

A. 小梅家的生活很困难。（　）

B. 徐老师主动让小梅到她家里是为了给她辅导功课。（　）

C. 一个星期六徐老师让小梅和贝贝上街买东西。（　）

D. 徐老师给小梅和贝贝一共 10 元钱。（　）

E. 贝贝把钱买零食了。（　）

A. 小梅把钱还给了徐老师。（　）（答案：A√ B× C× D× E√ F√）

5. 阅读短文后简单回答问题。

例：组委会为了让外国运动员一日三餐吃得顺心，特别为他们精心准备了精美的西餐。可是记者采访一些运动员时，他们都对伙食提出了意见：来到中国，吃的顿顿都是西餐，而中国菜在世界上那么有名，能不能让我们也尝尝地道的中国菜？

记者主动向有关部门转达了这一信息，他们表示考虑到外国运动员提出的这一要求，将适当地给他们换换口味，让他们吃上真正的中国菜。

根据上文内容回答下列问题：

A. 组委会为什么给外国运动员准备了西餐？

B. 外国运动员对伙食满意吗？

C. 外国运动员为什么想吃中餐？

D. 外国运动员能吃到真正的中餐吗？

（四）听力

1. 听句子选择正确答案。

例：我和小王认识三年了，从来没有红过脸。

这句话的意思是：

A. 他们不经常说话。

B. 他们没有吵过架。

C. 他们不喜欢喝酒。

D. 他们一直不化妆。（答案：B）

2. 听对话选择正确答案。

例：女：天气预报说明天有大雨，那我们还去看熊猫吗？

男：明天不去哪天去？

问：男的想什么时候去？

A. 明天不去了。

B. 明天一定去。

C. 哪天去还没决定。

D. 改天再去吧。（答案：B）

3. 听短文选择正确答案。

例：洗澡对健康有好处，但是有些人刚吃完饭就去洗澡，这样做不仅刚吃下的东西得不到充分消化，而且对心脏也不好。另外冬天天气寒冷，上了年纪的人洗澡更要注意，浴室要暖和些，水温不要过高，洗的时间也不宜过长，最好有家人照顾，以免发生意外。

根据听到的内容选择正确答案：什么时候不要洗澡？

A. 早晨起床后　B. 晚上睡前　C. 吃完饭后　D. 中午。(参考答案：C)

4. 听短文判断正误。

例：我家有一大一小两个"烟民"，丈夫刚 50 岁，烟龄却有 30 年，最可气的是我们的儿子，从高中就偷偷和同学一起抽。有一次在街上抽烟让我撞上了，我才知道。

我不是怕他们抽烟花钱，我担心的是儿子现在还很年轻，这样下去，不但危害自己的健康，还会给今后的事业和家庭造成影响。

根据内容判断正误（正确划√，错误划×）：

A. 这位丈夫是从 30 岁开始抽烟的。（　　）

B. 妻子是在街上看见儿子抽烟的。（　　）

C. 妻子最担心的是儿子在高中就开始抽烟。（　　）

D. 妻子认为儿子抽烟只影响身体健康。（　　）

正确答案（A× B√ C× D×）

5. 听录音后简单回答问题：

例：有两个兄弟，在一个学校、一个班学习。哥哥学习很努力，成绩也很好。可是弟弟学习不认真，每天的作业也都是抄哥哥的。

有一次，上作文课的时候，老师让同学们写一篇作文，题目是《我的妈妈》，第二天，写好的作文都交给了老师。老师看了以后，觉得很奇怪，就问这个弟弟："你写的作文为什么跟哥哥的一样啊？"弟弟回答说："我们的妈妈是一个人，当然作文也一样了。"

问：为什么弟弟的作文跟哥哥的作文一样？

（五）口语

1. 朗读

主要考察学生的发音、语调、节奏、连贯、断句等语音表达技巧。

2. 问答

3. 看图说话

4. 口头报告

给学生一个题目、一个话题、一个图表、一个故事，学生准备十分钟后，就题目、话题、图表等做一个观点陈述，或就一个故事发表自己的观点。

5. 角色扮演

教师给学生提供一个信息卡，学生根据信息卡提示的内容准备自己的角色，十分钟后，或自己表演，或与其他同学组合表演。

参考文献

1.《北京地区语言学科规划——座谈会简况》,《中国语文》，1978年，第1期

2. 陈作宏，2007，体验汉语写作教程（初级1），高等教育出版社

3. 程可拉、刘津开，2005，中学英语任务型教学理念与教学示例，华南理工大学出版社

4. 程美珍、李珠，1997，汉语病句辨析九百句，华语教学出版社

5. 程美珍、赵金铭，1986，基础汉语语音教学的若干问题，《第一届国际汉语教学讨论会论文选》，北京语言学院出版社

6. 程棠，2008，对外汉语教学目的原则与方法（第二版），北京语言大学出版社

7. 蔡整莹、曹文，2002，泰国学生汉语语音偏误分析,《世界汉语教学》，第2期

8. 崔永华，关于汉字教学的一种思路［J］，北京大学学报（社科版），1998 (3)

9. 崔永华，2005，对外汉语教学的教学研究，华语教学出版社

10. 丁崇明，2005，西方汉语学习者汉字教学策略［J］,《汉字的认知与教学——西方学习者汉字认知国际研讨会论文集》(2007)，北京语言大学出版社

11. 范开泰，1992，论汉语交际能力的培养，《世界汉语教学》，第1期

12. 冯丽萍、胡秀梅，2005，零起点韩国学生阳平二字组声调格局研究，《汉语学习》，第4期

13. 高彦德等，1993，外国人学习和使用汉语情况调查研究报告，北京语言学院出版社

14. 何立荣，1999，浅谈留学生汉语写作中的篇章失误——兼谈写作课的篇章教学问题,《汉语学习》第1期

15. 胡鸿、褚佩如，2002，集合式词汇教学探讨,《世界汉语教学》第5期

16. 胡明扬等，1990，汉语文化研究，广西师范大学出版社

17. 黄伯荣、廖序东，2002,《现代汉语》，高等教育出版社

18. 吉而劳梅（美），2007，新教师课堂教学入门（第二版，杨宁译），中国轻工业出版社
19. 贾志高，2005，有关任务型教学法的几个核心问题的探讨，《课程·教材·教法》，第1期
20. 姜丽萍，2006，体验汉语基础教程教学参考书，高等教育出版社
21. 江新，2005，针对西方学习者的汉字教学：认写分流，多认少写［J］，《汉字的认知与教学——西方学习者汉字认知国际研讨会论文集》（2007），北京语言大学出版社
22. 柯传仁、沈禾玲，2003，回顾与展望：美国汉语教学理论研究述评［J］，《语言教学与研究》，第3期
23. 李芳杰，2000，句型为体、字词为翼，《第六届国际汉语教学谈论会论文选》，北京大学出版社
24. 李培元、任远，1986，汉字教学简述［J］，《第一届国际汉语教学讨论会论文选》，北京语言学院出版社。
25. 李筱菊，1985，外语教学的交际教学法［A］，《基础英语教学论文集》［C］（胡文仲 1985），外语教学与研究出版社
26. 林焘，1997，语音研究和对外汉语教学，《第五届国际汉语教学讨论会论文选》，北京大学出版社
27. 刘苏乔、齐冲，2004，法国学生学习汉语辅音中的一些问题，《语言文字应用》，第4期
28. 刘社会，2002，对外汉字教学十八法［J］，《对外汉字教学研究》（2006），商务印书馆
29. 刘珣，2000，对外汉语教育学引论，北京语言大学出版社
30. 刘珣，2005，对外汉语教育学科初探，外语教学与研究出版社
31. 刘英林，1983，试论对外汉语教学的测试问题，《汉语水平考试研究》（1989），现代出版社
32. 刘月华，2003，对外汉语教学语法探索，中国社会科学出版社
33. 刘月华等，1983，实用现代汉语语法，外语教学与研究出版社

34. 陆俭明，2007，汉语作为第二语言教学的本体研究和汉语本体研究，《世界汉语教学》，第 3 期。
35. 吕必松，1989a，汉语教学领域的新成就，现代出版社
36. 吕必松，1989b，汉语教学领域的新成就——汉语水平考试（HSK）研究·序，现代出版社
37. 吕必松，1990，对外汉语教学发展概要，北京语言学院出版社
38. 吕必松，1993，对外汉语教学研究，北京语言学院出版社
39. 吕必松，1996，对外汉语教学概论（讲义）（续十五），《世界汉语教学》，第 2 期
40. 吕必松，2007，汉语和汉语作为第二语言教学，北京大学出版社。
41. 吕叔湘，1963，关于语文教学的两点基本认识，《文字改革》，第 4 期
42. 吕叔湘，1980，现代汉语八百词，商务印书馆
43. 罗伯特·W. 布莱尔（美），1987，外语教学新方法（许毅译），北京语言学院出版社
44. 罗青松，2002，对外汉语写作教学研究，中国社会科学出版社
45. 裴丽娜，2007，教学论，教育科学出版社
46. 沈兰，2005，初级阶段汉语阅读教学，《对外汉语阅读研究》，北京大学出版社。
47. 盛炎，1990，语言教学原理，重庆出版社
48. 宋连谊，2000，汉语教学中只重认读不求书写的可行性［J］，《第六届国际汉语教学讨论会论文选》，北京大学出版社
49. 田慧生、李如密，1996，《教学论》，河北教育出版社
50. 王还，1994，门外偶得集，北京语言学院出版社
51. 王还，1995，对外汉语教学语法大纲，北京语言学院出版社
52. 王力，1957，语法和语法教学，人民教育出版社
53. 王小珊，1999，初级阶段听力教学规范化问题，《对外汉语教学初级阶段课程规范》，北京语言文化大学出版社
54. 王韫佳，1995，也谈美国人学习汉语声调，《语言教学与研究》，第 3 期
55. 吴宗济，1992，现代汉语语音概论，华语教学出版社

56. 许国璋，1988，中国大百科全书·语言文字卷，中国大百科全书出版社
57. 于根元，1999，《应用语言学纲要》[M]，华语教学出版社
58. 岳维善，1993，满视野限时阅读，《北京语言学院第六届科学报告会论文选》(1995)，北京语言学院出版社
59. 张惠芬，2000，视知觉、知识图式和快速阅读训练，《汉语学习》，第2期
60. 张旺熹，1990，从汉字部件到汉字结构——对外汉字教学 [J]，《世界汉语教学》第2期
61. 张亚军，1990，对外汉语教法学，现代出版社
62. 张占一，1984，个别教学及教材建设，《语言教学与研究》，第1期
63. 赵金铭，1994，教外国人汉语语法的一些原则问题，《世界汉语教学》，第2期
64. 赵金铭，1997，汉语研究与对外汉语教学，语文出版社
65. 赵金铭，2006，从对外汉语教学到汉语国际推广（代序），“对外汉语教学专题研究书系”，商务印书馆
66. 赵贤州、陆有仪，1996，对外汉语教学通论，上海外语教育出版社
67. 钟梫，1972，十五年汉语教学总结，《语言教学与研究》，第2期
68. 周荐，1992，也谈词语的形象色彩问题，《南开大学学报》，第5期
69. 周健等，2004，汉语教学法研修教程，人民教育出版社
70. 周小兵，1999，对外汉字教学多项分流、交际领先的原则 [J]，《汉字与汉字教学研究论文集》，北京大学出版社
71. 祝秉耀，1999，汉语写作教学中的语段作用，《语言文化教学研究集刊》第三辑，华语教学出版社
72. Chin，T.1973. *Is it necessary to require writing in learning Chinese character.* Journal of the Chinese Language Teacher Association 8.
73. Ke，C.1996. *An empirical study on the relationship between Chinese character recognition and production.* The Modern Language Journal 80.

教材及其他

1. 陈作宏，2006，《体验汉语写作教程》，初级 1–2 册，高等教育出版社
2. 姜丽萍，2006，《体验汉语基础教程》，上下册，高等教育出版社
3. 姜丽萍，2008，《体验汉语基础教程教学参考书》，高等教育出版社
4. 李增吉，2003，《HSK 新世纪汉语水平考试模拟套题（初中等）》，南开大学出版社
5. 鲁健骥，2003，《初级汉语课本》，北京语言大学出版社
6. 彭志平、赵冬梅，1999，《汉语阅读教程》，第一册、第二册，北京语言大学出版社
7. 孙晖，1987，《开明中级汉语》，语文出版社
8. 杨寄洲，1999，《汉语教程》，第一册、第二册，北京语言大学出版社
9. 北京语言学院语言教学研究所，1986，《现代汉语频率词典》，北京语言学院出版社
10. 国家语言文字工作委员会，1988，《现代汉语常用字表》，语文出版社
11. 国家语言文字工作委员会，1988，《现代汉语通用字表》，语文出版社
12. 中国社会科学院语言研究所词典编辑室，2005，《现代汉语词典》（第 5 版），商务印书馆

后 记

从1964年分配到北京语言学院（现更名为北京语言大学）教授对外汉语，一直到1999年退休，后又被返聘，我在教学第一线已近四十年。2002年开始担任汉语进修学院新教师的培训工作，通过“传帮带”，用一对一的方式帮他们备课、写教案、听课，听课后点评，肯定优点，指出不足，对讲课中的问题逐一点拨指导。几年来一共带了三十多名新教师，他们中的多数现已成为学院里的教学骨干，这是我退休后发挥余热做的一件值得欣慰的事情。

在培训新教师的过程中，我觉得新教师不乏应有的专业知识和文化素养，而欠缺的却是课堂教学的实践技巧，因此大大影响了教学效果。自己多年的教学实践也深感教外国人汉语“基础不易，入门更难”。如果能把基础汉语的教学技能掌握娴熟，应对更高层次的汉语教学易如反掌。因此在我院形成了一条不成文的规定：凡是新教师须在有经验的教师指导下教一年基础汉语，然后根据需要分到其他年级教汉语。实践证明这是一条行之有效的方法。

由此，我萌发了一个想法：应该把自己几十年的教学经验和体会做个疏理和总结，特别是应对课堂教学的技巧和方法，把他们整理成文，让更多的年轻教师和有志于从事对外汉语教学的人士分享这一成果，也算是为国际汉语推广贡献一份力量吧。

但是我却迟迟没有动笔，原因有二：一是感到力不从心，几十年的点点滴滴疏理起来不容易，费时费力；二是考虑到对外汉语教学也在与时俱进，新的教学理念、创新的教学模式与策略不断推出，过去的经验要与之结合，总结出来的东西才不仅仅是经验的重复，而更有参考价值，更具实用性。为此我找到我院姜丽萍老师谈合作之事。姜丽萍老师年富力强，有国内和国外丰富的教学经验，在学术研究上更有成绩；编写过多部创意新颖的教材，撰写过不少有关对外汉语教学的论文，专著《对外汉语教学论》也已出版。平时我们就经常在一起探讨教学中的各种问题，对她不断追求创新颇为欣赏。商谈合作一拍即合，非常愉快。在共同的切磋中也时常碰撞出一些思想火花，丰富了本书的内容。

对外汉语教学涉及不同层次、不同课型的方方面面，限于篇幅，本书侧重基础汉语教学的原则和方法。读者对象是刚参加对外汉语教学的年轻教师和准备从事汉语教学工作的人士，故书名也很直白，叫《怎样教外国人汉语》。

本书在我们共同讨论的基础上编写完成，我们力图从教育学和语言学的理论高度总结多年的教学经验，把理论与实践紧密结合起来，相信对读者会有帮助的。

我国对外汉语教学从20世纪50年代初开创到现在，已有五十多年的历史。本人从前辈及同行中也汲取了不少宝贵的营养，今天我们写成这本书，也要感谢他们。

李珠

2008年8月22日